山东省民办高等教育政策扶持的现状与对策

夏季亭 著

中国海洋大学出版社
·青岛·

图书在版编目(CIP)数据

山东省民办高等教育政策扶持的现状与对策 / 夏季亭著. —青岛:中国海洋大学出版社,2015.12
ISBN 978-7-5670-1070-3

Ⅰ.①山… Ⅱ.①夏… Ⅲ.①民办高校—教育政策—研究—山东省 Ⅳ.① G649.20

中国版本图书馆 CIP 数据核字(2015)第 301353 号

出版发行	中国海洋大学出版社		
社　　址	青岛市香港东路 23 号	邮政编码	266071
出 版 人	杨立敏		
网　　址	http://www.ouc-press.com		
电子信箱	appletjp@163.com		
订购电话	0532-82032573(传真)		
责任编辑	滕俊平	电　　话	0532-85902342
装帧设计	汇英文化传媒		
印　　制	日照日报印务中心		
版　　次	2015 年 12 月第 1 版		
印　　次	2015 年 12 月第 1 次印刷		
成品尺寸	170 mm × 230 mm		
印　　张	15.5		
字　　数	270 千		
定　　价	31.00 元		

Preface 前 言

中共十八届三中全会审议通过了《中共中央关于全面深化改革若干重大问题的决定》,强调公有制经济和非公有制经济都是社会主义市场经济的重要组成部分,都是我国经济社会发展的重要基础,必须毫不动摇地鼓励、支持、引导非公有制经济发展,激发非公有制经济的活力和创造力。这不仅为非公有制经济的发展,同时也为民办教育的发展指明了制度性方向,给民办教育带来了广阔的发展机遇。

截至 2014 年年底,我国已有民办高校 728 所(含独立学院 283 所),比上年增加了 10 所;招生人数为 172.96 万人,比上年增加了 12.77 万人;在校生人数为 587.15 万人,比上年增加了 29.63 万人。其中,硕士研究生在校生人数为 408 人,本科在校生人数为 374.83 万人,高职(专科)在校生人数为 212.28 万人;另有自考助学班学生、预科生、进修及培训学生 31.73 万人。民办高等教育在推动我国高等教育大众化进程、扩大高等教育供给、满足人民群众多样化教育需求、培养高素质应用型人才等方面做出了重要贡献。我国著名高等教育专家潘懋元先生指出,民办高等教育的这一作用既有宪法依据,又有统计证明,已经成为社会的共识,因而地方政府往往比较重视民办高校的发展。

当代民办高等教育崛起于改革开放之后。一般认为,市场机制是民办高等教育发展的诱致性因素,但政府政策是民办高校得以繁荣发展的重要保证。在国外,私立高等教育发展的繁荣和衰败与国家政策的认可程度息息相关,而且在其发展过程中,几乎每个转折点都是以政策的颁布为标志的。从我国民办高等教育的发展历史来看，国家政策同样关系到民办高等教育的发展。《国家中长期教育改革和发展规划纲要（2010—2020年）》也明确指出："各级政府要把发展民办教育作为重要工作职责，鼓励出资、捐资办学，促进社会力量以独立举办、共同举办等多种形式兴办教育。"在民办高等教育发展过程中，各级政府将承担起不可推卸的责任。

改革开放以来，山东省政府也试图通过一系列政策来规范和引导民办高等教育事业的发展。如1985年山东省人民政府根据《中华人民共和国宪法》的相关规定，颁布了山东省第一个民办教育领域的专门性政策文件——《山东省社会力量办学暂行办法》，充分肯定了社会力量办学的重要作用。之后，针对民办高等教育事业发展的实际，山东省相继出台了若干个规范民办高等教育发展的政策文件，较好地保障了民办高等教育事业发展的良好秩序。《国家中长期教育改革和发展规划纲要（2010—2020年）》颁布后，山东省审时度势，结合现代职业教育体系的构建，出台了《山东省非营利性民办职业院校认定管理办法（试行）》等扶持政策。这些办法在引导、规范、扶持民办高等教育发展方面起到了一定作用。

当前，山东省面临着从经济大省向经济强省、从人力资源大省向人力资源强省、从高等教育大省向高等教育强省过渡的历史任务，这三大历史任务的聚焦点都是教育事业的发展。提升教育质量，培养高素质人才，是顺利实现三大历史任务的重要保障。民办高等教育也可以在这一过程中继续发挥重要作用。为更好地保障我省民办高等教育作用的发挥，政府通过政策手段扶持民办高等教育发展是至关重要的。在承担山东省软科学研究计划重点项目"山东省民办高等教育政策扶持的现状与对策研究"（项目编号：2013RZB01007）过程中，我们以"民办高等教育政策扶持"为立足点，在梳理山东省民办高等教育政策发展历程和相关政策文本的基础上，借鉴国内外民办（私立）高等教育政策扶持的经验和措施，提出了完善山东省民办高等教育政策扶持的意见和建议，以服务于相关部门的决策需要。本书是该研究成果的深化与拓展。

Contents 目录

第一章 绪 论 ·· 1

第二章 山东省民办高等教育政策的建设历程 ·· 17
 第一节 山东省民办高等教育政策的建设阶段 ·· 17
 第二节 山东省民办高等教育政策建设的成就 ·· 23

第三章 山东省民办高等教育政策扶持的依据 ·· 30
 第一节 民办高等教育政策扶持的理论依据 ··· 30
 第二节 山东省民办高等教育政策扶持的现实依据 ······································ 38

第四章 山东省民办高等教育政策扶持的现状 ·· 63
 第一节 山东省民办高等教育政策的文本分析 ·· 63
 第二节 山东省民办高等教育扶持政策评价 ··· 88

第五章 国内其他地区民办高等教育政策扶持的经验 ···································· 110
 第一节 成立民办教育专门管理机构 ··· 110
 第二节 构建民办教育发展协调机制 ··· 113
 第三节 实行民办教育分类管理 ·· 116
 第四节 设立民办教育发展专项资金 ··· 122
 第五节 依法落实民办高校办学自主权 ·· 126

第六节　依法保障民办高校师生的合法权益……………………131

第六章　国外政府扶持私立高等教育的政策措施………………135
第一节　国外政府扶持私立高等教育政策的概况………………135
第二节　直接或间接的公共财政资助……………………………149
第三节　对私立高校教师提供财政支持…………………………155
第四节　对私立高校学生及其家庭提供财政支持………………158

第七章　完善山东省民办高等教育政策扶持的对策………………166
第一节　构建民办高校分类管理机制……………………………167
第二节　制定公共财政扶持政策…………………………………174
第三节　完善教师社会保障政策…………………………………192
第四节　清理并纠正歧视政策……………………………………195

附录1　山东省民办高等教育发展现状调查问卷……………………199
附录2　山东省民办高等教育发展现状访谈提纲（学校领导版）……………202
附录3　山东省民办高等教育政策扶持现状访谈提纲（省教育厅领导版）……203
附录4　陕西省民办高等学校（教育机构）分类管理申报表…………204
附录5　陕西省民办高等学校（教育机构）分类登记管理实施办法…………207
附录6　温州市关于民办学校分类登记管理的实施办法（试行）……………213
附录7　2013年湖南省民办教育发展专项资金绩效评价指标自评表…………221

参考文献…………………………………………………………………225
后　记……………………………………………………………………236

第一章

绪 论

民办高等教育事业是我国高等教育事业的重要组成部分,是高等教育事业发展的重要增长点和促进高等教育改革的重要力量。为了适应形势需要,各级政府都在出台民办高等教育扶持政策,以更好地促进我国民办高等教育的发展,如《国家中长期教育改革和发展规划纲要(2010—2020年)》指出,要"大力支持民办教育。各级政府要把发展民办教育作为重要工作职责,鼓励出资、捐资办学,促进社会力量以独立举办、共同举办等多种形式兴办教育。依法落实民办学校、学生、教师与公办学校、学生、教师平等的法律地位,保障民办学校办学自主权。健全公共财政对民办教育的扶持政策"。《教育部关于鼓励和引导民间资金进入教育领域促进民办教育健康发展的实施意见》强调,要"制定完善促进民办教育发展的政策",具体包括:完善民办学校办学许可制度;清理并纠正对民办学校的各类歧视政策;落实民办学校办学自主权;落实民办学校招生自主权;落实民办学校教师待遇;保障民办学校学生权益;完善民办学校税费政策;支持高水平有特色民办学校建设。

近年来,山东省民办高等教育事业得到了快速发展。截至2014年5月,山东省共有民办普通高等学校35所,其中民办本科院校11所,独立学院11所,高职(高专)院校13所。民办高校占全省普通高校总数的25%,民办本科高校占全省普通本科高校总数的33%。民办普通本专科在校生30余万人,约占全省普通本专科在校生总数的20%。因此,无论从发展规模看,还是从办学层次来看,山东省已经成为名副其实的民办高等教育大省。

在山东省的民办高等教育发展过程中,民办高等教育政策对其产生了重要影响。山东省民办高等教育之所以能取得今天的诸多成绩,与民办高等教育政策的引导、规范和调控息息相关。

一、研究目的

国内外民办（私立）高等教育发展的实践证明，民办高等教育政策是影响民办高等教育发展的重要因素。无论是政策制定，还是政策执行，都会对民办高等教育发展产生重要影响。政策制定是一项关涉价值观的活动，最终的政策文本是各方博弈的结果。因此，全面分析政策文本，可以在一定程度上呈现政策制定者的价值观。政策执行是保障政策发挥作用的重要环节，一项政策能否实现预期目的，在很大程度上取决于政策执行的情况。

为更好地促进山东省民办高等教育持续、健康、快速发展，从民办高等教育大省转变为民办高等教育强省，有必要在借鉴中外经验的基础上，对山东省民办高等教育政策进行深入研究。

本研究将厘清山东省民办高等教育政策的建设历程，分析山东省民办高等教育政策的扶持依据，梳理山东省民办高等教育相关政策文本，在此基础上，对山东省民办高等教育的政策扶持进行评价。同时，总结国内其他地区民办高等教育政策扶持的经验，归纳发达国家公共财政扶持私立高等教育发展的政策措施，最终，提出完善山东省民办高等教育政策扶持的对策，以更好地发挥山东省民办高校在地方经济建设和社会发展中的重要作用。

本研究具有重要的现实意义。通过政策手段对民办高等教育发展进行调节是十分有效的，好政策的指向和引导作用可以最大限度地挖掘民办高等教育的发展潜力，使其在数量上和作用上都真正成为我国高等教育事业的重要组成部分。在借鉴国内外民办（私立）高等教育发展经验的基础上，结合山东省民办高等教育政策扶持现状，提出完善山东省民办高等教育政策的意见和建议，可以为政府和相关职能部门出台民办高等教育利好政策提供借鉴，也可以扩大山东省民办高等教育政策的影响力，使民办高等教育事业更好地发挥推进高等教育大众化进程、扩大高等教育供给、满足人民群众多样化教育需求的作用，在"科教兴鲁"和"人才强鲁"战略中做出更大贡献。

二、研究现状

政策是一种与人类的生存和发展紧密联系的社会历史现象，反映了社会公共权力主体对社会政治、经济、文化各种事物的统治、管理、调控和引导，是理论和实践、理想和现实的结合点，是处理各种利益关系的原则和决策。[①] 教育政策的根本

[①] 曲艺. 我国民办高等教育政策的价值分析 [J]. 浙江树人大学学报，2001（3）：11-15.

目的是通过政府的权威性活动在全社会范围内分配教育利益,它是在价值统率下"文本"和"过程"的统一。从广义上说,民办高等教育政策是指政府为民办高等教育工作制定的基本要求和行动准则,既包括静态的以文件形式所表现出来的各种政策文本,也包括动态的以过程形式表现出的具体执行过程及落实情况。对民办高等教育的政策扶持可以从两个层面进行理解:从外部来说,对民办高等教育的扶持指在不放松对公办高等教育管理的同时扶持民办高等教育,走增量发展的道路,努力实现公办、民办高等教育的比翼齐飞;从内部来说,对民办高等教育的扶持指政府依法履行应尽的职责,尽可能在法律法规许可的范围内通过多种途径加大对民办高校的"扶助"。① 近年来,国内外研究者针对民办(私立)高等教育政策扶持开展了大量研究,为本研究工作的开展奠定了良好基础。

(一)国内研究现状

在国内,民办高等教育政策扶持研究是同民办高等教育事业的发展同步开展的。现有的民办高等教育政策扶持研究主要关注政策扶持的必要性和政策扶持的途径等问题。

1. 民办高等教育政策扶持的必要性

政府与民办高等教育的关系是一个十分复杂的问题。政策是影响民办高等教育机构行为决定、资源配置与经济绩效的最重要的环境变量。创设清晰的、稳定的、均衡的民办高等教育的政策制度环境,是民办高等教育持续健康发展的重要保障,也是政府对民办高等教育发展负有的不可推卸的重要责任。② 研究者认为,民办高等教育政策会影响民办高等教育的规模和结构。饶爱京通过分析 20 世纪 80 年代以来我国各类民办高等教育机构的数量变化,提出:当民办高等教育政策利于民办高等教育发展时,民办高等教育规模较大,而当民办高等教育政策不利于民办高等教育发展时,民办高等教育发展会陷入低谷期;从各类民办高等教育机构的发展来看,我国民办高等教育由最初不具有颁发国家承认的学历文凭的高等教育机构"一统天下",发展到现在具备颁发学历文凭资格的民办高等学校、高等教育学历文凭考试试点学校和不具有颁发国家承认的

---

① 施文妹. 地方政府民办高等教育扶持政策研究——以浙江省为例 [D]. 上海:上海交通大学硕士学位论文,2010:10.
② 张江波. 民办高等教育发展中政府责任研究 [D]. 长沙:国防科技大学硕士学位论文,2009:28.

学历文凭的高等教育机构"三分天下"。其中,国家政策的导向和限制起到了至关重要的作用。①2007年以后,受到国家政策的影响,高等教育学历文凭考试被取消,民办高等教育变为学历民办高等教育和非学历民办高等教育两种类型。

2. 民办高等教育政策扶持的途径

纵观现有关于民办高等教育政策扶持的文献,可以发现,研究者主要提出了六种政策扶持的途径,分别为公共财政资助、分类管理、拓宽融资渠道、保障师生的合法权益、引导中介机构发展和实施高水平民办大学建设计划。

(1) 公共财政资助民办高等教育发展。

从我国发展民办高等教育的现实条件和政策环境看,仅靠收取学费来维持民办高等教育的生存,将会导致民办高校的经费筹措之路越走越窄,制约其健康可持续发展。在民办高等教育从规模扩张到内涵发展、争创高水平民办大学的今天,公共财政支持民办高等教育发展的呼声最大,也成为研究者提及频次最多的政策扶持途径。巩丽霞认为,公共财政扶持民办高等教育不仅能够增加高等教育资源供给,在更大程度上满足不同层次的社会需求,而且有利于高等教育领域开展有效竞争,从而有利于解决政府教育成本攀高的困境,解决财政资金的低效性问题,最终达到有利于政府提高公共产品供给能力的目的。② 在公共财政资助民办高等教育原则方面,林霞认为,政府对民办高等教育的财政扶持要坚持效率优先、兼顾公平原则,对需要发展高等教育的边远地区实施倾斜性的财政政策扶持;对办学绩效显著、具有相当发展潜力的民办高校实施重点扶持。③ 李黎认为,政府财政资助民办高等教育发展要坚持教育公平原则、能力支付原则、评价与资助相结合原则、质量监督原则和宏观指导原则。④ 在公共财政扶持民办高等教育方式的方面,有研究者认为,可采取直接与间接相结合、竞争与非竞争相结合的方式。直接财政支持资金又可分设为三种:专项资金、政府购买服务资金和奖励资金。⑤ 在公共财政资助民办高等教育政策的保障方

---

① 饶爱京. 民办高等教育政策及其对民办高等教育发展的影响 [J]. 黑龙江高教研究, 2006(10): 1-5.

② 巩丽霞. 公共财政扶持民办高等教育政策研究 [J]. 教育发展研究, 2012(23): 33-37.

③ 林霞. 扶持民办高等教育发展的财政政策研究 [D]. 广州:暨南大学硕士学位论文, 2008:35.

④ 李黎. 中国民办高校政府资助政策研究 [D]. 武汉:中南民族大学硕士学位论文, 2008:36-37.

⑤ 巩丽霞. 地方公共财政扶持民办高等教育政策的优化选择 [J]. 高教发展与评估, 2012(6): 10-16.

面,李宜江等认为,公共财政对民办教育扶持政策的建立、健全和落实,离不开配套的保障性政策。比如,扶持民办教育发展的公共财政的来源、拨付、使用、监管、评估;对民办学校是否营利的核算制度和会计审核制度;对民办学校办学质量的评估制度等。①

(2) 分类管理民办高等教育。

《国家中长期教育改革和发展规划纲要(2010—2020年)》明确提出,要"积极探索营利性和非营利性民办学校分类管理","开展对营利性和非营利性民办学校分类管理试点"。有研究者认为,对民办高校进行分类管理是大势所趋,也是世界高等教育发展的基本经验。从我国高等教育发展的阶段和我国民办高等教育的长久发展来看,合理分类和科学管理不仅非常必要,而且迫在眉睫。②因为,若不对营利性和非营利性民办高校进行分类管理,一方面政府担心对民办高校的财政资助进入出资人的口袋,不利于政府出台更多的扶持政策,不利于保证政府的财政资助真正惠及民办高校的师生。另一方面,由于民办高校营利性和非营利性的模糊状态,法律法规规定的税收优惠等政策无法落实到位。③在民办学校分类管理思路方面,董圣足认为,凡是以营利为目的,对民办学校资产及其收益主张权益的,即为营利性民办学校;不以营利为目的,学校办学结余不用于分配,终止后剩余资产继续用于公益事业的,即为非营利性民办学校。④在民办教育分类管理原则方面,何金辉认为,分类管理应体现权利与义务对等的立法原则,体现公平优先、兼顾效率的社会发展理念,体现依法治教的管理原则。⑤在民办学校分类管理制度建立方面,贾建国认为,要坚持强制性与诱致性制度相结合和渐进式的制度变迁方式,分类指导,分步实施,从而避免急于求成所引发的不良后果。⑥

---

① 吴华,胡威. 公共财政为什么要资助民办教育?[J]. 北京大学教育评论,2012(2):43-55.
② 徐绪卿. 关于民办高校分类管理的思考[J]. 教育发展研究,2011(12):1-5.
③ 沈剑光,钟海. 民办学校法人财产权与民办教育分类管理[J]. 教育研究,2011(12):37-40.
④ 董圣足. 民办学校分类管理的制度构架:国际比较的视角[J]. 教育发展研究,2013(9):14-20.
⑤ 何金辉. 民办学校分类管理的分歧与共识[J]. 教育发展研究,2010(10):42-47.
⑥ 贾建国. 我国民办学校分类管理制度创建的路径分析[J]. 现代教育管理,2012(10):52-55.

（3）拓宽民办高校融资渠道。

民办高校融资是指民办高校的创办者或经营者经过科学的分析、决策，根据民办高校未来的经营与发展趋势，通过有关渠道进行民办高校内部积累资金或向投资者及债权人筹集资金的方式来组织资金的来源，以此保证民办高校正常经营和发展所需要的资金和资源的一种经济行为。[①]可以说，我国民办高校的融资途径大体上可分为内源融资和外源融资两类。

确保民办高校融资渠道畅通是一项系统工程，对于政府而言，优化相关制度环境是至关重要的。王鹤等认为，政府应做好如下工作：完善相关法规，保护私有产权，引导更多的捐赠资金进入民办高校；加强社会信用体系建设的立法工作；对进入民办高校的捐赠资金实行免税政策。[②]熊冰认为，政府应出台更多的相关政策拓宽民办高校的融资渠道，如鼓励各商业银行对民办高校进行贷款；投资固定资产和扩大基础设施时，给予民办高校长期、低息或无息贷款；允许民办高校用学校财产来抵押贷款；政府帮助民办高校向国外银行（如世界银行、亚洲银行等）寻求贷款；鼓励企业、个人、社会团体等捐资助学，完善捐资免税的优惠政策；尝试建立政策性的民办高等教育发展银行等。[③]另外，允许民办高校进入金融资本市场也是研究者们主张的渠道之一，如发行股票，通过直接融资将民办高校变成大众资本参股的公众学校；允许民办高校上市等。[④]

（4）保障民办高校师生的合法权益。

《中华人民共和国民办教育促进法》明确规定，民办学校的教师、受教育者与公办学校的教师、受教育者具有同等的法律地位。但是，在政策落实过程中，民办高校教师和学生的诸多权益没有得到有效保障。研究者认为，应健全民办高校师生的利益诉求机制，如加强民办高校基层党组织建设等。[⑤]

在保障民办高校教师权益方面，研究者们主要探讨了三个方面的问题，一

[①] 谢开第．民办高校融资的国外经验及对我国的启示[D]．成都：四川师范大学硕士学位论文，2011：3.

[②] 王鹤，万俊毅．论我国民办高校融资的多元化路径[J]．江西科技师范学院学报，2003（6）：5-8.

[③] 熊冰．民办高等教育发展的困境及政府支持研究[D]．长沙：湖南师范大学硕士学位论文，2011：48-50.

[④] 闫石．民办高等教育投入中的政府责任研究[D]．宁波：宁波大学硕士学位论文，2010：52.

[⑤] 范力，杨培玉．健全民办高校基层党组织师生利益诉求机制——以北京城市学院为例[J]．北京城市学院学报，2013（1）：19-23.

是待遇问题,二是社会福利问题,三是专业权益问题。为更好地保障民办高校教师的各方面权益,应构建保障民办高校教师合法权利的体系。第一,加快建立健全包括民办高校教师权利保障具体内容和执行标准的法律法规建设步伐,完善细化各项政策措施;第二,构建包括民办高校教师培训制度、待遇保障制度、教育行政管理制度、申诉救济制度等在内的民办高校教师权利保障的制度体系,优化民办高校教师的维权环境;第三,探索适合我国民办高校教师特点的社会保险、养老保险、医疗保险以及商业保险制度,对民办高校教师实行事业单位社会保险;第四,构建民办高校教师权利保障的组织体系,建立民办高校教师协会,引导民办高校教师树立法制观念,增强法律知识,积极维护自身合法权利不受侵害。①

在保障民办高校学生权益方面,毕振力认为,政府应当采取各种措施对民办高校学生进行直接资助,设立民办高校学生专项资助,如生均补助,奖、助学金和助学贷款等。②彭伊凡认为,为更好地保障民办高校学生的就业工作,扭转存在社会歧视的局面,政府应结合民办高校毕业生特点,着力在基础管理与服务、鼓励校企合作、提供实习岗位、加强技能培训、扶持创业、购买公益性岗位等方面加大援助力度,确保各项援助措施取得实效。③

(5)引导民办高等教育中介组织发展。

目前,民办高等教育管理基本上处于被忽视或与管理公办高校混同的状况,既没有突出民办高校的特点,也不利于民办高校的发展。④研究者认为,要改变这种状况,需要探索建立民办高等教育中介组织。民办高等教育中介组织是指按照一定的法律法规建立起来的一系列社会组织的法人实体,其遵照独立、公开、公平、公正的运作原则,在政府、社会和民办高校之间的教育活动中分别发挥信息传递和沟通、咨询监督和评价、教育质量评估等服务功能,从而搭起

---

① 杨柳. 民办高校教师权利保障问题研究[D]. 南昌:江西师范大学硕士学位论文,2012:19-32.
② 毕振力. 教育公平视角下政府对民办高校的管理与资助政策研究[J]. 教育与职业,2013(11):15-17.
③ 彭伊凡. 民办高校毕业生就业困境及对策研究——以湖南某民办高校SY学院为例[D]. 长沙:中南大学硕士学位论文,2010:45-46.
④ 朱为鸿. 论中国民办高等教育政策的演变与趋势[J]. 教育发展研究,2006(11B):44-45.

民办高校与社会、政府之间的联系的桥梁和纽带。[①]孙志鸿认为,政府的培育和扶持是构建民办教育中介组织体系的关键。[②]具体来说,政府需要做好三个方面的工作:一是政府为民办高等教育中介组织的生存和发展提供空间,使各类中介组织充分发挥作用;二是加快教育中介组织的法制建设,在法律上明确民办高等教育中介组织的地位、性质及职业规范[③],使教育中介组织的活动真正做到有法可依和有法必依;三是制定教育中介组织发展的整体规划,优先、重点发展与民办高等教育关系密切的中介组织,并从实际出发,对现已存在的民办高等教育中介组织进行改造和优化,使教育中介组织的发展健康有序。[④]

(6)实施高水平民办大学建设计划。

当前,民办高等教育已经成为我国高等教育事业的重要组成部分和重要增长点。随着民办高等教育的持续发展,民办高校发展将进入转型期,即从以规模扩张为主的外延式发展向以提高教育质量为主的内涵式发展阶段转变。在此背景下,一批办学质量较高、社会影响较好的民办高校正在涌现,并已经形成了自身的办学优势和办学特色,办学实力和竞争力明显增强,提出了"创建高水平民办大学"的口号。同时,研究者提议做好我国民办高等教育事业发展的顶层设计,实施国家层面的高水平民办大学建设计划。徐绪卿认为,应出台专门文件,制定专门的选拔标准和选拔机制,确定专业的专家队伍,选拔一批办学质量较好、办学信誉较高、办学条件完善、办学形象较佳的民办高校列为国家级高水平民办大学,重点予以支持和建设。[⑤]

我们对现有民办(私立)高等教育政策扶持的研究文献进行梳理后发现,目前民办(私立)高等教育政策扶持的研究成果已相当丰富,研究者们指出了政府扶持对民办(私立)高等教育发展的重要作用,总结了国内外民办(私立)高等教育的扶持政策。但是,现有研究存在经验介绍较多、理论支撑缺乏,研究方法单一、研究视角狭窄的问题。为更好地发挥理论研究对实践的促进作用,后续研究应丰富政策扶持的研究方法,拓宽政策扶持的研究视角。

[①] 徐绪卿.对发展我国民办高等教育中介组织的若干思考[J].黑龙江高教研究,2004(1):42-44.
[②] 孙志鸿.大力发展民办教育中介组织[J].浙江树人大学学报,2008(5):7-11.
[③] 陆升将.我国民办高等教育中介组织的构建[J].浙江树人大学学报,2005(2):14-16.
[④] 张庆.论民办高等教育中政府职能的"越位"与"缺位"[J].湖南涉外经济学院学报,2013(2):7-11.
[⑤] 徐绪卿[J].建设国家级高水平民办高校的若干思考[J].教育发展研究,2012(7):24-27.

（二）国外研究现状

在国外，如何针对私立高等教育的特点制定有效的政策是各国面临的共同问题。现有研究主要关注政府政策在私立高等教育发展中的作用和促进私立高等教育发展的政策建议，认为私立院校的存在对高等教育的多样化、独立性和质量提升有着重要意义。政府政策的目标应该是鼓励私立高等教育为社会多做有益的贡献，建立在此目标之上的激励机制应该鼓励在可以接受的质量水平上提高高等教育的入学率；鼓励通过创新和创业活动，增加教育机会的多样性；促进不同质量和形式的私立教育的发展，尤其是与公立教育优势不同的部分。国家可以通过适当的政策来影响私立高等教育的发展。[①]

美国政府长期对公立、私立教育在立法、财政资助等方面采取一视同仁的政策，分别于1791年和1819年通过的《权力法案》和《达特斯学院案》，从法律的高度赋予了私人办学的权力。1958年通过的《国防教育法》规定联邦政府"向非营利的私立学校提供贷款"，用于开设新的数学、外语等课程，并资助科研。1963年通过的《高等教育设施法》规定，联邦政府向公、私立非营利大学提供联邦补助金和贷款，以促进自然科学、数学和外语的教学研究和图书馆建设。1965年通过的《高等教育法》在美国历史上第一次规定联邦政府要向公、私立高等学校提供长期资助。1972年通过的《高等教育法》（修订案）在美国历史上第一次决定由联邦政府向全国所有高等学校包括私立大学在内提供不带任何条件的资助，而且所有家庭经济困难的学生无论是上公立学校还是私立学校，均可申请联邦学生资助；不论公、私立大学，均可申请联邦科研经费，联邦政府对公、私大学一视同仁，平等对待。[②] 同时，美国各州都十分重视对私立教育的财政投入和政策支持，其方式主要有：提供科研经费，对私立学校学生的资助，税收优惠等。[③]

英国政府鼓励社会力量办学，而且大力扶持、依靠社会力量培养人才。英国国会分别于1902年和1944年通过《巴福尔法案》和《巴特勒法案》，强调了私立

[①] 〔美〕罗杰·L·盖格. 私立高等教育与公共政策：私立高等教育在经济现代化过程中的角色 [J]. 刘红燕，译. 北京大学教育评论，2001（3）：21-25.

[②] 沈晓慧. 国外私立高等教育的制度安排与可持续发展研究——以美国和日本为例 [J]. 浙江树人大学学报，2010（5）：16-21.

[③] 黄虹. 公权视阈下美日私立高等教育管理探析及借鉴 [J]. 中国成人教育，2010（9）：106-108.

教育的合法性。1985年颁布的教育白皮书《把学校办得更好》，承认私立学校是国民教育体系的一个组成部分，国家对私立学校负有一般性的责任，并有一定的义务保证这些学校达到最起码的标准，应保障私立学校的教育自由和权益，并给予私立学校一定的资助。①英国政府通过大学拨款委员会对私立高等教育进行资助，并通过特定的资助方式加以积极引导，从而确保了国家对高等教育的宏观调控。英国《教育法》中规定的私立高校经费补助的条款有："政府控制的私立高校的董事或校长不负担维持学校的任何开支"，"免除民办高校的地方税"，"大臣有权向招收失学学生的公款补助学校和特别协议学校拨付补助金"。

自1991年起，俄罗斯政府先后通过了《俄联邦教育法》《关于教育领域非国有化、非垄断化法（草案）》《俄联邦大学和职业后教育法》和《俄联邦教育发展纲要》等多部法律，对私立高等教育的发展做出了详细规定，其基本方针是"保公放私"，即在保证公立高等教育发展的同时，放手发展私立高等教育。同时，俄罗斯政府给拥有办学许可证的私立高校以中央和地方财政拨款，并且不低于当地同类公立高校的拨款定额。②

韩国政府为促进私立学校的健康发展，于1963年颁布了《私立学校法》，将私立高等教育纳入国家统一发展规划，并置于教育部的直接监督之下。该法规定，对设立经营私立高等职业学校的学校法人，政府给予优先赞助。之后，韩国政府先后制定了《私立高等教育财务政策》《私立学校教师退休实施法》和《私立学校教师健康保健法》等专门法规，以扶持私立学校发展。另外，韩国政府在逐渐增加对私立大学资助的同时，还修订了《税收减免法》，通过税收减免优惠和给予财政补贴等方式减轻私立大学的财政负担。1990年，韩国政府首次向私立教育机构进行直接和间接拨款补贴。20世纪90年代后，韩国政府加大了对高等教育的投资，采用了绩效拨款机制，这一机制的主要受益者是大型的私立高等教育机构。③尤其是1999年启动的"21世纪智慧韩国计划"（Brain Korea 21，简称"'BK21计划'"），政府更是从提高民族竞争力的高度划拨专项资助，用于私立院校财政环境的改善和教育质量的提升。同时，韩国政府积极推进产

---

① 赵红亚. 试论国外私立高等教育的发展趋势[J]. 北京科技大学学报：社会科学版，2007(1)：141-145.
② 徐华. 俄罗斯私立高等教育发展研究[D]. 西安：陕西师范大学硕士学位论文，2003：38-40.
③ 蔡在恩，洪希京. 私立大学引领韩国高等教育扩张（下）[N]. 中国社会科学报，2010-9-16(9).

学合作,使得每一所私立大学都有一个以上的企业集团做经济后盾,还多次大规模地引进外资、鼓励私人投资高等教育,并给予自办大学的企业以财政、税制、金融支持等优惠政策。①

日本政府于1918年颁布《大学令》,指出:"高等教育除依靠国家办学以外,也欢迎地方政府和团体以及私人办学……"这一规定不仅为私立大学的设置开辟了道路,而且使私立大学在法律上取得了合法地位。1947年日本政府颁布了《教育基本法》和《学校教育法》,承认私立高等教育的"公共性质",在法律上确立了私立学校与国立、公立并举的发展格局;1949年颁布《私立学校法》,规定了国家、地方政府对私立高校的资助义务;1952年颁布《私立学校振兴法》,为私立大学的振兴和发展提供了更加完备的法律保障;1956年颁布《大学设置法》,规定了大学设置的最低标准,使私立大学的设置变得非常容易。1970年以来,日本政府先是投资10亿日元设立私学振兴财团来负责私立高校的经常费资助和科研设施设备援助,接着又颁布《私立学校振兴助成法》,将政府的资助行为制度化。② 日本政府对私立高等教育的资助经费主要包括补助金和贷款。1982年以后,为提高补助金的利用效率,政府改进了补助金分配办法,实行倾斜分配政策,即对改善教育、研究条件较好的私立院校给予较多的补助金额,对经营管理存在明显不足和没有充分利用补助金的私立院校实行五年停发补助金的制裁措施。同时,日本政府还对私立高校实施减税和免税的政策及发放低息贷款,间接地资助私立高等教育的发展。③

在东南亚,泰国、菲律宾、马来西亚和印度尼西亚等国家都把私立高等教育纳入国家整个教育制度中,并以法律的形式确认和保证私立高等教育的合法性及其在高等教育体系中的地位。

泰国政府于1979年通过《私立高等教育法》,对私人办学给予鼓励,允许私立高等院校根据自己的能力在现有的基础上发展。20世纪80年代以后,泰国政府把私立高等教育纳入全国教育发展规划,并制定了明确的鼓励私立高等教育发展的政策。例如,"政府鼓励每一所私立高等院校提高开设更多学习领域的能力,并根据自己的条件不断扩大规模";"私立高校也应受到鼓励,更多地分

---

① 周燕,梁樑. 美、日、韩私立高教政策比较及其启示[J]. 教育与现代化,2006(4):64-68.
② 柳亮. 日本私立高校的发展特点及其对我国民办高等教育的启示[J]. 清华大学教育研究,2004(5):33-38.
③ 唐卫民,韩国海. 美日私立高等教育政策及其启示[J]. 辽宁教育行政学院学报,2008(3):26-28.

担发展高等教育的责任,为公众提供更多的接受高等教育的机会"等。①

菲律宾政府于1968年设立了专门资助私立教育的组织——"资助私立教育基金组织",并颁布了一系列资助私立学校的教育法规,如《1972年教育发展令》,提出资助私立高校的课程和设施。《1982年教育法》第41条规定:"政府,由于承认私立学校在教育体系中的互补作用,可以用政府金融机关的拨款、资助金或贷款向私立学校提供帮助,如果那些项目符合规定的要求和标准并有益于国家发展目标的实现。"1987年颁布的《宪法》不仅承认了公、私立教育的互补作用,还决定对其提供资助,实行税收优惠。② 此外,菲律宾政府还先后通过了第一部资助私立高等教育的专门法律——《共和国6728号法案》及其修订稿《共和国8545号法案》(也称《扩大对私立教育学生、教师的政府补助法案》),向私立教育学生和教师提供政府补助和适当资助。③

马来西亚政府先后出台《所得税法》(1967年)和《关税法》(1967年),《销售税法》(1972年),《投资促进法》(1986年)等,向私立院校提供税收奖励。1996年,马来西亚政府制定了《私立高等教育法》,允许私立高校发展,并要求促进它们的成长和建设。④

印度尼西亚政府于1961年制定了《印度尼西亚高等教育法》,规定政府对私立大学采取认可制度,由私立高等学校委员会对它们进行认可评估,并分出四个等级:第一级,同等对待。向政府登记注册并得到承认,能自行考试和授予学位,其毕业文凭和学位与公立高校同等对待。第二级,得到承认。向政府登记注册,已得到承认者,文教部参与其考试委员会,其毕业文凭与公立高校享有同等价值。第三级,得到登记。符合文教部规定的条件,得到政府允许登记,但未得到承认,由文教部包办其入学考试,这类学校的学生可参加国家考试。第四级,未予登记。尚不符合文教部规定的条件,不予登记。私立高等院校得到登记和承认的有效期为五年,得到同等对待地位的有效期为四年,到期后须再申请,文教部再根据该校具体情况确定及批准其地位。1975年,印度尼西亚政府制定了《高等教育发展基本政策》,要求全面发展公、私立大学,并发挥大学在

---

① 张随刚.东南亚国家私立高等教育政策比较[J].黄河科技大学学报,2002(2):39-44.
② 张随刚.东南亚国家私立高等教育政策比较[J].黄河科技大学学报,2002(2):39-44.
③ 陈武元,薄云.韩国、马来西亚、菲律宾三国私立高等教育经费政策研究[J].高等教育研究,2008(2):100-106.
④ 张随刚.东南亚国家私立高等教育政策比较[J].黄河科技大学学报,2002(2):39-44.

各地区发展中的核心作用。20世纪90年代以后,为促进私立高等教育的发展,印度尼西亚政府1990年通过《印度尼西亚高等教育法》(第30号法令),进一步确立了私人兴办教育的合法地位。与此同时,政府也根据现行法规给私立高校提供补助,包括提供设备、指导及分配人员等。①

三、研究思路

本研究的思路为:运用多维研究视角,在分析政府扶持民办高等教育的依据基础上,结合山东省民办高等教育政策扶持的现状,通过省际比较和国际比较,最终系统、全面地提出完善我省民办高等教育政策扶持的建议,为省委、省政府和相关职能部门决策提供服务。

据此,本研究主要解答以下问题:山东省民办高等教育政策建设的现状如何?山东省民办高等教育政策扶持的理论依据和现实依据是什么?山东省民办高等教育政策扶持的现状如何?究竟什么样的政策措施可以促进山东省民办高等教育事业的发展?

具体研究路径见图1-1。

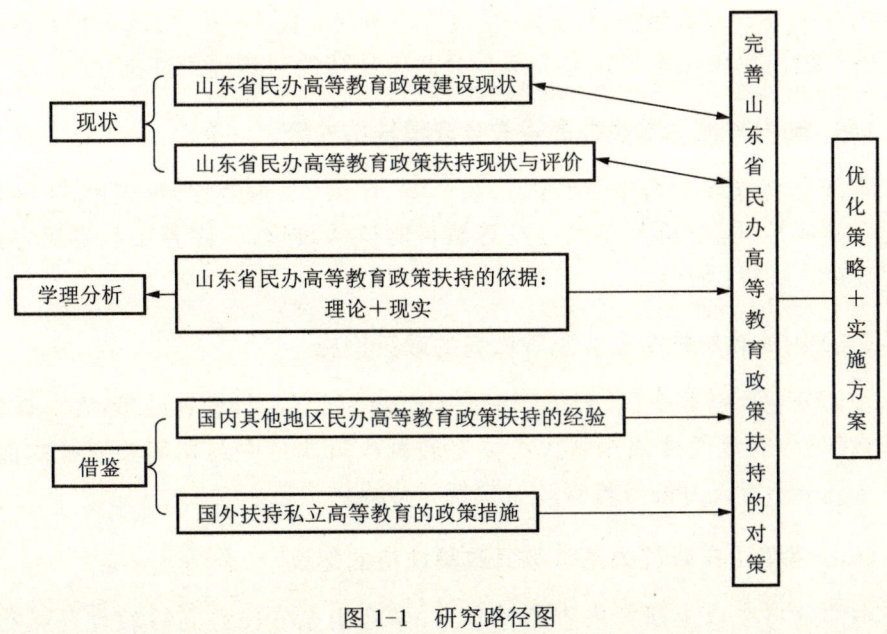

图1-1 研究路径图

---

① 张随刚. 东南亚国家私立高等教育政策比较[J]. 黄河科技大学学报,2002(2):39-44.

四、研究内容

(一) 山东省民办高等教育政策建设历程

本部分主要在分析山东省已经出台的民办高等教育政策的基础上,总结归纳出山东省民办高等教育政策的建设阶段、阶段特征和建设成就,为后续研究奠定基础。

(二) 山东省民办高等教育政策扶持的依据

本部分主要分析与山东省民办高等教育政策扶持相关的理论依据和现实依据。理论依据主要是民办高等教育的非营利性,现实依据主要是山东省民办高等教育发展现状对政策扶持的需求。

(三) 山东省民办高等教育政策扶持的现状

本部分收集了山东省已经出台的有关民办高等教育发展的政策文本,包括办法、通知、规定、意见、规程等,运用文本分析法,梳理山东省民办高等教育政策的发展现状,并在此基础上,从政策制定、政策执行和政策影响等方面评价山东省民办高等教育政策扶持的现状,为借鉴国内外民办(私立)高等教育政策扶持经验和提出完善山东省民办高等教育政策扶持的对策提供基础。

(四) 国内其他地区民办高等教育政策扶持的经验

本部分将选取上海市、浙江省、陕西省、江西省、湖南省、重庆市、吉林省和黑龙江省等地区,分析其对民办高等教育的扶持政策,为完善山东省民办高等教育政策扶持提供借鉴。

(五) 国外政府扶持私立高等教育的政策措施

本部分主要考察美国、日本、韩国等国家的私立高等教育政策;在具体的政策措施部分,着重关注山东省民办高等教育政策扶持中迫切需要完善的部分,以为完善山东省民办高等教育政策扶持举措提供借鉴。

(六) 完善山东省民办高等教育政策扶持的建议

本部分将在以上研究内容的基础上,结合山东省民办高等教育发展实际,提出完善山东省民办高等教育政策扶持的对策、建议和有关的实施方案,以更好地促进山东省民办高等教育事业的持续健康发展,使其为区域经济建设和社会发展做出更大的贡献。

五、研究方法

本研究探讨了山东省民办高等教育政策扶持的现状与对策建议,主要采用文献法、实践调研法、比较分析法和案例分析法等研究方法,以提高研究成果的理论意义和实际应用价值。

(一)文献法

查阅现存的有关"民办高等教育政策扶持"的文献资源,系统研究民办(私立)高等教育政策的发展历程、价值、特征、取得的成就、存在的问题,在此基础上提出完善山东省民办高等教育政策扶持的建议。

(二)实践调研法

主要通过问卷调查和实践访谈的形式了解山东省民办高等教育政策扶持的现状和国内其他地区民办高等教育政策扶持的经验。具体来说,在问卷调查中,主要根据山东省民办高校的分布区域,采用分层抽样法,选取一所济南市民办高校(山东英才学院)、一所烟台市民办高校(烟台南山学院)和一所德州市民办高校(山东华宇工学院),对其管理者和教师分别发放100份《山东省民办高等教育发展现状调查问卷》(见附录1),用相关观点呈现、量化数据支撑和实证分析的方式揭示山东省民办高等教育的发展现状、取得的成绩和民办高校教职员工对山东省民办高等教育政策的认识,在此基础上讨论山东省民办高等教育发展存在的问题及其制约因素。在实践访谈中,一方面,与山东省部分民办高校领导当面交谈(见附录2),深入了解山东省民办高等教育的发展现状、存在的问题及制约因素;另一方面,访问山东省教育厅职业教育与成人教育处(民办教育管理办公室)领导,通过开放式问答方式(见附录3),了解山东省民办高等教育政策的发展历程、突出之处和不足之处。

(三)比较分析法

通过相关文献和政策文本,梳理国外发达国家的私立高等教育扶持政策,总结其经验。在此基础上,对比当前我国其他地区地方政府制定的民办高等教育政策,找出山东省民办高等教育政策扶持与其存在的差距,进而提出完善我省民办高等教育扶持政策的建议。

(四)案例分析法

收集政策文本和领导讲话资料,剖析上海市、浙江省、陕西省、江西省、湖南省、重庆市、吉林省、黑龙江省等地区的民办(私立)高等教育政策,重点分析这些地方在民办高等教育政策扶持领域所做的探索。

第二章
山东省民办高等教育政策的建设历程

政策是价值的体现,它取决于政策制定主体与政策利益主体在价值冲突和整合过程中占主导地位的价值追求,这就使政策具有时代特征和阶段特征。民办高等教育政策法规的形成是一个发展的过程,具有明显的时代性和阶段性。

第一节 山东省民办高等教育政策的建设阶段

为了让教育资源分配更加合理,提高民办高等教育质量,山东省根据不同时期民办高等教育发展中存在的问题,有针对性地提出了相关的政策法规要求。通过分析发现,改革开放后,山东省民办高等教育政策经历了起步期、规范期和扶持发展期三个阶段。这三个阶段的民办高等教育政策各有特色,体现了我省民办高等教育政策的建设历程。

一、起步期(1978~1998年)

我国的民办高等教育事业是随着改革开放而兴起的。民办高等教育事业发展初期,国家抱着一种尝试性的、谨慎的态度发展民办高等教育,既希望被中断30年的民办高等教育事业得到恢复和发展,又对民办高等教育的性质与发展前景不确定,因此,这一时期的民办高等教育政策呈现出"允许与限制并行"的特点。①一方面,通过默许或默认民办高校建立与发展的事实,释放出允许民办高等教育发展的政策信号,但不出台具体政策。另一方面,国家出台了《中华

---

① 张胜军,张乐天.1978年以来我国民办高等教育政策建设的历史、成就与问题[J].黑龙江高教研究,2007(12):35-38.

人民共和国宪法》(1982年)、《中共中央关于教育体制改革的决定》(1985年)、《关于社会力量办学的若干暂行规定》(1987年)、《社会力量办学财务管理暂行规定》(1987年)、《关于社会力量办学几个问题的通知》(1988年)、《社会力量办学教学管理暂行规定》(1988年)、《社会力量办学印章管理暂行规定》(1991年)、《国务院关于大力发展职业技术教育的决定》(1991年)等政策文件,这些文件都带有原则性、限制性特征。

1982年颁布的《中华人民共和国宪法》第十九条指出:"国家鼓励集体经济组织、国家企事业组织和其他社会力量依照法律规定举办各种教育事业。"根据这一规定,山东省人民政府于1985年颁布了《山东省社会力量办学暂行办法》(简称"《暂行办法》")。这一《暂行办法》是改革开放后我省民办教育界第一个专门性的政策文件。此《暂行办法》所体现的政策精神与国家层面的政策精神一致,有"允许与限制并行"的特点。一方面,《暂行办法》指出:"社会力量办学是社会主义教育事业的组成部分,是发展我省教育事业不可缺少的一支重要力量。各级人民政府和教育部门应当鼓励、支持社会力量以多种形式、多种层次、多种规格举办适应四化建设需要的各类教育事业。"从这一表述可以看出,我省在改革开放之初对社会力量办学持"允许发展"的态度,也肯定了社会力量办学的重要作用。但另一方面,通览整个《暂行办法》,"鼓励、支持社会力量办学"的具体条款基本没有,皆是从办学条件、收费标准和办学监管等方面对社会力量办学提出的种种限制条款。

这一时期,山东省关于民办高等教育政策的文件不多,《山东省社会力量办学暂行办法》是山东省第一个也是唯一一个省级层面的民办教育政策文件。这一政策文件基本适应了山东省民办高等教育发展初期的需要,在"允许发展"的基础上"加以限制",在一定程度上促进了民办高等教育事业的发展。

二、规范期(1999～2009年)

1999年,中共中央、国务院发布了《关于深化教育改革全面推进素质教育的决定》,明确提出"积极鼓励和支持社会力量以多种形式办学,满足人民群众日益增长的教育需求,形成以政府办学为主体、公办学校和民办学校共同发展的格局。凡符合国家有关法律法规的办学形式,均可大胆试验。鼓励社会力量以各种方式举办高中阶段和高等职业教育。经国家教育行政主管部门批准,可以举办民办普通高等学校。……要因地制宜地制定优惠政策,支持社会力量办学"。至此,民办高等教育的办学禁区从政策法律层面被彻底打破。① 之后,我国相继出台《中华人民共和国民办教育促进法》《中华人民共和国民办教育促进法实施条例》《关于规范并加强普通高校以新的机制和模式试办独立学院管理的若干意见》《民间非营利组织会计制度》《民办教育收费管理暂行办法》《民办高等教育办学管理若干规定》等政策文件。这些政策文件的颁布和实施,使我国的民办高等教育政策体系得以初步建立。一方面,民办高等教育的合法性地位逐渐得以确立,国家对民办高等教育事业发展给予大力鼓励和支持;另一方面,针对民办高等教育发展过程中出现的各种问题,不断加强对民办高等教育的规范化管理,以保证民办高等教育事业沿着正确的方向和轨道发展。尤其是《中华人民共和国民办教育促进法实施条例》的出台,使我国民办教育的发展步入法制化阶段,促进了我国民办高等教育事业的持续发展。截至2009年年底,我国共有民办高校658所(含独立学院322所),在校生446.14万人,其中本科生252.48万人,专科生193.66万人,另有自考助学班学生、预科生、进修及培训学生19.39万人;民办非学历高等教育机构812所,各类注册学生85.22万人。②

1999年后,山东省相继出台了《山东省民办高等教育管理暂行办法》《山东省关于民办教育收费管理有关问题的通知》《山东省教育厅关于加强民办教育管理若干规定》《山东省人民政府关于加强民办教育规范管理 引导民办教育健康发展的意见》《山东省教育厅关于严格规范民办学校办学秩序的通知》《山东省教育厅关于民办教育强化属地管理健全规章规范的意见》等17个规范民办教育发展的政策文件(见表2-1),从管理体制、设置办法、办学秩序、收费标准等方面对民办教育进行了规范。这些政策的出台,较好地保障了山东省民办高等教育事业发展的良好秩序,使山东省民办高等教育在发展中逐步规范,在规范中不断发展。

---

① 张胜军,张乐天.1978年以来我国民办高等教育政策建设的历史、成就与问题[J].黑龙江高教研究,2007(12):35-38.
② 中华人民共和国教育部.2009年全国教育事业发展统计公报[EB/OL].(2010-08-03). http://www.gov.cn/gzdt/2010-08/03/content_1670245.htm.

表 2-1　山东省 1999～2009 年颁布的民办教育政策文件

编　号	文件名称	颁布时间	主要内容
1	关于深化高等教育改革的若干意见的通知	1999 年	深化办学体制改革,积极推进民办高等教育的发展
2	山东省高等职业学校设置暂行办法	2000 年	从领导干部素质、师资队伍配置、办学条件和审批程序等方面对高等职业学校(含民办)的设置进行了相关规定
3	山东省实施《社会力量办学条例》办法	2001 年	从设置与审批、管理与监督、保障与扶持、法律责任等方面对社会力量办学进行了规范
4	山东省民办高等教育管理暂行办法	2002 年	主要规定了民办高等教育机构的设置条件、设置程序和管理
5	山东省人民政府办公厅关于加强职业教育统筹管理的通知	2003 年	主要明确了市级人民政府统筹管理职业教育(包括民办高等教育)的职责
6	山东省关于民办教育收费管理有关问题的通知	2004 年	主要规范了民办教育的收费管理原则、审批权限、收费项目、收费标准、报批(备案)程序、退费管理和收费办法
7	关于建立市级为主职业教育管理体制有关问题的通知	2004 年	主要明确了市级政府对民办高等教育在学校设置审批、招生工作、学籍管理工作、专业设置方面的管理职责
8	山东省普通高等学校独立学院设置暂行办法	2004 年	主要明确了独立学院的设置原则、设置标准、设置审批程序和相关运行
9	山东省教育厅关于加强民办教育管理若干规定	2006 年	主要规范了民办学校的审批与管理、招生管理、教师与教学管理、行政管理、财务管理、变更终止与法律责任
10	山东省专科以上层次学历教育民办高等学校校(院)长核准暂行办法	2006 年	主要明确了民办高等学校校(院)长应具备的条件和核准程序
11	山东省教育厅关于进一步加强成人高等教育函授站和现代远程教育校外学习中心管理的通知	2007 年	主要明确了在实施非学历教育的民办学校设置函授站的遴选标准和程序
12	山东省人民政府关于加强民办教育规范管理　引导民办教育健康发展的意见	2007 年	主要包括四个方面的内容:充分认识与加强民办教育规范管理的重要性和紧迫性;依法规范民办学校管理;依法落实有关民办教育的扶持政策;切实加强对民办学校规范管理工作的领导
13	关于进一步加强各类学校招生广告(简章)备案管理的通知	2007 年	明确了民办学校招生广告备案及相关要求

续表

编号	文件名称	颁布时间	主要内容
14	山东省教育厅关于严格规范民办学校办学秩序的通知	2008 年	从政府部门和民办学校两个层面提出了规范民办学校办学秩序的要求
15	山东省民办高校督导专员、党建工作联络员选派和管理暂行办法	2008 年	明确了民办高校督导专员和党建工作联络员的选派原则、任职资格条件、工作职责和管理制度
16	山东省教育厅关于民办教育强化属地管理健全规章规范的意见	2009 年	主要从强化协调管理职能、明确审批权限程序、突出管理重点、加强信息公开四个方面提出了强化民办教育属地管理的意见
17	山东省民办非学历高等教育机构管理规程	2009 年	主要从设置标准、审批管理、招生管理、学校管理、变更、终止和法律责任、支持与保障等方面对民办非学历高等机构的管理提出了相关要求

三、扶持发展期(2010 年至今)

《国家中长期教育改革和发展规划纲要(2010—2020 年)》(简称"《纲要》")指出:"民办教育是教育事业发展的重要增长点和促进教育改革的重要力量。各级政府要把发展民办教育作为重要工作职责。"《纲要》中的"三个重要"既肯定了民办教育事业的重要作用,也明确了政府发展民办教育的职责。《教育部关于鼓励和引导民间资金进入教育领域促进民办教育健康发展的实施意见》(简称"《意见》")强调,要"充分发挥民间资金推动教育事业发展的作用,把鼓励和引导民间资金进入教育领域、促进民办教育发展作为各级政府的重要职责";要"制定完善促进民办教育发展的政策",具体包括完善民办学校办学许可制度,清理并纠正对民办学校的各类歧视政策,落实民办学校办学自主权,落实民办学校招生自主权,落实民办学校教师待遇,保障民办学校学生权益,完善民办学校税费政策,支持高水平有特色民办学校建设。①该《意见》明确提出了制定、完善和落实民办教育事业发展的各类政策,为各级政府出台相关政策指明了方向。

当前,我国教育界面临着产业结构转型升级的宏观经济形势,在此背景下,《纲要》指出,要"大力发展职业教育。到 2020 年,形成适应经济发展方式转变

---

① 中华人民共和国教育部. 教育部关于鼓励和引导民间资金进入教育领域促进民办教育健康发展的实施意见[N]. 中国教师报,2012-7-4(13).

和产业结构调整要求、体现终身教育理念、中等和高等职业教育协调发展的现代职业教育体系,满足人民群众接受职业教育的需求,满足经济社会对高素质劳动者和技能型人才的需要"。这也为民办高校转型发展和跨越发展提供了良好机遇。

在新时期,山东省面对国家高度重视民办教育和职业教育的大好形势,出台了一系列扶持民办教育,尤其是民办职业教育发展的政策文件(见表2-2)。

表2-2 山东省2010年至今颁布的民办教育政策文件

编号	文件名称	颁布时间	主要内容
1	山东省中长期教育改革和发展规划纲要(2011—2020年)	2011年	"各级政府要把发展民办教育作为重要工作职责,制定促进民办教育发展的优惠政策,鼓励出资、捐资办学,利用多种融资方式发展民办教育"
2	关于推进城乡社区教育发展的意见	2012年	"鼓励和支持民办学校举办不以盈利为目的的社区教育培训与活动"
3	山东省人民政府关于加快建设适应经济社会发展的现代职业教育体系的意见	2012年	"对民办职业院校实行非营利性和营利性分类管理,对非营利民办职业院校在税收政策等方面与公办职业院校公平对待"
4	关于山东省高等教育收费改革试点的意见	2013年	"放开民办高校收费管理,学费标准由学校自主制定"
5	关于贯彻落实鲁政发〔2012〕49号文件推进现代职业教育体系建设的实施意见	2013年	明确了鼓励各种社会力量投资兴办民办职业教育
6	关于支持发展现代职业教育有关税收政策的通知	2013年	"捐资举办的民办学校和出资人不要求取得合理回报的民办学校,依法享受与公办学校同等的税收优惠政策"
7	关于编制各设区市职业教育发展规划的指导意见	2013年	"把民办职业教育纳入职教规划"
8	职业教育督导评估方案	2013年	将"扶持政策"作为民办职业教育部分的督导评估要点及要求
9	关于开展山东省民办本科高等教育特色名校建设工作的通知	2013年	"重点建设3所民办本科高等教育人才培养特色名校,省财政每所支持1000万元建设经费"
10	山东省非营利性民办职业院校认定管理办法(试行)	2013年	明确了对非营利性民办职业院校的公共资源支持:教师按公办学校教师标准参加事业单位社会保险;定额补助、项目补助、专项奖励等

续表

编号	文件名称	颁布时间	主要内容
11	山东省高等职业学校注册入学试点方案	2014年	指出高职学校注册入学的试点范围为：办学行为规范、培养质量较高，且未被列入单独招生改革试点范围的高职学校
12	关于同意山东交通职业学院等13所学校试行单独招生的批复	2014年	同意山东交通职业学院等11所省级技能型人才培养特色名校立项建设单位和山东海事职业学院、潍坊护理职业学院这两所潍坊国家职业教育创新发展试验区的高等职业学校从2014年起进行单独招生改革试点工作
13	关于民办本科高校优势特色专业支持计划的实施意见	2014年	指出自2014年起，省财政厅、教育厅每年遴选20个专业予以集中支持，每个支持项目建设期限为三年，每个立项专业一次性拨付支持经费200万元
14	山东省教育厅关于对民办本科高校进行帮扶发展的通知	2015年	指出从2015年起，在三年时间内，30所公办高校帮扶10所民办高校。帮扶内容包括管理工作、专业建设和师资队伍等

第二节 山东省民办高等教育政策建设的成就

经过近40年的发展，山东省民办高等教育政策建设取得了一定的成就，为规范、引导和扶持民办高等教育发展做出了重要贡献。

一、确立了民办高等教育的合法地位

新中国成立之初，我国对民办高校实行了"改造和接管"的政策，民办高等教育在1949～1956年因丧失其合法性存在而退出了历史舞台。[1] 改革开放之初，我国民办高等教育被认为具有"拾遗补阙"的作用，主要是为了弥补公办高等教育的社会供给不足而存在，这使民办高等教育得到了一种事实上的承认，但还未具备形式上的合法性。20世纪80年代后期，我国民办高校主要以"助学"和"助考"的方式存在。这时民办高等教育才开始被认为是高等教育事业

---

[1] 张胜军，张乐天.1978年以来我国民办高等教育政策建设的历史、成就与问题[J]. 黑龙江高教研究，2007(12)：35-38.

的"组成部分",是"国家办学的补充"。[①]20世纪90年代,我国一些民办高校开始从非学历教育进入学历教育领域,民办高等教育的办学范围迅速扩大,合法性地位得到加强。2003年《中华人民共和国民办教育促进法》施行后,我国民办高等教育的合法性地位得到进一步巩固,民办高等教育成为我国高等教育事业不可缺少的组成部分。也是在2003年,教育部在每年公布的《全国教育事业发展统计公报》中开始统计民办教育的发展情况。之后,民办高等教育的合法性地位得到了重要保障,2010年颁布的《国家中长期教育改革和发展规划纲要(2010—2020年)》更是用"三个重要"——"民办教育是教育事业发展的重要增长点和促进教育改革的重要力量;各级政府要把发展民办教育作为重要工作职责"——明确了民办教育的地位和作用。从2003~2013年我国民办高等教育事业发展的情况也可以看出民办高等教育的合法性地位巩固之后对民办高等教育发展的促进作用(见表2-3)。

表2-3 2003~2013年我国民办高校规模变化情况表

年 份	高等学校数（所）	其中民办高校数（所）	民办高校数占高等学校数的比例（%）	高等学校在校生数（万人）	其中民办高校在校生数（万人）	民办高校在校生数占高等学校在校生数的比例（%）
2003	1552	173	11.1	1108.56	81	7.3
2004	1731	228	13.2	1333.50	139.75	10.5
2005	1792	547	30.5	1561.78	212.63	13.6
2006	1867	596	31.9	1738.84	280.49	16.1
2007	1908	615	32.2	1884.90	349.69	18.6
2008	2263	640	28.3	2021.02	401.3	20.0
2009	2305	658	28.5	2144.66	446.14	20.8
2010	2358	676	28.7	2231.79	476.68	21.4
2011	2409	698	29.0	2308.51	505.07	21.9
2012	2442	707	29.0	2391.32	533.18	22.2
2013	2491	718	28.8	2468.07	557.52	22.6

与国家民办高等教育政策的发展过程一致,山东省民办高等教育的合法性

[①] 张胜军,张乐天.1978年以来我国民办高等教育政策建设的历史、成就与问题[J].黑龙江高教研究,2007(12):35-38.

地位也是在20世纪80年代后期得到确认的。1985年山东省人民政府颁布的《山东省社会力量办学暂行办法》明确指出:"社会力量办学是社会主义教育事业的组成部分,是发展我省教育事业不可缺少的一支重要力量。"20世纪90年代,我省民办高等教育的合法性地位得到加强。2001年山东省人民政府颁布的《山东省实施〈社会力量办学条例〉办法》强调,"社会力量办学事业是社会主义教育事业的重要组成部分"。从"组成部分"到"重要组成部分",体现了民办高等教育地位的变化,至此,民办高校在相关政策的引领下持续、快速、健康发展。

二、初步建立了民办高等教育政策法律体系

经过30多年的政策法规建设,山东省已经初步建立起适应区域民办高等教育发展的民办高等教育政策法律体系。这主要表现在两个方面。

(一)现有的政策法律已经覆盖民办高等教育发展的主要方面

在山东省民办高等教育发展初期,民办高等教育政策只涉及民办高等教育发展的某些方面,如设置条件、审批手续、登记管理等。随着民办高等教育的不断发展壮大,尤其是进入新世纪以来,山东省相继出台了一系列地方性政策法规,如《山东省人民政府关于加强民办教育规范管理 引导民办教育健康发展的意见》等17个规范性政策和《山东省非营利性民办职业院校认定管理办法(试行)》等13个扶持性政策。这些政策已经覆盖到民办高等教育发展的主要方面,包括管理体制、设置办法、办学秩序、收费标准、招生管理、税收管理、分类管理等。

(二)民办高等教育政策体系的层级结构基本形成

在山东省民办高等教育发展过程中,除了省级层面的民办高等教育政策外,各地市认真贯彻国家和省级政府制定的民办教育政策法规,根据属地管理的要求,因地制宜地出台了一批民办高等教育政策文件(见表2-4)。例如,济南市2005年制定了《济南市民办学校管理暂行规定》,加强了对民办学校的规范管理;青岛市2009年颁布了《青岛市实施〈中华人民共和国民办教育促进法〉办法》,将民办教育工作纳入法制化轨道;潍坊市2003年制定了《关于深化办学体制改革加快民办教育发展的意见》,2005年潍坊市教育局和财政局、人事局、规划与国土资源局、劳动和社会保障局、物价局、地税局等七部门联合下发了《关于吸引社会资金促进民办教育快速发展的意见》,2013年颁布了《潍坊市人民政府关于进一步加快发展民办教育的意见》,为民办教育实现科学化、规范

化、可持续发展提供了政策保障;泰安市积极落实民办教育各项扶持政策,2013年出台了《关于加快发展民办教育的意见》;德州市委、市政府高度重视民办教育工作,先后于 2006 年和 2010 年出台《德州市人民政府办公室关于加强民办教育管理工作的意见》《德州市人民政府办公室关于加强全市民办学校管理的若干规定》等促进民办教育健康发展的文件,为民办教育发展创造了良好环境,建立了民办教育多渠道投资模式。

总之,我省地市级政策文件与国家和省级民办高等教育政策文件一起,组成了我省民办高等教育政策体系的基本框架,为我省民办高等教育的发展提供了良好的政策环境。

表 2-4　山东省各地市出台的民办教育政策

地　市	政策文件
济南市	① 济南市民办学校管理办法(1994 年颁布,1997 年和 2010 年分别加以修正) ② 济南市民办学校管理暂行规定(2005 年) ③ 济南市教育局关于加强民办学校教学点设置管理工作的通知(2005 年) ④ 关于加强民办学校财务审计工作的意见(2005 年) ⑤ 济南市教育局关于对部分民办学校办学注册资金实行承诺监管制度的实施意见(2007 年) ⑥ 济南市教育局关于严格规范民办学校设置教学点问题的通知(2010 年) ⑦ 关于进一步规范民办非学历教育培训机构有关办学行为的通知(2013 年)
青岛市	① 青岛市社会力量办学管理办法(1995 年颁布,2001 年和 2004 年分别加以修正) ② 青岛市民办非学历教育学校设置审批规定(试行)(2005 年) ③ 青岛市人民政府关于加强民办教育规范管理　引导民办教育健康发展的意见(2007 年) ④ 青岛市教育局关于进一步明确青岛市民办教育管理体制的通知(2008 年) ⑤ 青岛市教育局关于明确青岛市教育局各处室对民办学校的主要管理职责的通知(2008 年) ⑥ 青岛市民办学校设置规定(2008 年) ⑦ 青岛市实施《中华人民共和国民办教育促进法》办法(2009 年) ⑧ 关于印发 2013 年青岛市民办教育工作要点的通知(2013 年) ⑨ 青岛市人民政府关于加快发展民办教育的意见(2014 年) ⑩ 关于举办 2014 年青岛市民办教育成果展示暨招生咨询会的通知(2014 年) ⑪ 关于设立扶持民办教育基金项目的通知(2014 年)
淄博市	① 淄博市民办教育"名牌推进计划"实施意见(2006 年) ② 淄博市人民政府关于规范民办教育管理促进民办教育发展的意见(2007 年) ③ 关于贯彻落实《淄博市人民政府关于规范民办教育管理促进民办教育发展的意见》的意见(2007 年) ④ 淄博市规范民办教育管理暂行办法(2007 年) ⑤ 关于集中对民办教育违法、违规办学行为进行专项治理的通知(2008 年)

续表

地市	政策文件
淄博市	⑥ 关于对民办非学历教育机构进行专项治理工作的通知(2009年) ⑦ 淄博市民办非学历教育培训学校设置标准(2009年) ⑧ 关于开展民办教育依法办学宣传月的通知(2010年) ⑨ 关于开展民办学校办学行为专项整治的通知(2012年) ⑩ 淄博市人民政府关于公布保留和调整的市级行政许可和非行政许可审批项目的决定(2013年) ⑪ 淄博市民办学校安全工作管理办法(2013年)
枣庄市	① 关于进一步做好民办教育工作的通知(2006年) ② 枣庄市民办教育机构教职工参加养老保险的规定(2006年) ③ 枣庄市民办教育规范管理暂行规定(2007年) ④ 枣庄市人民政府关于加快建设现代职业教育体系的意见(2013年) ⑤ 枣庄市人民政府关于公布市级取消、下放、调整和保留的行政许可事项的决定(2013年)
东营市	① 关于进一步加强民办学前教育机构管理工作的通知(2010年) ② 关于开展民办学校年度检查工作的通知(2012年) ③ 关于进一步加强民办培训教育规范管理的通知(2013年)
烟台市	① 烟台市教育局关于依法加强民办教育规范管理引导民办教育健康稳定发展的意见(2007年) ② 烟台市人民政府关于贯彻鲁政发〔2007〕3号文件精神引导民办教育健康稳定发展的意见(2007年) ③ 烟台市教育局关于对全市民办教育机构实施分类管理的意见(2007年) ④ 烟台市民办教育机构年检评估标准(2009年) ⑤ 烟台市人民政府关于公布市级取消、下放、调整和保留行政审批、公共服务事项的决定(2013年)
潍坊市	① 关于深化办学体制改革加快民办教育发展的意见(2003年) ② 关于吸引社会资金促进民办教育快速发展的意见(2005年) ③ 关于促进民办教育健康发展的通知(2006年) ④ 潍坊市关于进一步规范各类学校招生广告管理的通知(2007年) ⑤ 潍坊市教育局关于进一步办好人民满意教育的实施意见(2009年) ⑥ 潍坊市民办教育培训机构设置与管理暂行规定(2011年) ⑦ 关于进一步加强民办教育培训机构安全工作的通知(2011年) ⑧ 潍坊市民办学校办学许可证管理办法(试行)(2013年) ⑨ 关于进一步加强民办学校招生广告(简章)备案管理的通知(2013年) ⑩ 潍坊市人民政府关于进一步加快发展民办教育的意见(2013年) ⑪ 关于规范全市民办学校名称的通知(2013年) ⑫ 关于进一步规范民办教育收费管理的通知(2013年)

续表

地 市	政策文件
济宁市	① 关于对民办学校规范管理促进发展有关问题的通知(2004年) ② 济宁市物价局 济宁市教育局关于规范民办学校收费的通知(2004年) ③ 济宁市人民政府关于贯彻落实鲁政发〔2007〕3号文件精神促进民办教育健康发展的实施意见(2007年) ④ 济宁市委、市政府关于加快发展民办教育的若干意见(2000年)
泰安市	① 泰安市民办学校审批管理规定(2007年) ② 山东省泰安市人民政府关于加强办学管理引导民办教育健康发展的意见(2007年) ③ 关于对民办学校进行年检的通知(2010年) ④ 泰安市教育局关于加强规范管理促进民办教育健康发展的意见(2011年) ⑤ 泰安市人民政府关于加快发展民办教育的意见(2013年)
威海市	① 关于进一步加强我市民办教育机构招生简章(广告)管理的通知(2006年) ② 威海市民办教育机构年检评估指标体系(2006年) ③ 威海市人民政府关于贯彻国办发〔2006〕101号和鲁政发〔2007〕3号文件加强民办教育规范管理引导民办教育健康发展的意见(2007年)
日照市	① 日照市人民政府关于加强民办教育规范管理 促进民办教育健康发展的意见(2007年) ② 日照市民办学校管理暂行规定(2007年)
莱芜市	① 莱芜市人民政府办公室关于城乡教育一体化发展的实施意见(2008年) ② 关于加强学校招生广告(简章)管理工作的通知(2008年) ③ 关于开展"职业教育集中宣传月"活动的通知(2014年)
临沂市	① 临沂市民办学校审批程序(2002年) ② 关于进一步完善年检制度的通知(2002年) ③ 关于加强民办学校招生广告管理的通知(2002年)
德州市	① 德州市人民政府办公室关于加强民办教育管理工作的意见(2006年) ② 关于加强全市民办学校管理的若干规定(2010年)
聊城市	聊城市人民政府关于加强民办教育规范管理 引导民办教育健康发展的意见(2007年)
滨州市	① 滨州市加快发展社会力量办学的若干意见(2001年) ② 滨州市人民政府关于加快民办教育发展的若干意见(2002年) ③ 关于加强民办教育规范管理的实施意见(2007年)
菏泽市	① 菏泽市加快发展民办教育的若干规定(2003年) ② 菏泽市民办学校管理暂行规定(2007年)

三、民办高等教育得到了事实上的扶持

近几年,民办高等教育得到了政府的关心。2014年,山东省省委常委、常务副省长把"社会力量办医办学研究"作为省委常委重点调研课题,形成了调研报告,力图破解困扰我省民办教育发展的体制机制问题,推动民办教育科学健

康发展。2015年3月17日,山东省委副书记、省长主持召开了民办高校改革发展座谈会,认真听取民办高校的意见和建议,指示相关部门立即确定了支持民办高校发展的具体事项,并对座谈会议精神落实情况汇报作出重要批示,要求有关部门使用当年的省服务业基金和省长预备费支持民办高校发展。

  近几年,政府加大了对民办高等教育的政策扶持力度,着力提升民办教育办学水平和教育教学质量。这表现在,一是初步建立了民办教育政府投入扶持机制。公共财政通过定额、差额补助、项目补助、专项奖励等多种方式对民办学校给予更多支持。2014年,仅省财政就安排专项资金1.1亿元支持民办高校开展名校建设和品牌、特色专业建设。各市政府也建立了政府扶持资金,扶持民办中小学、幼儿园的内涵发展和学校建设。二是基本建立了学生同等待遇保障机制。我省民办高校学生与公办高校学生基本享受同样的国家助学金和助学贷款。三是形式上建立了教师同等待遇保障机制。我省民办教师在职称评定、奖励表彰、科研项目申报、教师培训等方面基本享有与公办学校教师同等的待遇。教师的国内外进修、产学研践习等相关项目对民办高校实现全面覆盖。在提高民办学校教师社会保障待遇方面,山东省在青岛、潍坊、德州三市开展了非营利性民办职业院校教师社会保障与公办学校教师享有同样待遇的试点工作。潍坊市目前符合条件的民办学校自聘教师已有1128人参加了事业单位保险(占符合条件教师总数的38.5%)。四是实行了较为宽松的收费政策。我省从2014年开始,放开民办高校收费管理,学费标准由学校自主制定,向社会公示。五是加大了对民办学校的帮扶,提高其办学水平。具体表现在高校招生计划安排上进一步向民办高校倾斜;开展公办高校帮扶民办高校三年行动计划,43所公办高校在教学、师资和管理等方面对口帮扶23所民办高校;部分市开展了选派公办学校校长、教师到民办学校支教的活动。

第三章

山东省民办高等教育政策扶持的依据

正如前文所说,市场需求是民办高等教育产生与发展的源泉与动力,而政府的扶持政策是其繁荣的重要保证。民办高等教育事业是一项公益性事业,维护民办高校权益、促进民办高校发展是政府需要承担的重要责任。结合我国民办高等教育的性质以及山东省民办高等教育的发展现状,我们认为,政府应该对民办高等教育进行政策扶持。

第一节　民办高等教育政策扶持的理论依据

目前,关于政府政策扶持民办高等教育发展的理论依据研究,较多地集中在准公共产品理论、高等教育成本分担理论、非营利性组织理论和教育公平理论方面。准公共产品理论分析了民办高等教育的本质属性;高等教育成本分担理论指出了民办高等教育的成本理应由获益各方(包括政府)共同分担,非营利性组织理论明确了政府与民办高校的关系;教育公平理论从教育资源配置的角度指出每个教育主体理应具有获得均等教育资源的机会。这四种理论分析角度全面且各具针对性,论述较为成熟、充分,得出的结论也是毋庸置疑的,即政府应该从政策方面扶持民办高等教育的发展。

一、准公共产品理论与民办高等教育

依据产品在消费上是否具有排他性和竞争性,经济学将产品分为三大类:公共产品、私人产品和准公共产品。所谓公共产品,是指在消费上不具有排他

性和竞争性的产品;所谓私人产品,是指在消费上既具有排他性,也具有竞争力的产品;所谓准公共产品,是指具有排他性但不具有竞争性的产品、消费上有竞争性但无法有效排他的公共资源类产品以及非排他性和非竞争性都不充分但具有较大正外部效应的公共产品。①

民办高校作为一个组织,向学生或社会提供的是教育服务。民办高校的教育服务不像一般的产品那样是有形的实体,因此比较强调概念上的内涵。从目前来看,判断民办高校教育服务的产品属性,所依据的基本理论依然是公共产品理论。作为被消费者享用的劳动产品,教育消费具有有限的竞争性。对于高等教育机构来说,在一定的边际成本之内,适当增加受教育者的人数,在接受教育影响的效果上是不会有变化的,而且也不需要增加教育成本;但随着受教育者人数的增多,超过一定的边际之后,教育成本就会增加。另外,教育消费也具有局部的排他性。对于机构内部的受教育者来说,教育是没有排他性的;但对于机构外部的人,教育往往是有排他性的。因此,根据教育过程消费的竞争性和排他性,教育产品既不是公共产品也不是私人产品,而是准公共产品。

但在民营资本介入教育领域后,教育服务的提供者呈现出多元化趋势,教育产品的社会属性也趋向多样化。著名经济学家厉以宁教授按照教育服务的提供者和教育服务的价格,把教育服务分为五种类型:具有纯公共产品性质的教育服务,如义务教育,其费用由政府部门承担,不享受这些教育服务的人也要为此支付费用;基本具有公共产品性质的教育服务,如学前教育,其费用主要由政府部门提供;具有准公共产品性质的教育服务,如社会团体、企业举办、以服务于其成员或子弟的教育机构;具有纯私人产品性质的教育服务,如职业培训班,其费用由享受教育服务的个人承担;如果个人在办学过程中得到一定数额的补助,并且在收费过程中适当降低收费标准,这样的教育服务可以被认为基本具有私人产品性质。民办教育与公办教育最根本的区别是投资者而不是教育过程,而"不同类型的高等教育具有不同的产品属性特征",界定民办高校教育服务的产品属性,"不能简单地概括为公共产品、私人产品或准公共产品中的一种"②。从这一点来看,以服务的提供者和价格对民办高校教育服务进行分类更适合我们当前的国情。据此我们可以认为,民办高校提供的教育服务具有准

---

① 施文姝.地方政府民办高等教育扶持政策研究——以浙江省为例[D].上海:上海交通大学硕士学位论文,2010:11.
② 吕杰昕,郑彩华.多元视角中的高等教育产品属性[J].高等探索,2010(6):19-24.

公共产品性质或基本具有私人产品性质,体现出营利性与社会效益正外部性的特征,具有多元属性。①

按照《民法通则》和《民办教育促进法》等法律规定,民办高校一旦成立就享有法人财产权,而且在学校存续期间,任何组织和个人都不能侵占其资产。就其实质来看,民办高校提供教育服务与公办高校一样。从提供者角度看,都是社会组织面向全社会提供;从形式上看,在制度范围内社会成员可共同享有,表现为联合消费;从效果上看,群体社会成员共同受益,表现为效用共享。所以,从教育服务提供者的角度看,民办高校教育服务具有准公共产品属性。但投资具有营利性的特点,投资者也可以按照法律规定从办学剩余中获取合理回报,所以,民间资本投资高等教育具有投资者受益的特点,体现出营利性特征。②

从人力资本论的角度看,民办高校提供教育服务可以为受教育者个体带来一定的预期收益和非货币性满足。所以,受教育者应当为此付出经济上的代价。此时,学费的存在就使教育服务呈现出商品交易的特点。但民办高等教育的发展,是"把市场机制的某些成分引入教育领域,建立教育的准市场环境"③。在准市场环境中,民办高校的学费不仅不能反映市场规律,反而距离教育成本有较大差距。并且,在实际办学过程中,民办高校也享受了不少政府的优惠政策,学校和学生都从中享受了实惠,这些都体现了政府的公共职能。这样一来,民办高校所提供的教育服务虽然不是政府福利性质的纯公共产品,但也不是商品性质的纯私人产品,而是基本具有私人产品性质的产品。与自由市场的商品相比,受教育者是处于一定社会关系中的人,他们接受教育服务后,获得的教育影响会外溢到社会,对地方社会的经济、政治、文化的发展产生推动作用。所以,民间资本投入高等教育具有社会受益的特点,体现出公共组织的特征。④民办高等教育的这种属性要求政府在市场化和权力下放的过程中,理性定位自身在民办高等教育发展中的角色,切实履行其职责,积极扮演好观念引导者、宏观调控者、财政资助者、制度创设者和市场服务者的角色,为民办高等教育健康发展提供良好的生态环境。

---

① 石猛. 论民办高校投资办学的非营利性[J]. 中国成人教育,2014(6):9-13.
② 石猛. 论民办高校投资办学的非营利性[J]. 中国成人教育,2014(6):9-13.
③ 刘复兴. 教育民营化与教育的准市场制度[J]. 北京师范大学学报:社会科学版,2003(5):12-21.
④ 石猛. 论民办高校投资办学的非营利性[J]. 中国成人教育,2014(6):9-13.

二、高等教育成本分担理论与民办高等教育

所谓高等教育成本分担,指的是高等教育成本由谁支付的问题,即高等教育成本如何在政府、企业、个人等各方之间合理分担的问题。"成本"一词原为经济学概念,是指从事一项投资计划所消耗的全部实有资源的总和。随着人们的教育观念的改变,在研究教育投资经济效益时开始涉及教育成本,于是将经济学中的"成本"概念引入教育领域。高等教育成本分担理论是 1986 年由美国经济学家布鲁斯·约翰斯通(D. Bruce Johnstone)在其著作《高等教育成本分担:美国、英国、联邦德国、法国、瑞典的学生资助》中首次提出的,其主要观点是:高等教育在培养人的过程中总是要发生成本的,包括教学成本、学生生活成本和学生接受高等教育的机会成本。约翰斯通认为,高等教育成本分担这个术语源于这样一个假设,即高等教育的成本可以来自四大块:一是政府、纳税人;二是家长;三是学生;四是个人或机构捐助者。[①] 西方教育经济学家提出在实行市场经济的国家里教育成本分担应遵循如下两条原则:受益原则(Benefit Principle)和支付能力原则(Ability-to-pay Principle)。受益原则是指为了有效地分担教育成本,使成本负担合乎教育公平的原则,教育成本的支付应与收益相配合,收益多的人应分担较多的成本,收益少的人分担较少的成本。支付能力原则是指所有从教育中获得好处和利益的人(无论是直接的还是间接的)都应按其支付能力大小支付教育成本,能力越大支付越多,能力越小支付越少。[②] 受益原则与支付能力原则相互联系,缺一不可。前者是基础,它体现市场经济的基本原则——等价交换原则;后者是关键,它体现社会的基本原则——公平原则。

在经济领域,如果不能营利,一味追求收益与生产成本持平,那么这个生产部门只能维持生存;如果在竞争激烈的情况下,可能连基本的生存都不能维持,所以就必须扩大生产。在现代生产经营活动中,产品的价值 $W=(C1+V1)+(C2+V2)+(M1+M2)$,$(C1+V1)+(C2+V2)$ 是补偿的生产成本,$M1$ 是企业应缴纳的税金,$M2$ 是纯利润,是总利润$(M1+M2)$扣除补偿的生产成本和企业税金之后的生产经营剩余。理论上,通过补偿的生产成本$(C1+V1)+(C2$

[①] D. B. Johnstone. Sharing the Costs of Higher Education: Student Financial Assistance in the United Kingdom, the Federal Republic of Germany, France, Sweden, and United States[M]. New York: College Board, 1986: 33.

[②] 田恩舜."主辅结合型"高等教育成本分担与补偿体制的基本框架[J]. 煤炭高等教育,2003(2):44-48.

＋V_2），可能会维持企业最低限度的生存，但这显然不是投资者的目的。为了获得更多的利润回报，他们肯定会增加投入，增强竞争优势。这样，生产经营剩余 M_2，就成了企业扩大再生产和投资者获取回报的资本来源。从本质上看，教育成本分担是私人价格补偿和公共价格补偿的补偿机制，但民办高校是自筹经费办学的高等教育机构，与公办高校可以获得巨额财政资助、生产经营活动可以通过商品出售获得生产成本的补偿不同，民办高校主要是通过收取学费来补偿办学成本的。从竞争的角度看，如果民办高校的经费只能维持收支平衡，没有财力去扩大规模、改善办学条件，学校就毫无竞争力可言，可能会面临生存危机。只有存在办学剩余，民办高校才有能力追加投入，提高质量，增强竞争能力和可持续发展能力。当前，培养成本逐年增长，大部分投资者自身缺少持续追加投入的能力，学费本身又低于培养成本且学费价格多年未变，这时如果再不追求办学剩余，民办高校特别是规模不足的民办高校可能连最基本的生存都不能维持。所以，对民办高校而言，办学剩余是其生存和发展的基本条件。

高等教育成本分担理论为民办高校及其学生获得政府资助与扶持提供了合理性依据。尽管民办高等教育的接受者是个人，但是政府对民办高等教育的投资能够获得巨大的经济效益和社会效益，如民办高等教育的发展提供了公共教育资源，缓解了教育财政经费的不足等。因此，在民办高等教育的发展过程中，其成本也应由国家、社会、个人等各方共同来分担。

三、非营利性组织理论与民办高等教育

非营利性组织也叫第三部门，即 NPO（Non-profit Organization），是指介于政府组织、营利组织之间的一切社会组织，这种组织不以获取利润为目的，而以推进社会公益为宗旨，非营利性和公益性是其主要特征。非营利性组织是针对"市场失灵"与"政府失灵"这两大问题而产生的，同时，这两大问题也是非营利性组织得以发展的内在动力。

一般认为，非营利组织具有三个方面的明显特征：① 它不采取强迫的方式让客户接受它提供的产品和服务；② 在非营利组织运行过程中，任何人都不得对运行成本与收益之差形成的盈余部分进行分配；③ 它没有一个清晰的"所有制"（ownership）和"问责制"（accountability）。[①] 美国学者莱斯特·萨莱蒙在考察 13 个国家非营利组织的基础上提出了鉴别非营利组织的六条标准：① 组织

[①] 闵维方. 2005—2006 中国教育与人力资源发展报告 [M]. 北京：北京大学出版社，2006：90.

性。即非营利组织必须有依据国家法律注册的合法身份,有法人地位,有契约权,有组织管理者。组织的管理者能对组织的承诺担负个人的经济责任。组织内部有规章制度,组织有经常性的活动。② 民间性。非营利组织不是政府的一部分,也不是由政府官员参与的理事会。但它可以接受政府的资金支持。③ 非利润分配性。非营利组织可以盈利,但其利润所得不能进行分配,必须继续用于组织的使命。④ 自治性。非营利组织能控制自己的活动,有不受外部控制的内部管理程序。⑤ 志愿性。无论是在实践活动中,还是在管理活动中均有显著的志愿参与性。在组织结构上能够形成志愿者理事会并广泛使用志愿者。⑥ 公共利益性。服务于某些公共目的和为公众奉献。① 因此,政府在处理与非营利性组织的关系时应遵循四方面的原则:第一,政府为第三部门的活动提供制度的、法律的和行政管理的框架;第二,政府通过指导与协调为第三部门创造良好的发展环境;第三,完善第三部门活动的监督机制;第四,建立政府与第三部门之间的合作伙伴关系,政府对第三部门管理要确定有效边界。②

  非营利性组织不能排除组织营利。对于民办高校来说,在缺乏财政支持,而且投资者不能无限追加投入的情况下,营利是大多数民办高校的发展之道,但我们并不能据此把民办高校与企业或其他营利性组织联系在一起。我们强调非营利,并不是说民办高校不能追求经济利益,只是不能追求经济利润最大化,不能以索取剩余回报作为投资办学的目标。教育毕竟是培养人的活动,它遵循的主要是教育规律而不是经济规律。如果以营利为目的,学校运作以经济利益最大化的价值目标取代育人的公益性追求,必将违反人才成长的规律,这对学生的成长、教育和整个社会的发展都是不利的。非营利或不以营利为目的是法律的外加属性,是一个基本的方向性问题,是不能改变的。但法律所规定的不以营利为目的,主要是限制投资者个人,而不是限制学校组织,毕竟营利是其生存和发展的必要条件。民办高校营利后,其办学剩余并不是主要用于个人分配,而是首先提取发展基金,增加办学投入。客观地说,投资者把办学剩余用于学校发展,扩大了办学规模,提高了办学效益,增强了服务社会的能力,为社会培养了更多的人才,其行为当然是非营利性的。所以,不以营利为目的并不必然否定营利性,不在于是否营利,而是主要看营利是用于学校自身发展还是

---

① 〔美〕莱斯特·萨拉蒙. 第二域的兴起[M]. 李亚平,于海,译. 上海:复旦大学出版社,1998:25—27.

② 施文妹. 地方政府民办高等教育扶持政策研究——以浙江省为例[D]. 上海:上海交通大学硕士学位论文,2010:15.

用于个人分配。本质上,如果投资者把办学剩余主要用于学校发展,民办高校就是非营利性的。①

从非营利性组织的特征和当前我国有关民办教育的法律条文来看,民办高校是民办非企业单位法人,有的地区将之界定为民办事业单位,它是存在于政府与企业之间的第三部门——非营利组织。所以,民办高校与政府之间的责权关系也应遵循政府与非营利性组织之间的社会约定。这也为政府提供对民办高校的政策扶持打下了理论基础。一方面,政府应拿出一部分资金资助民办高等教育;另一方面,政府应该为民办高等教育的发展创造良好的制度和法律环境,以保障民办高校的自治与独立。同时,政府还应在政策上给予民办高校相应的倾斜与支持。

四、教育公平理论与民办高等教育

教育公平是指发生利益关系的各类教育主体(学生、家长、学校、地区等)在教育资源(入学机会、教育条件、教育服务、就业机会等)的获取、分配、占有、享用等方面所具有的公平权利,它表现为"给每一个人他所应得的"这种基本形式,即使人们的应得权益得到平等的维护、应得的义务得到平等的履行、应得的责任得到合理的分配。具体而言,教育公平包括主体人格与尊严平等、教育权利与义务平等、教育起点平等、教育机会均等、获得学业成功的机会平等、对弱势群体进行补偿等内容。②教育公平是教育发展的主要目标之一,是教育现代化的一项基本原则。

追求公平是人类的向往,在不同时期、不同领域有不同的具体诉求和期望。教育公平是社会公平在教育领域的延伸和体现。美国著名教育社会学家马丁·特罗建构了著名的高等教育大众化理论,阐述了大众化过程中的高等教育公平观。他认为在高等教育领域,教育公平主要包括两方面的公平:一是高等教育机会的均等;二是高等教育机构地位的平等以及由此保证受教育者成就的平等。马丁·特罗认为,随着高等教育由精英阶段至大众化阶段再到普及化阶段的转变,人们对高等教育入学机会的看法逐渐改变,接受高等教育越来越

---

① 石猛. 论民办高校投资办学的非营利性[J]. 中国成人教育,2014(6):9-13.
② 洪跃雄. 邓小平教育公平理论剖析——论我国高等教育财政政策的选择[J]. 哈尔滨学院学报,2004(8):15-19.

被看成一种义务而非特权,接受高等教育被越来越多的人认为是必要的。为保障高等教育机会的均等,应"通过补偿性计划和引进其他非学术标准来减少高等教育入学机会的'不平等'"①。然而,实现机会均等,并不是高等教育发展的最终目的,"在普及高等教育阶段,教育机会向所有希望入学的人开放,其标准是个人是否愿意进入大学,接受高等教育的目的是为了实现成就平等而不是个体机会的平等"②。随着阶段性的发展,高等教育不仅要实现机会的均等,同时要关注不同高等教育机构之间的地位平等,以实现个人成就的平等。马丁·特罗指出,高等教育机构的多样化和分化是高等教育大众化的前提,而多样化高等教育机构本身却形成了"等级结构"。为追求有更高社会地位的职业,个人对升入名牌大学的追求甚至已超过了对高等教育入学机会的追求。基于此,马丁·特罗指出:"所有的高等教育都应该是平等的,承担不同的任务,不分高低贵贱,教育经费不等,有多样化的学术标准,都是中等后教育和继续教育,都是整个社会的现代教育。"③因此,各种形式的高等教育都应该是平等的,各种类型的高等教育机构也都应该是平等的、共同发展的。

从我国来看,基于公办高等教育不能满足人民群众日渐提高的接受高等教育需求的现实矛盾,民办高等教育得以逐渐发展。民办高等教育的发展为高考体制中的弱势群体提供了接受高等教育的机会,在一定程度上提高了高等教育机会均等的水平。然而,作为自筹经费办学的民办高等教育机构,与公办高校相比,在政策、财政补贴等方面处于不平等的地位,在教育条件改善和教育资源扩充方面面临着巨大的困难。根据马丁·特罗的观点,高等教育公平既指高等教育机会的均等,也包括高等教育机构地位的平等,才能促使受教育者未来成就的平等。当前,民办高校的学生面临着受教育机会的不平等和占有教育公共资源的不均等问题。民办高等教育作为我国高等教育体系的重要组成部分,民办高校的学生作为我国高校学生的一分子,应享有和公办高校学生同等的受教育机会和教育资源,这是教育公平的重要体现,这就需要政府在政策和经济上给予民办高校和民办高校学生以支持和资助。

---

① Martin Trow. Problems in the Transition from Elite to Mass Higher Education[M]. Paris: Conference on Future of Post-Secondary Education, 1973: 82.
② 陈兴明. 特罗的大众化理论中的教育公平观及启示[J]. 黑龙江高教研究, 2003(6): 147.
③ 王锐英. 教育公平理论及其在战后美国高等教育领域的实践[D]. 西安: 陕西师范大学硕士学位论文, 2006: 17.

第二节 山东省民办高等教育政策扶持的现实依据

改革开放以来,山东省民办高等教育持续、快速发展,显示出强大的生机与活力。通过查阅资料、问卷调查、召开座谈会、实地访谈等,我们掌握了大量民办高等教育发展的一手资料,在对相关材料、数据和访谈素材整理和分析的过程中,深入了解了山东省民办高等教育发展的基本情况、基本经验及其发展的制约因素。这些为民办高等教育的政策扶持提供了现实依据。

一、山东省民办高等教育发展的基本情况

在调研过程中,我们共发放《山东省民办高等教育发展现状调查问卷》300份,回收有效问卷267份,回收率为89%。同时,对山东省教育厅职业教育与成人教育处(民办教育管理办公室)领导和部分民办高校的领导进行了深度访谈,在此基础上,总结出我省民办高等教育发展的基本情况。

(一)民办高校共同发展的格局基本形成

截至2014年5月,山东省共有民办高等学校35所,其中民办普通本科院校11所,独立学院11所,高职(高专)院校13所。[1]民办高校占全省普通高校总数的25%;民办本科高校占全省普通本科高校总数的33%;民办普通本专科在校生30余万人,约占全省普通本专科在校生总数的20%。[2]

从地域分布来看,我省民办高校主要分布在济南、青岛、烟台、潍坊等地市(见表3-1),其中济南9.5所(齐鲁理工学院在济南和济宁两地办学),青岛7所,烟台4所,潍坊4所,德州2所,东营2所,泰安2所,济宁1.5所(齐鲁理工学院在济南和济宁两地办学),淄博、日照、聊城各1所,形成了济南和青岛两个中心、基本适应我省经济社会发展需求的布局。

---

[1] 山东省教育厅. 我省今年具有普通高等学历教育招生资格的高校名单确定 [EB/OL]. (2014-05-29). http://www.sdedu.gov.cn/jyt/gzdt/webinfo/2014/05/1400718969361803.htm.

[2] 山东省教育厅. 2013年山东省教育事业发展统计公报 [EB/OL]. (2014-02-28). http://www.sdedu.gov.cn/jyt/gsgg/webinfo/2014/02/1392282409522971.htm.

表 3-1　山东省民办高校分布

编号	学校名称	办学层次	所在地市	备注
1	山东万杰医学院	本科	淄博	
2	青岛滨海学院	本科	青岛	
3	烟台南山学院	本科	烟台	
4	潍坊科技学院	本科	潍坊	
5	山东英才学院	本科	济南	
6	青岛恒星科技学院	本科	青岛	
7	山东协和学院	本科	济南	
8	青岛黄海学院	本科	青岛	
9	山东华宇工学院	本科	德州	
10	青岛工学院	本科	青岛	
11	齐鲁理工学院	本科	济南和济宁	
12	烟台大学文经学院	本科	烟台	独立学院
13	聊城大学东昌学院	本科	聊城	独立学院
14	青岛理工大学琴岛学院	本科	青岛	独立学院
15	山东师范大学历山学院	本科	潍坊	独立学院
16	山东财经大学燕山学院	本科	济南	独立学院
17	中国石油大学胜利学院	本科	东营	独立学院
18	山东科技大学泰山科技学院	本科	泰安	独立学院
19	青岛农业大学海都学院	本科	烟台	独立学院
20	山东财经大学东方学院	本科	泰安	独立学院
21	济南大学泉城学院	本科	烟台	独立学院
22	北京电影学院现代创意媒体学院	本科	青岛	独立学院
23	曲阜远东职业技术学院	专科	济宁	
24	德州科技职业学院	专科	德州	
25	山东力明科技职业学院	专科	济南	
26	山东圣翰财贸职业学院	专科	济南	
27	东营科技职业学院	专科	东营	
28	青岛求实职业技术学院	专科	青岛	
29	山东现代职业学院	专科	济南	

续表

编 号	学校名称	办学层次	所在地市	备 注
30	山东凯文科技职业学院	专科	济南	
31	山东外国语职业学院	专科	日照	
32	潍坊工商职业学院	专科	潍坊	
33	山东外事翻译职业学院	专科	济南	
34	山东海事职业学院	专科	潍坊	
35	山东艺术设计职业学院	专科	济南	

可见，民办高等教育已成为山东省高等教育事业的重要组成部分。从数量上看，山东省民办高校和民办本科高校数量都位居全国前列（见表3-2和表3-3），山东省已经成为名副其实的民办高等教育大省。从贡献上看，民办高等教育大力推进了山东省高等教育大众化的进程，满足了人民群众多样化的教育需求，已成为高等教育发展的重要增长点和促进高等教育改革的重要力量，为落实"科教兴鲁"和"人才强省"战略、加快推进经济文化强省建设发挥了重要作用。

表3-2 民办高校数量一览表（不含港澳台地区）

序 号	省 份	民办高校数量（所）
1	广东	52
2	江苏	51
3	湖北	44
4	浙江	36
5	福建	36
6	河南	36
7	河北	35
7	山东	35
8	辽宁	32
9	湖南	31
10	安徽	30
11	四川	30
12	江西	29
13	重庆	27

续表

序　号	省　份	民办高校数量(所)
14	云南	25
15	陕西	23
16	广西	22
17	上海	18
18	黑龙江	17
19	吉林	16
20	北京	15
21	山西	15
22	海南	13
23	天津	11
24	贵州	10
25	内蒙古	9
26	新疆	8
27	甘肃	4
28	宁夏	3
合　计		713

表3-3　民办本科高校数量一览表(不含港澳台地区)

序号	省　份	民办普通本科高校数量(所)	独立学院(数量)	民办本科高校数量(所)
1	湖北	7	24	31
2	江苏	4	25	29
3	浙江	5	22	27
4	广东	9	16	25
5	辽宁	12	12	24
6	河北	6	17	23
7	山东	11	11	22
8	湖南	5	15	20
9	江西	6	13	19
10	河南	9	8	17
11	安徽	4	11	15

续表

序 号	省 份	民办普通本科高校数量（所）	独立学院（数量）	民办本科高校数量（所）
12	陕西	9	5	14
13	四川	6	8	14
14	云南	2	12	14
15	福建	4	9	13
16	黑龙江	10	2	12
17	吉林	6	6	12
18	广西	3	9	12
19	重庆	2	10	12
20	天津	1	10	11
21	山西	2	8	10
22	海南	2	6	8
23	上海	5	2	7
24	北京	2	5	7
25	贵州	0	7	7
26	新疆	0	5	5
27	宁夏	2	1	3
28	内蒙古	0	2	2
29	甘肃	0	2	2
合 计		134	283	417

（二）民办高校办学条件不断改善

办学条件是民办高校发展的基础。近年来，山东省各民办高校着力加大资金投入改善办学条件，现有的办学条件基本满足了教学需要。根据问卷调查统计数据，85％的被调查对象认为所在高校的办学条件较好或很好。截至2014年5月，我省民办高校的学校建设资金总额达179.28亿元，其中土地费用达35.36亿元，具有土地证的校园面积为3.38万亩，校舍建设费用达143.92亿元，取得房产证的教学行政用房面积为963.53万平方米，购置设备、图书等费用达34.21亿元（见表3-4）。其中，山东英才学院、潍坊科技学院、烟台南山学院固定资产均超过10亿元；青岛滨海学院、潍坊科技学院、青岛理工大学琴岛学院等高校教学仪器设备总值均超过1亿元。

表 3-4 山东省民办高校办学条件和基础设施投入情况

学校类型	数量	学校建设资金总额				购置设备等费用（亿元）
		土地		校舍建设		
		面积（万亩）	费用（亿元）	面积（万平方米）	费用（亿元）	
高职（专科）院校	13	1.30	12.60	321.66	43.32	9.92
独立设置的本科高校	11	1.42	19.74	456.65	66.91	16.94
独立学院	11	0.66	3.02	185.22	28.69	7.35
合计	35	3.38	35.36	963.53	143.92	34.21

（三）民办高校学科专业布局逐步优化

从学科专业结构看，山东省民办高校学科专业结构逐步优化。各民办高校以就业为导向，根据自身情况和社会需求设置学科专业，基本形成了以经济学、管理学、工学、艺术学和文学为主，兼顾教育学、医学及其他学科门类的学科体系（见表3-5），涵盖了我省区域经济发展战略和新农村建设急需的材料、机械、电气、药物、土木、化工和食品等专业领域，有些专业已经成为省级或国家级特色专业（见表3-6）。

表 3-5 山东省民办本科高校所设专业学科覆盖情况

编号	学科门类	学校数量
1	哲学	0所
2	经济学	21所：民办普通本科高校11所，独立学院10所
3	法学	5所：民办普通本科高校3所，独立学院2所
4	教育学	8所：民办普通本科高校5所，独立学院3所
5	文学	19所：民办普通本科高校10所，独立学院9所
6	历史学	0所
7	理学	3所：民办普通本科高校2所，独立学院1所
8	工学	18所：民办普通本科高校10所，独立学院8所
9	农学	4所：民办普通本科高校3所，独立学院1所
10	医学	8所：民办普通本科高校6所，独立学院2所
11	军事学	0所

续表

编　号	学科门类	学校数量
12	管理学	21所:民办普通本科高校11所,独立学院10所
13	艺术学	18所:民办普通本科高校10所,独立学院8所

表3-6　山东省民办高校特色专业建设点名单

学校名称	专业名称	培养层次	获批时间
山东万杰医学院	医学影像技术	专科	2007年
山东万杰医学院	护理	专科	2010年
山东万杰医学院	药学	本科	2011年
山东万杰医学院	护理学	本科	2013年
青岛滨海学院	会计电算化	专科	2006年
青岛滨海学院	机电一体化技术	本科	2009年
青岛滨海学院	应用韩语	专科	2010年
青岛滨海学院	日语	本科	2011年
青岛滨海学院	金属材料工程	本科	2013年
烟台南山学院	机电一体化技术	专科	2006年
烟台南山学院	自动化	本科	2011年
潍坊科技学院	软件技术	专科	2010年
潍坊科技学院	园艺	本科	2011年
山东英才学院	学前教育	专科	2007年
山东英才学院	检测技术及应用	本科	2009年
山东英才学院	物流管理	本科	2011年
山东英才学院	学前教育	本科	2013年
青岛恒星科技学院	电脑动画	专科	2010年
青岛恒星科技学院	印刷技术	专科	2011年
青岛恒星科技学院	电气自动化	专科	2013年
山东协和学院	护理	专科	2008年
山东协和学院	临床医学	专科	2010年
山东协和学院	护理学	本科	2011年
山东协和学院	计算机网络技术	专科	2013年
青岛黄海学院	数控技术	专科	2009年

续表

学校名称	专业名称	培养层次	获批时间
青岛黄海学院	物流管理	专科	2010年
青岛黄海学院	机械设计制造及其自动化	本科	2011年
山东华宇工学院	制冷与冷藏技术	专科	2011年
山东华宇工学院	机电一体化	专科	2012年
山东华宇工学院	会计电算化	专科	2013年
齐鲁理工学院	护理	专科	2009年
齐鲁理工学院	电气自动化技术	专科	2011年
烟台大学文经学院	工程管理	本科	2011年
烟台大学文经学院	会计学	本科	2012年
青岛理工大学琴岛学院	机械设计制造及其自动化	本科	2013年
山东财经大学燕山学院	国际商务	本科	2011年
中国石油大学胜利学院	化学工程与工艺	本科	2011年
中国石油大学胜利学院	电气工程及其自动化	本科	2013年
山东科技大学泰山科技学院	计算机科学与技术	本科	2011年
山东科技大学泰山科技学院	会计学	本科	2012年
山东科技大学泰山科技学院	采矿工程	本科	2013年
青岛农业大学海都学院	机械设计制造及其自动化	本科	2011年
山东财政学院东方学院	会计学	本科	2011年
德州科技职业学院	生物技术及应用	专科	2009年
德州科技职业学院	计算机应用技术	专科	2010年
德州科技职业学院	会计电算化	专科	2011年
德州科技职业学院	电子商务	专科	2012年
德州科技职业学院	数控技术	专科	2012年
山东力明科技职业学院	口腔医学	专科	2011年
山东圣翰财贸职业学院	计算机应用技术	专科	2011年
山东圣翰财贸职业学院	会计电算化	专科	2012年
山东圣翰财贸职业学院	建筑工程技术	专科	2013年
青岛求实职业技术学院	空中乘务	专科	2011年
山东现代职业学院	护理	专科	2010年
山东现代职业学院	工程造价	专科	2011年

续表

学校名称	专业名称	培养层次	获批时间
山东现代职业学院	计算机应用技术	专科	2012年
山东现代职业学院	汽车检测与维修技术	专科	2013年
山东凯文科技职业学院	数控技术	专科	2010年
山东凯文科技职业学院	电子信息工程技术	专科	2011年
山东凯文科技职业学院	机电一体化技术	专科	2013年
山东凯文科技职业学院	建筑工程技术	专科	2012年
山东外国语职业学院	应用日语	专科	2010年
山东外国语职业学院	工商企业管理	专科	2011年
山东外国语职业学院	应用英语	专科	2012年
山东外国语职业学院	国际经济与贸易	专科	2013年
潍坊工商职业学院	机电一体化技术	专科	2011年
潍坊工商职业学院	食品营养与检测	专科	2012年
潍坊工商职业学院	汽车检测与维修技术	专科	2013年
山东外事翻译职业学院	商务英语	专科	2011年
山东外事翻译职业学院	国际贸易实务	专科	2012年

以11所民办普通本科高校为例,它们根据我省黄河三角洲高效生态经济区、山东半岛蓝色经济区、胶东半岛高端产业聚集区、日照钢铁精品基地和新农村建设对人才的需求,开设了涉及材料、机械、电气、药物、土木、化工和食品的工学类专业,涉及财务管理、工程管理等领域的管理学类专业,潍坊科技学院、山东英才学院和齐鲁理工学院还开设了法学类专业,青岛滨海学院、潍坊科技学院、山东英才学院、山东协和学院和青岛黄海学院开设了教育学类专业,潍坊科技学院、山东英才学院和山东协和学院开设了农学类专业,山东万杰医学院、青岛滨海学院、山东英才学院、山东协和学院、青岛黄海学院和齐鲁理工学开设了医学类专业。

(四)民办高校师资队伍建设成绩显著

师资队伍是民办高校发展的关键资源。近年来,山东省民办高校比较重视师资队伍建设,通过优化师资结构,使师资来源从初期的以兼职教师为主,发展到目前主要以专任教师为主。根据问卷调查统计数据,78%的被调查对象认为所在高校的师资队伍水平很高或较高。除独立学院外,我省民办普通本专科高校师资队伍的职称结构、学历结构和年龄结构进一步优化。从职称结构看,专任教师中有教授1302人,副教授2747人,具有副高级以上专业技术职务的教师占教师总数的30.8%;从学历结构看,专任教师中具有博士学位的为156人,具有硕士学位的为4273人,硕士及以上学位的教师占教师总数的40.3%;从年龄结构看,60岁以上的教师占教师总数的8.1%,36岁~60岁的教师占教师总数的36.1%,35岁及以下的教师占教师总数的49.8%,中青年教师已成为民办高校师资队伍的主体和中坚力量。我省民办高校的师资队伍水平也显著提高。目前,拥有1个国家级教学团队、25个省级教学团队(见表3-7)、"国家特支计划"教学名师1人、国家级教学名师1人、省级教学名师23人(含双聘)。以山东英才学院"幼儿英语教学法"团队为例,其2009年被教育部授予国家级教学团队荣誉称号。该团队现有的10名核心成员中,有教授6名,副教授3名;博士6名,在读博士2名;团队成员均有国外留学、访学的经历;同时有2名常驻美国的研究人员。其研发的《杨文幼儿英语》发行60余万册,被600多家幼儿园使用;撰写的《幼儿英语教学法》《学前专业英语》《学前儿童英语教育》《学前双语素质教育整合课程》《全息全感幼儿英语教学法(VCD)》等研究成果和教辅资料被200多家高校和幼儿园使用。其中,《幼儿英语教学法》获山东省高等学校优秀科研成果奖和山东省社会科学优秀成果奖;首创的"全息全感幼儿英语教学法"被列入中国外语教学法十大流派。该团队近五年来承担全国教育科学规划课题、山东省哲学社会科学项目、山东省教育厅等研究项目20余项,企业委托横向课题7项,仅幼教机构委托研究的课题经费200余万;研发的幼儿园多维立体化双语课程已经被全国几十家幼儿园使用。

表3-7 山东省民办高校省级教学团队一览表

编号	团队名称	带头人	所在学校	类别	获批时间
1	护理学专业教学团队	宋博	山东万杰医学院	本科	2011年
2	医学影像学专业教学团队	袁聿德	山东万杰医学院	本科	2010年
3	物流管理专业教学团队	刘翠兰	山东英才学院	本科	2012年
4	学前教育教研室教学团队	杨文	山东英才学院	高职高专	2007年
5	旅游管理教学团队	张来胜	山东协和学院	本科	2012年
6	中医护理学教学团队	盛振文	山东协和学院	本科	2011年
7	护理专业教学团队	姜秀文	山东协和学院	高职高专	2010年

续表

编号	团队名称	带头人	所在学校	类别	获批时间
8	中医诊断学教学团队	盛振文	山东协和学院	高职高专	2008年
9	机电一体化技术专业教学团队	梁玉国	山东华宇工学院	专科	2012年
10	制冷与冷藏技术专业教学团队	戎卫国	山东华宇工学院	高职高专	2011年
11	护理专业教学团队	常翠鸣	齐鲁理工学院	专科	2012年
12	工程管理专业教学团队	李相然	烟台大学文经学院	本科	2012年
13	数学与应用数学专业教学团队	陈焕贞	山东师范大学历山学院	本科	2011年
14	自动化专业教学团队	王进野	山东科技大学泰山科技学院	本科	2011年
15	机械基础系列课程教学团队	张建中	山东科技大学泰山科技学院	本科	2010年
16	数控技术专业教学团队	董霞	德州科技职业学院	高职高专	2011年
17	中药专业教学团队	刘刚	山东力明科技职业学院	专科	2012年
18	计算机应用技术专业教学团队	黎峰	山东圣翰财贸职业学院	专科	2012年
19	护理专业教学团队	王荣	山东现代职业学院	高职高专	2011年
20	电子信息工程技术专业教学团队	王树昆	山东凯文科技职业学院	专科	2012年
21	数控技术专业教学团队	钮平章	山东凯文科技职业学院	高职高专	2011年
22	应用英语专业教学团队	秦改进	山东外国语职业学院	高职高专	2011年
23	会计电算化专业教学团队	唐德良	潍坊工商职业学院	高职高专	2011年
24	商务英语专业教学团队	张介公	山东外事翻译职业学院	专科	2012年

同时，山东省民办高校高度重视"双师型"教师队伍建设。例如，山东英才学院为解决大部分教师来自于研究型大学或教学研究型大学，专业理论功底较扎实，但实践技能较缺乏，不少教师上得好理论课，却不一定上得好实践课的现实，一方面，把师资队伍建设的重心放在引进和培养高素质、高水平的"双师型"教师上，实施"131人才工程""名师和团队培养工程"等一系列教师队伍建设工程，大力延揽聘请具有良好专业理论基础和丰富实践经验的高层次人才从事教学科研工作，并通过组建专业团队、项目团队、课程团队等形式，建立"传帮

带"学习机制，凝练过硬的应用型师资团队。另一方面，出台《青年教师实践能力提升工程实施办法》，要求45周岁以下专业课教师在入职3年内，必须取得至少1项相关专业中级以上职业资格证书，并参加不少于2个月的实践锻炼。

（五）民办高校教育教学质量和社会声誉不断提升

经过多年的积累和发展，山东省民办高校的教育教学质量明显提升。根据问卷调查统计数据，71%的被调查对象认为所在高校的人才培养质量很高或较高，70%的被调查对象认为所在高校的学风很好或较好，88%的被调查对象认为所在高校的教风很好或较好。

为培养高素质应用型人才，山东省民办高校积极推动校企合作，共育人才。例如，山东英才学院整合优质社会资源，成立了我省民办高校第一家校董会，先后吸纳了青岛海信电器股份有限公司、济南重工股份有限公司等30余家校董单位积极参与和支持办学。同时，学校主动对接产业发展需求，将行业企业用人标准、技术标准引入人才培养全过程，与行业企业共同制定专业人才培养方案，共同开发课程，共同承担教学任务，共同培养人才，初步形成了"合作育人、合作办学、合作就业、合作发展"的育人机制。其机械制造与自动化专业与青岛海信电器股份有限公司成立"校企合作教学部"，共建"青岛海信电器"实验班；与潍坊福田雷沃国际重工股份有限公司合作进行专业综合改革试点，被教育部批准为国家专业综合改革试点专业。山东华宇职业技术学院着力构建校企合作体系，一是共同制定人才培养方案，与企业共编教材、教学大纲，与皇明太阳能合作培养热能专业人才，与亚太集团共同培养制冷与冷藏设备专业人才；二是共同进行实验实训建设，德州亚太集团在华宇建立了中央空调研究所，华宇在亚太集团建立了中央空调性能检测中心，现在应用开发出新产品10项，专利8项，一起参加的省级项目有12项；三是共同建设课程体系，采用"平台＋模块"的方法，即"三平台，多模块"，三平台包括公共基础课平台、专业群课程平台和专业课课程平台，模块包括专业拓展课、选修课等。2004年与皇明太阳能集团共同建立了热能班，实行订单式培养人才，与皇明太阳能集团一同编著教材，专业课由皇明派来的技术人员任教，学生实习实训以及顶岗实习，都在皇明太阳能集团。2006年与亚太集团共建"亚太班"，专业涉及数控、电气和经管等领域。2009年与淄博重汽合作培养学生，在组班期间，重汽集团提供设备、教师，给每位学生每年提供1500元的生活费，现已有三期毕业生，累计培养了1000余名学生。

目前，山东省民办高校已建成国家级精品资源共享课2门、国家精品课程

2门,省级精品课程150多门。学生在教育主管部门组织的各项技能大赛中获得国家和省级奖项的数量逐年增多,学生获国家发明专利和实用新型专利的数量也明显提升,毕业生的就业竞争力日益彰显,累计为社会培养普通本专科毕业生40余万人。如山东英才学院学生在教育主管部门组织的各级各类技能大赛中,获国家级奖项27项、省级奖项189项;2012年在第八届"挑战杯"中国大学生创业计划竞赛(虚拟网络运营专项竞赛)中获一等奖2项。自2007年以来,该校学生获国家发明专利4项,实用新型专利153项。该校被教育部评为"2012—2013年度全国毕业生就业典型经验高校";在国家统计局社情民意调查中心"用人单位对毕业生满意度"调查中,该校列被调查的全国41所省属高校首位。2014年,该校艺术设计专业毕业生张保松在山东省第二届"山东大学生十大创业之星"评比中名列榜首。

山东省民办高校的办学质量得到各级党委、政府的广泛认可。如山东英才学院先后被国家民政部、人力资源和社会保障部、中华全国总工会等评为"全国先进民间组织""全国民办非企业单位自律与诚信建设先进单位""全国就业与社会保障先进民营单位";被山东省人社厅、省教育厅评为"山东省民办教育先进单位",被山东省教育厅、财政厅评为"山东省学生资助工作先进单位"(全省唯一的民办高校)。

(六)民办高校科研工作稳步推进

科学研究是高等学校的四大职能之一,民办高校虽然起点低,但做好科研是其提升教育教学水平、提高服务社会能力的有效手段。根据问卷调查统计数据,68%的被调查对象认为所在高校的科研氛围很浓厚或较浓厚,有利于科研能力的提高。

从科研管理机构设置来看,除青岛工学院外,山东省10所民办普通本科高校都设置了科研处或科技处,其中,山东英才学院2004年就设置了科研处,专门负责科研管理工作,且科研管理制度比较健全,网页内容丰富,信息更新比较及时,动态性强,体现了较高的科研管理层次和水平。

从各类科研成果和获奖情况来看,民办高校科研成果的层次有较大提高。例如,山东英才学院自2012年以来,实现了省内民办高校在国家社会科学基金、国家自然科学基金和教育部人文社会科学等课题方面零的突破。烟台南山学院近几年来加强与南山集团有关下属企业的合作,联合进行科技攻关,其中,材料与冶金工程学院与集团公司合作的"高质量大规格铝合金扁锭熔炼与铸造技术研究开发"项目被鉴定达到国际先进水平;纺织科学与工程学院与集团公司合作的"防辐射、抗菌复合功能精纺毛织物开发和应用"项目被鉴定达到国际先进水平;"精纺毛织物阻燃与拒水防油复合功能关键技术研究及应用"和"全毛180s/2超薄面料的研制"两个项目被鉴定达到国际领先水平。上述4个项目,其中1项获山东省科技进步一等奖,3项获山东省科技进步二等奖。潍坊科技学院苗锦山博士主持选育的"潍科1号""潍科2号"两个大葱新品种顺利通过专家鉴定,专家组认为,学校在大葱雄性不育种质创制和利用方面有创新,整体研究居国内领先水平。

从科研经费支持力度来看,山东省各民办高校都不断增加对科研工作的投入。例如,山东英才学院规定,承担的国家自然科学基金项目、软科学规划项目、社会科学基金项目等国家级课题按照到账经费1:2的比例配套经费;山东省自然科学基金、软科学、哲学社会科学规划项目、带资项目也按照到账经费1:2的比例配套经费;山东省科技攻关项目按照到账经费1:1的比例配套经费。凡获国家级奖励的按1:3加发奖励,获省部级奖励的按1:2加发奖励。此外,学校对于教师发表的科研成果均予以奖励,近几年,学校每年用于科研奖励的经费达50余万元。

从科研平台建设方面来看,我省各高校充分发挥自身优势,设置专职科研机构(见表3-8),以更好地开展应用研究工作。例如,山东英才学院民办高等教育研究院,2012年被山东省科技厅批准为山东省软科学研究基地,是山东省民办高校中唯一的省级科研基地。该校坚持科研兴院,积极推进产学研结合。潍坊科技学院建有农业科学院士专家工作站、环境科学院士专家工作站和环境检测中心,是国家火炬寿光卤水综合利用特色产业基地、青岛国家海洋科学研究中心卤水高新技术产业孵化基地;建有山东半岛蓝色经济工程研究院为主体的山东(寿光)蓝色经济科技创新平台,是全国第一所针对国家"蓝色经济"战略建立的地方综合性科研机构。

表3-8 山东省民办普通本科高校科研平台建设情况

学校名称	科研机构设置情况
山东万杰医学院	4个:生物医学工程技术实验室、临床医学专业教科研平台、应用药学教科研创新平台、口腔医学教科研平台
青岛滨海学院	9个:教育科学研究所、计算机应用技术研究所、机电研究所、中韩通商研究所、中小企业电子商务研究所、风光能源研究所、表面工程研究室、韩国学研究中心、日本教育文化研究所

续表

学校名称	科研机构设置情况
烟台南山学院	3个：民办教育研究所、机械工程实验中心、电气信息实验中心
潍坊科技学院	15个：精细化工研究所、生态与植保研究所、蔬菜病虫害研究所、蔬菜花卉研究所、作物育种与生物技术研究生、微生物研究所、水产养殖研究所、计算机软件研究所、生物化妆品研究所、农圣文化研究所等
山东英才学院	8个：民办高等教育研究院、学前教育研究院、山东民营经济研究院、老龄科学研究院、机电工程技术研究中心、计算机应用技术研究所、现代物流与供应链发展研究所、世界历史与文化研究所
青岛恒星科技学院	7个：北大职教研究所、电脑动画工作室、养生研究所、营养研究所、软件研究所、电子研发中心、幼教研究所
山东协和学院	3个：高等教育研究所、工程训练中心、医护实验中心
青岛黄海学院	2个：电子电气技术服务中心、船舶工程技术研究服务中心

从科研活动开展情况来看，一方面，山东省各民办高校针对学校实际，开展各种形式的校内科研讲座、学术报告会等。另一方面，积极举办与承办省级和全国层面的学术研讨活动，扩大了我省民办高校的影响力。例如，2010年由中国民主促进会山东省委员会、山东省民办教育协会、山东英才学院联合主办，山东英才学院承办的民办高等教育"泉城论坛"，以"民办高等教育的创新与发展"为主题，重点探讨了《国家中长期教育改革和发展规划纲要（2010—2020年）》颁布后我国民办高等教育的发展形势。来自全国70多家民办高等院校、民办教育研究机构和教育行政管理部门的90多位专家、学者参加了会议。2012年由中国民办教育协会高等教育专业委员会主办，中国民主促进会山东省委员会协办，山东英才学院承办的"全国民办本科院校创新发展论坛"，来自大陆的35所民办普通本科高校、77所独立学院和来自台湾地区的14所私立高校的近300名代表参加会议。论坛围绕"民办本科院校创新发展"这一主题，邀请相关知名学者作了专题报告。

（七）民办高校的社会服务能力日益彰显

社会服务是高等学校的重要职能之一，它既是高等学校服务地方经济、社会发展的责任和使命，也是培养应用型人才，促进学校持续、健康发展的必由之路。近年来，山东省民办高校围绕地方经济、社会发展需要，利用人力、技术和资源优势，充分发挥社会服务职能，在政策法规研究、发展战略、管理咨询和技术培训等方面,积极承接政府职能转移、授权、委托事项,为促进区域经济和社会发展以及领导决策的科学化、民主化做出了重要贡献。

潍坊科技学院积极服务区域社会发展,在校园内建设了软件园,成立了山东飞翔软件产业集团,建成了软件公共技术支撑平台、动漫集群渲染平台、软件与服务外包公共支撑平台。该软件园已形成软件研发、服务外包、动漫、文化创意、信息服务五大品牌产业,先后被确立为山东省服务外包示范基地、山东省服务外包人才实训基地、山东省服务外包人才培训机构、山东省省级公共服务平台、山东省研究生联合培养基地、省级高新技术创业服务中心、山东省重点服务业建设项目、山东省科普教育基地、山东省大学生创业孵化示范基地,被团中央立为青年就业创业见习基地。同时,学校牵头组建了山东省软件产业职业教育集团,与省教育厅联合成立了山东教育软件研发推广中心,每年完成各类成人教育和社会培训30000多人次。

山东英才学院把提高社会服务水平作为内涵发展的战略重点和创新点,通过搭建公益性社会培训平台、转化应用研究成果和创办企业等形式开展社会服务。一是建立了全国民办教育协会幼儿教师培训基地等7个培训基地;开发了50多本(套)实践教材和光盘;培训了各级各类人才3万余人。二是积极向行业、产业和有关单位推介和转化应用研究成果。如《山东省物流业布局优化研究》成果被三家大型物流有限公司应用,为企业布局选择提供了指导和咨询。《山东半岛蓝色经济区人才支撑体系建设思路与措施研究》报告中提出的对策建议被省委政策研究室、省政府研究室、省教育厅和6所高等学校采纳。《济南市"北跨"战略实施对策研究——以济阳、商河区域发展为个案》被济阳县委刊物刊登。《鲁苏浙粤民营经济发展比较分析与对策建议研究》得到了省工商联领导的一致好评并被采用,相关部门正在根据报告中的建议与对策撰写成呈报件报送省委省政府相关领导。《山东省民营经济发展报告(2012—2013)》蓝皮书于2014年3月由山东人民出版社出版,此书是我省第一次完整编写的民营经济发展报告,提出了促进民营经济特别是中小企业发展的意见和建议。三是利用学科专业优势,创办企业。学校与山东商业集团等企事业单位合作创办幼教集团、老年服务公司等产业。

山东协和学院坚持在回报社会中育人,在服务社会中发展,成为全国首家开展"万名乡村医生免费培训计划"的高校,自2005年开始至今,连续9年举办100余期乡村医生免费培训班,培训乡村医生20000余人,得到了国家领导人和省市领导的高度赞誉,并被卫生部领导称为"协和模式"。

二、山东省民办高等教育发展的基本经验

山东省民办高等教育之所以能取得以上显著成绩,一方面得益于各民办高校自身的努力,另一方面得益于各级政府对民办高等教育发展的政策支持。

(一)各地市制定优惠政策,促进民办高等教育快速发展

山东省民办高等教育发展成就的取得,既离不开省级政府对民办高等教育事业的关心与支持,也离不开地市级政府相关政策的保障。

青岛市为深化办学体制改革,调动社会各界的办学积极性,加快民办教育的发展步伐,在探索鼓励、扶持民办教育发展机制方面采取了多项举措。一是坚持鼓励扶持和规范管理并举的原则,发挥龙头民办学校的示范带动作用,扶持民办教育品牌学校发展。通过评估表彰扶持起一批办学理念超前、办学特色鲜明、办学质量优秀的民办学校,充分发挥其模范带头作用。二是实施公办、民办学校一体化财政奖补政策。将民办高校纳入市校共建普通高校重点学科和高职院校重点专业的范围。2013年青岛理工大学琴岛学院的1个重点学科和青岛滨海学院、青岛黄海学院、青岛求实职业技术学院各1个重点专业被纳入市校共建,每个重点学科、重点专业由市财政分别投入500万元和200万元,建设周期分别为三年和两年。2014年,青岛市人民政府出台了《关于加快发展民办教育的意见》(青政发〔2014〕10号),提出了完善公共财政扶持民办教育发展的机制,推进非营利性民办学历教育学校教师社会保险改革等措施,力图破解制约民办教育发展的难点问题,动员社会力量投资教育,更好地满足社会对优质教育的需求。

淄博市于2006年印发了《民办教育"名牌推进计划"实施意见》,以全面推动民办学校特色建设为基本出发点,大力培植办学条件先进、教育教学质量好、专业水平高、具有可持续发展能力的现代化民办学校,提高民办学校的市场竞争能力,逐步推出一批能够引领民办教育发展方向且具有可持续发展能力的名牌学校,推出一批适应本市经济和社会发展需要的名牌专业,从而带动本市民办教育整体水平的提升,使民办教育工作走在全省各地市的前列。"名牌推进计划"包括两个实施项目,即名牌学校认定和名牌专业认定。名牌学校、名牌专业的认定每两年组织一次,采取评审组听汇报、查材料、看现场、专家评议的办法进行,按照民办学校总数的10%和20%的比例提出名牌学校和名牌专业推荐名单,由市教育局"名牌推进计划"工作领导小组最终认定,市教育局公布并

颁发奖牌及证书。同时规定,对民办学校"名牌推进计划"项目实行动态管理,不实行终身制。凡由教育行政部门认定的名牌学校,免予当年督导评估。

枣庄市人民政府于2013年颁布了《关于加快建设现代职业教育体系的意见》(枣政发〔2013〕25号),指出要"鼓励举办民办职业教育,对民办职业院校实行非营利性和营利性分类管理,对非营利民办职业院校在税收政策、政府购买服务等方面与公办职业院校公平对待,财政可给予补助"。

烟台龙口市政府支持烟台南山学院的建设。市里了解到该校教师对事业编制的诉求后,专门批示要解决这个问题,后政府拿出600个名额给了学校。

潍坊市建立起了"社会投资建校、政府支持师资、收费保障运转、部门协调监管、资产学校所有"的民办教育发展体制,形成了"公办保均衡、择校找民校"的办学格局。这种以国有资本、集体资本和非公有资本举办的混合制办学模式具有强大的生机和活力,以这种形式举办的民办学校保证了国有资产的不流失。在政策保障方面,潍坊市实行民办学校在征用土地和建设配套等各项税费的减免上享受与公办学校同样的优惠政策。新建、扩建民办学校,按照公益事业用地以划拨方式提供土地使用权。建设配套费等行政事业性收费,凡属潍坊市规定的一律予以免缴。部分教职工可以按事业单位标准缴纳养老保险金,工龄、教龄连续计算,晋职、晋级与公办学校同等对待,与公办学校教师享受同等退休待遇。

泰安市人民政府于2013年颁布了《关于加快发展民办教育的意见》(泰政发〔2013〕47号),从"大力发展多元化办学、落实各项优惠政策、进一步拓宽投融资渠道、落实民办学校师生待遇、提升民办教育师资水平和健全民办学校投资回报制度"六个方面提出了要加大对民办教育的扶持力度。

德州市通过建设用地优惠、减免规费、减免租金、以奖代补、派驻公办教师等方式,积极吸引社会资金以民办公助、集体投资、股份合资和社会捐资等多种形式建设民办学校。山东华宇工学院建校初期,德州市政府从征地、规划、建设都减免了程序,按公益建设标准划拨了1200亩用地,而后,政府在招生上也给予了帮助。这些措施使得山东华宇工学院在良好的发展氛围中蓬勃发展。

(二)各地市强化管理,建立管理与服务平台

一是成立机构,明确职责,为民办教育提供组织保证。如青岛市教育局设立了独立的民办教育管理服务机构——民办教育管理办公室,配备专人从事全市民办教育的政策研究、审批执法、评估管理等工作。烟台市教育局于2009年

将社会力量办学管理办公室更名为民办教育管理办公室,并增加了行政编制,以负责全市民办教育、中外合作办学的日常管理、指导和服务等工作。潍坊市教育局在 2001 年也专门成立了民办教育科,同年成立了潍坊市民办教育协会,以促进民办学校间的交流。2012 年潍坊市政府成立了以市长为主任的潍坊市教育督导委员会,统筹负责民办教育工作,2013 出台的《关于进一步加快发展民办教育的意见》(潍政发〔2013〕17 号),明确了政府 13 个部门的民办教育工作职责,以抓好常规管理工作。

二是统一管理,同等对待。如青岛市以民办教育管理办公室为牵头部门,逐步将民办学校党建、评估、教研、招生等业务纳入相关业务部门,与公办学校统一管理。潍坊市将民办学校纳入教育局各职能科室和直属单位的统一管理,在学生资助、教师培训管理、工团组织建设、学校表彰、教育科研等方面,与公办学校同等对待。

三是严把"三关",做好应急预案。"三关"即审批关、财务关和评估关。在审批关方面,青岛市教育局根据青岛市的市场需求和学校的总体发展情况,及时调整师资、场地、办学资金等设置标准,使民办学校布局更加合理,防止恶性竞争及教育资源的浪费。同时,为更好地服务民办学校,青岛市精简行政程序,不断加大对民办教育的服务力度,通过印制审批手册,建立民办教育行政服务网站,开通"网上审批""办学在线答疑"等业务,使民办学校及申办者足不出户即可通过网络办理咨询、审批等业务。在财务关方面,济南市为加强民办学校的资产监督与办学风险防范工作、维护学校和受教育者的合法权益、促进民办教育事业健康发展,对部分民办学校的办学注册资金实行承诺监管制度,并与民办学校签署办学资金使用承诺书。青岛市通过年度财务审计、定期财务抽查和举办每年一次的民办学校财务人员业务培训,加强民办学校的财务管理和账务指导,及时掌握各学校资金运转情况,杜绝可能出现的抽逃办学资金和因生源锐减而出现的资金运转不灵等财务风险和经济犯罪。同时,青岛市开发区探索建立了由民办学校、业务主管机关、金融机构共同组成的"三位一体"的民办学校资金监管机制,统一民办学校资金账户管理,规范民办学校财务行为。在评估关方面,青岛市教育局通过每年一次的民办学校办学情况全面年检、评估等办学水平督导检查,全面掌握民办学校生源、办学条件、教学质量等情况,规范管理行为,保证教学质量。

（三）政府相关部门积极展示民办学校的良好风貌

一是引导民办学校师生积极参与课题研究、教学改革、竞技比赛等各项活动，展示民办学校师生的良好精神面貌。如青岛黄海学院的科研项目"民办高职院校校企合作长效机制研究"获山东高等教育优秀成果三等奖；青岛恒星科技学院在教育部和信息产业部联合组织的 2011 年全国大学生电子设计大赛中（山东赛区）获二等奖，2010 年获山东省高校工委、省教育厅双优德育工作优秀高校称号；青岛滨海学院学生在 2012 年山东省第九届齐鲁软件设计大赛上获二等奖 2 项。政府相关部门把这些信息通过各种媒体向社会大力宣传。

二是弘扬民办教育主旋律，树立民办学校良好形象。如青岛市每年举办一次民办教育展示会，向社会宣传民办学校的特色工作、取得的成绩，扩大民办教育的社会影响力。同时，积极协调新闻单位开辟"民办教育专栏"，营造民办教育发展的良好舆论环境。淄博市教育局按照"市级统筹、区县为主、学校配合、社会参与"的工作运作机制，积极开展民办教育依法办学宣传月活动，通过与广播电视、互联网及各种平面媒体等媒体的合作，加强了对依法办学先进单位的宣传。

三是积极推介民办学校办学经验，促进资源共享。如淄博市在实施民办教育"名牌推进计划"过程中，由市民办教育协会精心策划宣传方案，强化对该项目的宣传工作，大张旗鼓地宣传名牌学校和名牌专业。潍坊市在《潍坊晚报》和《潍坊日报》上建立了"优质社会办学推介榜"；在社会培训服务中心网站建立了"优质教育资源推介"栏目，将民办教育的优质教育资源向社会和公办学校推介，以实现资源共享。

三、山东省民办高等教育发展过程中存在的制约因素

从总体上看，山东省民办高等教育正处在由规模扩张向内涵建设、特色发展转变的战略转型期，与民办高等教育发达省市相比，与高等教育改革发展的要求相比，仍存在一些不足之处，面临着一些困境与不利因素。

（一）政府部门和社会公众对民办高校的歧视依然存在

长期以来，无论是政府部门还是社会公众，受"正统"观念及"越公越好"观念的影响，对民办高等教育存在着模糊、片面甚至不正确的认识。

根据问卷调查统计数据，93％的调查对象认为社会公众对民办高校存在偏

见。这主要表现为：① 公众对公办高校和民办高校的尊重程度不同，不支持和不理解民办高校的办学行为，认为民办高校生源素质低、管理水平差、办学不正规；认为民办高校是私人办学，是"非正规军"，缺少政府支持，缺乏保障，"民"不如"公"；认为民办高等教育的办学目的是赚钱，办事不靠谱。② 公众的择校观念方面，一般是首选公办院校，宁上公办的专科院校，也不上民办本科院校，进入民办高校是退而求其次的选择；认为民办高校教育质量不可靠，学术氛围差，口碑差，师资质量不如公办高校，人才培养质量低；害怕孩子的学历文凭不被认可，毕业后找不到工作。③ 在就业方面，有些单位，特别是一些政府机关团体、国有企业限制录用民办高校毕业生，歧视民办高校毕业生，不承认民办高校的学历。

根据问卷调查统计数据，52%的被调查对象认为一些政府部门对民办高校也存在偏见。目前，山东省针对民办高校的歧视政策主要表现在民办高校办学自主权和民办高校师生相关权益保障等方面。

1. 民办高校缺乏招生自主权，招生计划受限

在招生自主权方面，山东省正在逐步扩大高等学校招生自主权，如单独招生试点、高等职业学校注册入学试点、职业院校与本科高校对口贯通分段培养试点（包括"3＋2"贯通培养试点和"3＋4"贯通培养试点）等。目前，山东海事职业学院成为单独招生试点学校，山东圣翰财贸职业学院、山东现代职业学院、山东外国语职业学院、东营科技职业学院、青岛求实职业技术学院、山东凯文职业技术学院、曲阜远东职业技术学院、德州科技职业学院、山东外事翻译职业学院和山东力明科技职业学院等成为高等职业学校注册入学试点学校，山东外事翻译职业学院成为"3＋2"贯通培养试点学校，潍坊科技学院成为"3＋4"贯通培养学校。纵观这些试点学校，主要是高职高专院校，民办本科院校的招生自主权较少。同时，与公办高校相比，参与试点学校的招生计划数也较少。

在招生计划方面，我省分配给民办高校的本科统招计划很少，很难满足培养适应现代职业教育体系建设需要的高素质应用型人才的要求。例如，2013年，受教育部下达的本科计划因素影响，山东英才学院作为山东省唯一一所第一志愿报满的民办高校，山东省教育厅给学校的本科计划只有1600人，占统招生的28%。

2. 教师科研立项及相关荣誉申报缺少平等机会

在科研立项方面，有的科研管理部门在课题立项中存在"公办优先"的不成文规定,在申请课题尤其是省厅级科研立项时,分配给民办高校的名额较少,且多数是自筹经费项目。这与相关部门领导认为"民办高校搞好人才培养就行了,不需要搞科研"的思想密切相关。根据问卷调查统计数据,被调查对象普遍认为,缺乏配套技术和环境的支持、技术市场不健全和政府支持不力是阻碍民办高校科技成果转化的主要外部因素。

在相关荣誉方面,如"山东省有突出贡献的中青年专家""国务院政府特殊津贴"等,民办高校教师目前尚无申报资格。这与相关部门个别领导认为"民办高校没有能达到申报条件的人选"的想法有关。

3. 学生组织工作等方面的不平等待遇

民办高校的学生在助学贷款、奖学金等方面已经享有与公办高校学生同等的待遇,但在组织工作中仍面临一些不公平待遇。这主要是因为与公办高校发展党员的数量相比,民办高校的党员指标极少。2012年,济南市教育局党委从市委分配的发展党员计划中下达到驻济8所民办高校的发展计划为290人(其中,山东英才学院60名、山东协和学院36名、山东外事翻译职业学院32名、山东圣翰财贸职业学院36名、山东杏林科技职业学院35名、山东力明科技职业学院32名、山东现代职业学院30名、山东凯文科技职业学院29名)。其中,既包括了教师党员计划,也包括学生党员计划。据了解,目前山东省公办高校学生党员发展指标占在校生人数的比例为5%左右,而民办高校仅为0.03%。以山东英才学院为例,每年有1万多名师生提交入党申请书,而他们中只有60名能成为中共预备党员。这与外省民办高校学生党员发展情况形成了强烈反差,比如,河南省委高校工委管理的民办高校——黄河科技学院2013年上半年发展预备党员1355人(其中学生1336人),广东省委高校工委管理的民办高校——广东白云学院2013年第一季度发展党员365人。由于我省民办高校党员发展计划少,把民办高校许多优秀师生拒之党组织门外,挫伤了他们要求进步的积极性,不利于民办高校的人才培养工作,同时,对党的理念、路线的贯彻和执行也造成了一定影响。

(二)民办高校办学经费较紧张

因为经费来源、专业结构等方面因素的影响,民办高校办学经费相对紧张,特别是随着办学成本的提高,经费不足的窘况突显。根据问卷调查统计数据,42%的被调查对象认为,经费不足是制约山东省民办高校发展的主要因素。山东省民办高校办学经费较紧张,其原因主要包括三个方面:一是缺少公共财政支持。山东省民办高校办学经费来源单一,除潍坊科技学院等少数几所享有属地政府财政扶持的民办高校能够获得地方政府的一定资助外,绝大多数民办高校没有政府的财政支持,学校的办学收入主要来源于学费、住宿费及银行贷款或其他方面的借款。在办学成本不断增加的形势下,仅靠学费收入难以保障学校办学水平和层次的提升,甚至难以维系学校的基本生存。当前,山东省公办本科高校生均财政拨款已达 1.2 万元,另有 4000 元以上的学费收入,而民办高校本科生的学费最高为 1 万元,专科生的学费一般为 6500～7000 元,致使民办高校与公办高校的办学经费差额越来越大。据统计,山东省除少数几所民办高校没有债务外,大多数民办高校大量负债,有的负债率已超过 50%。二是缺少实业支持。省外许多办学条件好的民办高校,都有实业扶持,办学经费比较充足。而我省的大部分民办高校是公民个人办学,学校主要靠学费收入和办学积累滚动发展。因此,在缺少政府投入和社会捐资、招生情况不理想的情况下,有些民办高校财务运转十分困难,甚至面临着生存危机。三是财务支出结构不平衡。总体来看,我省的民办高校正处于规模发展向内涵建设的转型期,扩大或稳定招生规模仍是部分民办高校主要的生存之道。部分民办高校在基础建设和人员工资方面的投入远大于在教育教学方面的投入。有的民办高校,特别是正在追求快速发展的民办高校,基础建设费用和人员工资支出占到了年度总收入的 80%。这种财务支出结构加剧了经费紧张的局面,也影响了学校的教育教学质量。

(三)民办高校师资队伍不稳定

教师队伍不稳定、流动频繁一直是制约山东省民办高等教育发展的关键因素。这不仅造成优秀教师缺乏,也使师资年龄结构呈现出"两头大、中间小"的哑铃式结构。根据问卷调查统计数据,55%的被调查对象认为师资队伍不稳定是制约我省民办高校发展的主要因素。被调查对象认为,职称晋升难、薪酬低和福利待遇不好是民办高校教师流动频繁的主要原因。

山东省民办高校师资队伍不稳定的原因主要包括三个方面:一是民办高校教师工资为学校自筹,由于缺少工资指导标准和办学经费紧张、缩减开支等原因,民办高校教师的工资水平普遍不高,大多低于公办高校教师工资水平。二是民办高校教师的养老保险保障水平低。民办高校教师参加的是企业单位养老保险,公办高校教师参加的是事业单位养老保险,两者退休后的工资水平存在着巨大差距。以一位工龄 30 年以上、具有高级职称的教师为例,按目前标准换算,其在公办高校的退休金为6000元,但在民办高校的退休金却只有3000元。这种"同工不同酬"的现象,已严重影响到民办高校教师的职业认同感和幸福感。在这两方面影响下,民办高校的吸引力越来越低,年轻教师跳槽到党政机关或公办高校、事业单位的现象经常发生。三是部分民办高校在师资管理过程中存在"人文缺失"现象,如注重教师的工具价值,否定教师的生命价值;强化教师的任用,轻视教师的专业发展;忽视教师的精神需求,无法满足教师对科研和创造性教学的需求等。

(四)民办高校党建工作较薄弱

民办高等教育是中国特色社会主义高等教育事业的重要组成部分,是推动我国高等教育改革与发展的重要力量。抓好民办高校的党建工作,对于全面贯彻党的教育方针,坚持社会主义办学方向,确保民办高校健康发展,维护民办高校和谐稳定具有十分重要的意义。

在民办高校党建工作管理方面,山东省省属驻济公办高校的党组织关系隶属省委高校工委,教学、科研、招生、学生工作等业务由省教育厅管理;民办高校的党组织关系隶属于学校所在市的市级党委教育工委,市级教育主管部门的工作重点是基础教育,部署安排工作较少涉及高等教育,这种管理体制导致了诸多问题。一是多头管理,工作重复。省委高校工委、省教育厅和市教育主管部门都对民办高校具有管理职责,有时会导致一项工作被重复安排,这种管理模式使民办高校疲于应付多个管理部门下达的任务,在一定程度上影响了办学效率。二是业务管理与党建管理脱节。民办高校的招生、教学、科研、毕业生就业等业务工作基本上由教育厅管理,而党务工作则由市教育部门领导,党务工作与业务工作不能紧密契合,影响了党建工作的效能。

在民办高校自身党建工作建设方面。山东省民办高校的党建工作主要包括党委工作会议、党的建设、群团工作和安全稳定四个方面。当前,我省大部分民办普通本科高校都设置了党建工作专门管理部门——党政(党委)办公室或党群工作部;即使未设立专职部门,也通过学校综合办公室等部门实现了党务工作职能的发挥。但是,与此同时,在组织建设方面,我省某些民办高校的党组织架构较为松散,组织生活"走过场"的现象较为严重。在制度建设方面,我省民办高校党组织建设存在"缺位"的现象,即轻视党建制度建设的问题不同程度地存在,各民办高校官网的"党建工作"栏目的相关内容就可以反映出这一问题,如山东万杰医学院的"制度建设"一栏只有一条"入党指南——发展党员工作程序"。

（五）民办高等教育整体发展不均衡

山东省民办高等教育发展不均衡主要表现在四个方面：一是区域分布不均衡。目前，我省民办高校集中分布在经济发达的济南、青岛、烟台和潍坊等地，仅济南和青岛的民办高校就占了全省民办高校总数的47%。而经济欠发达的菏泽等地尚没有民办高校的存在。二是质量不均衡。质量是学校发展与生存的生命线，对教育质量的追求是高等学校的内在追求。教育质量优劣直接关系到学校毕业生的合格程度，民办高校教育质量不高势必会导致培养出来的学生不符合市场需求，就业能力低，这将会形成恶性循环，严重影响民办高校的生存与发展。当前，我省一些高校定位准确，勇于开拓，在内涵转型中抢占了发展先机，实现了跨越发展。如山东英才学院的内涵建设走在了全国民办高校和新建本科高校的前列，但有的民办高校在这方面还没有实现突破。三是规模不平衡。青岛滨海学院、山东英才学院等几所建校较早、内涵建设比较突出的高校在校生规模超过了1万人，但还有一些学校因没有地域优势及办学声誉不佳等各种原因，在校生只有1000人左右。四是特色不突出。除少数高校能够立足自身优势，积极适应市场需求，优化专业课程设置，形成明确的办学定位和人才培养模式外，民办高校特色不鲜明、专业同质化现象比较普遍，真正质量高、有特色的品牌学校比较少。

正是由于政策的扶持，山东省民办高等教育的发展取得了可喜的成绩。但是，我省民办高等教育发展过程中存在的一系列问题也呼吁着相应民办高等教育政策的出台。只有重视民办高等教育扶持政策的制定和落实，才能更好地促进我省民办高等教育的可持续发展，让其居于全国领先地位，并进一步为区域经济建设和社会发展服务。

第四章

山东省民办高等教育政策扶持的现状

作为基本的法律依据与保障,政策是促进民办高等教育发展的有力杠杆,是维护民办高等教育有序、科学发展的重要保证。对山东省民办高等教育扶持政策进行梳理和分析,剖析政策文本演变背后的价值取向,有利于解读山东省民办高等教育的发展历程,为进一步建立和完善民办高等教育政策扶持体系提供理论支撑和智力支持。

第一节 山东省民办高等教育政策的文本分析

广义上,民办高等教育政策是指权利政府为民办高等教育工作制定的基本要求和行动准则,它表现为一个有目的的活动过程,其外延既包括以静态的文件形式所表现出来的各种法令、纲要、决定、通知、规划、规定、意见、条例等,又包括以动态的过程形式所表现出的具体执行过程及落实情况。[①] 狭义上,民办高等教育政策是指静态的文本形式。本部分主要从山东省已经出台的民办教育和民办高等教育政策文本出发,分析山东省民办高等教育政策扶持的现状。

一、民办高等教育发展的宏观政策表述

民办高等教育发展的宏观政策主要是指关于民办教育的地位和作用、发展方针和发展民办教育的态度等方面的政策法规文件。

---

① 唐卫民,姜育兄. 改革开放以来我国民办高等教育政策的解读[J]. 广西教育学院学报,2008(1):44-47.

（一）对"民办教育地位和作用"的表述

观念是行动的先导，政府对民办教育地位和作用的认识直接决定了其对民办教育事业的态度和发展民办教育的行为。政府若出现观念"错位"，就会导致在民办教育发展过程中的管理"缺位"，任由民办教育自由发展。在计划经济体制下，我国的高等教育办学体制比较单一，主要有政府办学和集体办学两种模式，难以满足社会对教育事业多方面的要求。随着民办高等教育的发展，我国高等教育满足社会公众教育需求的能力得以增强，也为社会培养了大批应用型人才。但是，在民办高等教育发展过程中，"多余论""冲击论""盈利论""怀疑论"等不绝于耳，这些论调都是对民办教育在我国社会主义教育事业中的地位和作用缺乏认识的表现。

纵观山东省出台的民办教育政策文件，我们发现，山东省各级政府已经基本认识到发展民办教育的意义和民办教育做出的贡献。例如，2007年山东省人民政府颁布的《山东省人民政府关于加强民办教育规范管理 引导民办教育健康发展的意见》（鲁政发〔2007〕3号）指出："对民办教育事业发展的成绩必须给予充分的肯定"，"我省民办教育为实施科教兴鲁战略和人才强省战略做出了重要贡献，民办教育已经成为全省教育事业的重要组成部分"。①2014年青岛市人民政府颁布的《关于加快发展民办教育的意见》（青政发〔2014〕10号）指出："民办教育是社会主义教育事业的重要组成部分，是教育事业发展的重要增长点和促进教育改革的重要力量。深化办学体制改革，加快发展民办教育是拓宽教育投入渠道，推动教育加快发展的重大举措；是促进教育资源合理配置，构建学习型社会，满足人民群众日益增长的多样化教育需求的有效途径；是创新教育竞争机制，增强教育发展活力的有力手段，对我市率先全面实现教育现代化，建成教育强市具有重要意义。"②

（二）对"民办教育发展方针"的表述

《中华人民共和国民办教育促进法》（简称"《民办教育促进法》"）第一章第三条明确提出，"国家对民办教育实行积极鼓励、大力支持、正确引导、依法管理

---

① 山东省人民政府. 山东省人民政府关于加强民办教育规范管理 引导民办教育健康发展的意见 [J]. 山东政报，2007（3）：18-21.
② 秦冬梅，郑祎杰. "上海市浦东区教委：探索民办教育分类管理 建设非营利民办学校制度"调研报告 [EB/OL]. （2011-06-26）. http://www.21cedu.org/index.php?a=show&c=index&catid=16&id=2028&m=content.

的方针",即民办教育"十六字方针"。可见,国家对民办教育的发展实行鼓励支持和引导管理相结合的方针,这一方针是我国各级政府进行民办教育立法的政策基础和重要依据。政府对民办教育的鼓励支持,目的是大力促进民办教育的持续、快速发展,以形成公办教育和民办教育共同发展的格局;政府对民办教育的引导和管理,目的是使民办教育沿着正确的方向和轨道健康、有序发展,最终形成民办教育自身发展的合理秩序。《民办教育促进法》颁布后,我国民办教育事业在"十六字方针"的指导下,在各级政府的重视和支持下取得了较快发展,民办学校的数量逐年增长,办学规模逐年扩大,办学层次逐步提高,办学质量日益提升。可以说,民办教育的"十六字方针"对于调动和发挥社会力量办教育的积极性,维护民办学校及其举办者、教职工和学生的合法权益,规范管理者和办学者的管理行为和办学行为,全面提高教育质量等,已经起到了积极作用。[①]

山东省人民政府贯彻执行国家发展民办教育的"十六字方针"。2007年山东省人民政府颁布了《山东省人民政府关于加强民办教育规范管理 引导民办教育健康发展的意见》(鲁政发〔2007〕3号),指出:"各级政府要将民办教育事业纳入国民经济和社会发展规划,切实加强对民办教育工作的领导,认真落实'积极鼓励、大力支持、正确引导、依法管理'的方针,落实民办教育有关的扶持法规和政策,促进民办教育健康发展。"[②]《济南市民办学校管理办法》(2010年修正本)指出:"各级人民政府对民办学校应当积极鼓励,大力支持,正确引导,加强管理,采取有效措施,促进其健康发展。"至今,我省各级政府主要遵循国家发展民办教育的方针,在管理、引导、支持和鼓励民办教育事业发展方面出台了诸多政策文件。

(三)对"发展民办教育态度"的表述

民办教育是指国家机构以外的社会组织或个人,利用非国家财政性经费,面向社会举办学校及其他教育机构的活动。[③] 发展民办教育,可以打破由政府包揽办学的旧体制,建立以政府办学为主、社会各界参与的多元化办学新体制,

---

① 吴启迪. 全面贯彻民办教育"十六字方针" 促进民办教育健康发展[J]. 教育与职业, 2004(29):6-7.
② 山东省人民政府. 山东省人民政府关于加强民办教育规范管理 引导民办教育健康发展的意见[J]. 山东政报, 2007(3):18-21.
③ 中华人民共和国. 中华人民共和国民办教育促进法[J]. 全国人民代表大会常务委员会公报, 2003(1):5-10.

使教育资源总量迅速增加，推动教育事业全面发展。在社会主义现代化建设进程中，人民群众对教育事业发展的需求和政府教育投入不足之间的矛盾将长期存在，这就为民办教育的发展提供了长期存在的基础和前提。在民办教育事业发展的不同阶段，山东省各级政府对发展民办教育的态度也存在一些变化。

2007年山东省人民政府颁布的《山东省人民政府关于加强民办教育规范管理　引导民办教育健康发展的意见》（鲁政发〔2007〕3号）指出，在我省民办教育事业取得显著成就和做出重要贡献的同时，一些民办学校还存在办学指导思想不端正、内部管理体制不健全、法人财产权未落实、办学行为不规范的现象，因此，要"充分认识加强民办教育规范管理的重要性和紧迫性，在发展中搞好规范，在规范中促进发展"，要"对民办教育中存在的不规范、不稳定、不重视的问题认真开展排查和整改，特别是民办高校和规模较大的民办教育机构，民办教育数量较多的地区，各级领导要高度重视，把规范民办教育管理、促进民办教育发展作为当前的一项重要工作抓紧抓好"。① 同时，其指出，要依法落实民办教育的有关扶持政策，主要抓好民办教育发展的统筹规划、鼓励支持社会力量办学、保障民办学校学生和教师权益、落实税收优惠政策、鼓励金融机构为民办学校贷款提供服务、土地优惠政策和设立专项资金等九个方面的工作。从这一政策文件开始，我省对民办高等教育的发展始终坚持"规范与扶持并举"的态度，这从我省已经制定的17个民办教育规范性政策文本和13个民办教育扶持性政策文本中也可以窥见一斑。

在省级民办教育政策指引下，我省各地市政府也坚持对民办教育发展"规范与扶持并举"的态度，制定了相关的规范性政策文本和扶持性政策文本。例如，青岛市教育局于2008年颁布了《青岛市民办学校设置规定》（青教通字〔2008〕115号）；2014年，青岛市人民政府印发了《关于加快发展民办教育的意见》（青政发〔2014〕10号），青岛市教育发展基金会和青岛市教育局联合印发了《关于设立扶持民办教育基金项目的通知》（青教基金〔2014〕4号）。2011年，泰安市教育局颁布了《关于加强规范管理促进民办教育健康发展的意见》（泰教发〔2011〕28号）；2013年，泰安市人民政府颁布了《关于加快发展民办教育的意见》（泰政发〔2013〕47号）。2013年，潍坊市人民政府颁布了《关于进一步加快发展民办教育的意见》（潍政发〔2013〕17号），潍坊市物价局和潍坊市教育局联合印发了《关于进一步规范民办教育收费管理的通知》（潍价费发

---

① 山东省人民政府. 山东省人民政府关于加强民办教育规范管理　引导民办教育健康发展的意见［J］. 山东政报，2007（3）：18-21.

〔2013〕18号）。

二、"民办高校设置和创建"方面的政策

"民办高校设置和创建"方面的政策主要包括民办高校的设置标准和审批程序等相关政策文件。

（一）对"民办高校设置标准"的表述

设立办学是民办高等教育发展的第一步。从山东省已经出台的相关政策文本看，我省对民办高校的设置标准从"相对宽松"向"与公办高校同类标准"发展。

2000年山东省人民政府印发的《山东省高等职业学校设置暂行办法》（鲁政发〔2000〕98号）对高等职业学校（包括民办高等职业学校）的设置标准提出了相关要求。一是学校领导和系科、专业带头人必须具有副高级以上专业技术职务。二是必须配备与在校生规模相适应的以专职教师为主的教师队伍。建校初期，具有大学本科以上学历的专任教师一般不能少于70人，其中副高级专业技术职务以上的专任教师人数应不低于本校专任教师总数的30%；每个专业至少配备副高级专业技术职务以上的专任教师3人，中级专业技术职务以上的本专业的"双师型"专任教师3人；每门主要专业技能课程至少配备相关专业中级技术职务以上的专任教师3人。三是必须具有中长期发展规划，并有与学校的学科门类、规模相适应的土地和校舍。建校初期，教学、实验、行政用房建筑面积生均不得低于20平方米；校园占地面积一般应在500亩以上（民办学校不低于200亩），大、中城市在市区内建校的，其占地标准可适当放宽。必须配备与专业设置相适应的必要的实习、实训场所、教学仪器设备和图书资料。建校初期适用的教学仪器设备的总值不少于600万元；适用图书不少于8万册。四是课程设置必须突出职业技术教育特色。实践教学课时应占教学计划总课时的40%左右（不同科类专业可做适当调整）；教学计划中规定的实验、实训课的开出率在90%以上；每个专业必须拥有相应的基础技能训练、模拟操作的条件和稳定的实习、实践活动基地；学校必须开设外语课和计算机课并配备相应的设施与装备。五是建校后首次招生专业数应在5个以上。六是各项工作所需的经费须有稳定、可靠的来源和切实的保证。七是学校有良好的周边环境，校园环境建设与校园文化建设有机结合。同时，"设置民办或特殊类别的高等职业学校时，其办学规模及其相应的办学条件可适当放宽"。

2006年山东省教育厅颁布的《关于加强民办教育管理若干规定》(鲁教职字〔2006〕18号)指出,民办学校的设置标准参照同级同类公办学校的设置标准和条件执行。

(二) 对"民办高校审批程序"的规定

设学审批和撤销办学是民办学校管理的基本前提和重要环节。尤其是设学审批,它是政府管理民办高校的重要职能之一,主要是指各级政府根据国家和相关部门对民办高校设置标准的要求,审核提交申请的民办高校是否符合办学条件,以更好地从"入口关"保障民办高等教育事业的健康发展。

目前,山东省将民办高校的设置分为筹建和正式建校两个阶段,筹建期一般为两年。2000年山东省人民政府印发的《山东省高等职业学校设置暂行办法》(鲁政发〔2000〕98号)指出:"达到设置标准要求的学校,可以直接申请正式建校;未达到设置标准要求的学校,可以先申请筹建。"[①] 同时,该《暂行办法》规定,学校提出设置申请——主管部门向省教育厅提出申请——审批筹建,是民办高校筹建的审批程序;学校提出设置申请——主管部门向省政府提出申请和抄送省教育厅——省高等学校设置评议委员会评议——审批正式设立——报教育部备案,是民办高校正式设立的审批程序。济南市、日照市和菏泽市等地市的民办教育政策文件都指出:"审批民办学校应遵循五个原则:一是以学校设置标准为依据,并符合国家法律、行政法规的规定。二是申报材料真实、完备并符合规定的办学条件和要求。三是国家机关工作人员不得担任民办学校理事会、董事会或其他形式决策机构的成员。国家公职人员不得担任民办学校的专职工作人员和专职教师。四是正式设立学历教育学校,审批前应当组织专家委员会评议,由专家委员会提出咨询意见。五是审批前应认真考察民办学校的办学条件。"德州市人民政府2006年颁布的《关于加强民办教育管理工作的意见》(德政办发〔2006〕2号)指出:"民办学校的审批一般按照行政考察、专家实地评估、民办教育设置委员会会议通过三个环节进行。"

从不同类型民办高校的审批程序看,2006年山东省教育厅颁布的《关于加强民办教育管理若干规定》(鲁教职字〔2006〕18号)和2009年山东省教育厅颁布的《关于民办教育强化属地管理健全规章规范的意见》(鲁教民字〔2009〕1

---

① 山东省人民政府. 山东省人民政府关于印发山东省高等职业学校设置暂行办法的通知[J]. 山东政报,2001(1):15-17.

号)指出,民办本专科院校的管理以所在市教育行政部门为主,省教育厅实施宏观管理。实施本科教育以及师范、医药、公安类专科教育的高等学校,由市人民政府报省人民政府审核,报国务院教育行政部门审批;高等职业学校,由市人民政府审核,报省人民政府审批,并报国务院教育行政部门备案;实施非学历教育的高等学校,由省教育行政部门审批(省政府另有规定的按规定执行,并报省教育行政部门备案)。济南市、日照市和菏泽市等地市的民办教育政策文件都指出:"民办学校设置实行分级审批制度。设置民办高等学校,按照省政府、省教育厅有关规定执行。"

三、民办学校的经费政策

一般来说,经费问题主要涉及经费的投资体制和管理使用。就民办教育而言,经费政策主要包括经费的来源(即筹集)政策和管理使用政策。由此,民办学校的经费政策可分为民办学校经费来源政策、税收优惠政策和经费管理政策三个方面。

(一)民办学校的经费来源政策

我国民办高校起步较晚,其发展和壮大过程中存在着诸多问题,如办学经费来源单一、师资队伍稳定性不足、办学设施不完善等。在这些问题中,筹资问题是制约民办高校生存和发展的主要瓶颈。筹资是民办高校赖以生存的基础,只有当资金充足、稳定并得到长期保证时,民办高校才能取得成功。纵观山东省民办教育政策文件,我们发现,相关文本主要对民办学校的主要经费来源——学费收入、捐赠收入和政府公共财政投入等内容进行了明确规定。

1985年山东省人民政府颁布的《山东省社会力量办学暂行办法》(省政府〔1985〕137号)指出:"社会力量办学,经费自筹,但不得强行募捐和摊派。""学校可以向学生收取合理学杂费用。除住宿生可酌量另收住宿费外,学校不得另立名目,收取其他费用。"该《办法》也对民办学校接受捐赠作出了规定,要求捐赠的经费要专款专用。2007年山东省人民政府颁布的《山东省人民政府关于加强民办教育规范管理 引导民办教育健康发展的意见》(鲁政发〔2007〕3号)指出,对民办学校的学费收入,任何单位不得以任何借口进行统筹。2012年山东省人民政府颁布的《关于加快建设适应经济社会发展的现代职业教育体系的意见》(鲁政发〔2012〕49号)明确指出:"鼓励多种形式举办民办职业教育,对民办职业院校实行非营利性和营利性分类管理,对非营利民办职业院校在税收政策、政府购买服务等方面与公办职业院校公平对待,可给予财政资助。"可见,我省民办高等教育的经费来源从学费收入和捐赠收入向学费收入、捐赠收入和政府财政支持转变。

《关于加快建设适应经济社会发展的现代职业教育体系的意见》颁布后,山东省民办教育的相关政策文件开始突出政府财政支持民办教育发展的相关措施。例如,2013年山东省人民政府颁布的《关于贯彻落实鲁政发〔2012〕49号文件推进现代职业教育体系建设的实施意见》(鲁政办字〔2013〕126号)指出,从2014年起,通过采取财政奖补、政府购买服务等方式支持民办职业教育发展。2013年山东省教育厅、山东省发展和改革委员会、山东省财政厅和山东省人力资源和社会保障厅联合印发的《山东省非营利性民办职业院校认定管理办法(试行)》(鲁教职发〔2013〕8号)指出:"按照扶优扶强的原则,对非营利性民办职业院校给予更多公共资源支持,探索定额补助、项目补助、专项奖励等多元化的公共财政资助政策。"2014年山东省教育厅和山东省财政厅联合印发的《关于民办本科高校优势特色专业支持计划的实施意见》(鲁教高发〔2014〕1号)指出:"围绕全省区域发展重点战略和现代工业、农业、服务业等支柱产业和特色产业体系对应用型人才的需求,用三年时间,遴选支持60个社会声誉好、示范带动作用强的优势特色专业或具有良好成长性且适应社会需要的专业,在人才培养模式、课程体系、教育教学方法创新和实验实训条件、'双师'型教师队伍建设等方面,进行应用型人才培养改革和探索,引导民办本科高校形成合理的专业结构和科学的专业建设机制,整体提升我省民办本科高校专业建设水平,显著增强社会服务能力。经审核符合立项条件的本科专业,省财政厅、教育厅设立'支持计划'专项资金予以支持。每个立项专业一次性拨付支持经费200万元。支持经费主要用于实验实训条件改善、教学改革、课程建设、师资队伍建设等。"2014年青岛市人民政府颁布的《关于加快发展民办教育的意见》(青政发〔2014〕10号)指出,要通过设立民办教育发展专项资金、建立政府购买教育服务机制等形式,逐步建立健全民办教育财政扶持政策。2013年潍坊市人民政府颁布的《关于进一步加快发展民办教育的意见》(潍政发〔2013〕17号)指出,要落实财政支持民办教育政策,加大财政奖补力度,市、县两级可设立民办教育专项奖补资金,支持民办学校师资队伍建设、实验室和实习实训基地建设等,表彰和奖励为民办教育做出突出贡献的先进集体和个人。2013年泰安市人民政府颁布的《关于加快发展民办教育的意见》(泰政发〔2013〕47号)指出,要"落实各项优惠政策。鼓励县(市、区)对非营利性民办学校进行补助;县(市、区)政府可设立专项资金,对为民办教育事业做出贡献的集体和个人,按照有关规定给予表彰和奖励"。

（二）民办学校的税收优惠政策

民办学校的税收问题是社会各方面特别是民办学校举办者十分关心的问题。在我国,民办学校需要缴纳的税种主要分为两大类:一类是民办学校作为法人实体应遵照我国税法及税收政策的相关规定交纳的相应税款;另一类是民办学校作为特殊的个体应依照法定税率交纳的经营所得税。

民办教育的税收问题实质上是民办教育的税收待遇问题,即民办学校应该享受何种税收待遇。[①]"民办非企业"是国务院《民办非企业单位登记管理暂行条例》对民办学校法人属性的定位。"民办非企业"意味着民办学校法人不是"事业"法人,行政部门往往按照企业对民办学校收税。像从事学历教育的民办高校还得缴纳企业所得税,公办学校所享有的免征房产税、城镇土地使用税等,民办高校基本与之无缘。《中华人民共和国民办教育促进法》规定,"民办学校享受国家规定的税收优惠政策"。但"民办非企业"的法人属性使民办高校难以享受或在享受优惠政策中大打折扣。《中华人民共和国民办教育促进法实施条例》明确规定:"捐资举办的民办学校和出资人不要求取得合理回报的民办学校,依法享受与公办学校同等的税收及其他优惠政策。"但是直到2013年,山东省财政厅、山东省国家税务局和山东省地方税务局联合印发的《关于支持发展现代职业教育有关税收政策的通知》(鲁财税〔2013〕42号)才指出:"捐资举办的民办学校和出资人不要求取得合理回报的民办学校,依法享受与公办学校同等的税收优惠政策。"2014年青岛市人民政府颁布的《关于加快发展民办教育的意见》(青政发〔2014〕10号)指出:"非营利的民办学校依法享受与公办学校同等的税费优惠政策,符合税法规定的非营利性组织条件的民办学校可依法享受国家规定的税收优惠政策。"[②]但这些政策设计全部以捐资办学为前提,并不符合山东省民办高等教育的基本情况。

（三）民办高校的经费管理政策

山东省的民办高校经费管理政策主要体现在收费管理原则、收费权限管理和报批程序、收费项目和标准、收费办法、收费自主权等方面。

---

① 杨龙军.民办教育税收问题探讨[J].税务与经济,2005(2):17-20.
② 青岛市人民政府.青岛市人民政府关于加快发展民办教育的意见[EB/OL].(2014-05-20).http://www.qdedu.gov.cn/mbjy/2/140520053601199742.html.

在收费管理原则方面,2004年山东省物价局和山东省教育厅联合下发的《山东省关于民办教育收费管理有关问题的通知》(鲁价费发〔2004〕55号)等省级相关文件指出,民办学校收费必须遵循三个原则:一是必须具有法人资格、依法取得设立审批机关颁发的办学许可证和收费许可证方可收费。二是严格执行国家的收费政策,不得高收费、乱收费;不得以"建校基金""教育储备金"等各种名义,向学生和学生家长集资。三是办学经费只能在学校使用的资金账户中统一管理使用,不得转往学校账户以外的资金账户,更不得存入个人账户。

在收费权限管理和报批程序方面,2004年山东省物价局和山东省教育厅联合下发的《山东省关于民办教育收费管理有关问题的通知》(鲁价费发〔2004〕55号)等省级相关文件规定,在学历教育层面,经省政府或省级以上教育行政主管部门批准举办大专(含大专)以上高等学历教育的民办学校,学校收费意见应于招生前两个月或正式开学前三个月按收费管理权限向相应物价、教育管理部门提出书面报告,填写"山东省民办学校学历教育收费审批表",持批准手续到当地物价部门办理"收费许可证"。学校收费前,要按照《教育收费公示制度》的规定,将收费项目、收费标准等相关内容向社会公示。

在收费项目和标准方面,2004年山东省物价局和山东省教育厅联合下发的《山东省关于民办教育收费管理有关问题的通知》(鲁价费发〔2004〕55号)等省级相关文件指出,民办学校对接受教育者收取费用的项目和标准由学校制定。民办教育收费分为学历教育收费和非学历教育收费,收费标准按补偿教育成本和市场需求状况合理确定。2014年青岛市人民政府颁布的《关于加快发展民办教育的意见》(青政发〔2014〕10号)指出:"民办全日制学历教育学校对学生收取的学费、住宿费标准由学校制定,经教育主管部门审核后,报物价部门批准;学费收费标准按照补偿教育成本的原则并考虑促进学校发展等因素制定。"[1]2013年泰安市人民政府颁布的《关于加快发展民办教育的意见》(泰政发〔2013〕47号)指出:"对接受学历教育的受教育者,收费标准要适当高于当地同类公办学校生均培养成本,其收费项目和标准经审批机关同意后报市物价部门批准并向社会公示。"[2]

在收费办法方面,2004年山东省物价局和山东省教育厅联合下发的《山东

---

[1] 青岛市人民政府. 青岛市人民政府关于加快发展民办教育的意见[EB/OL]. (2014-05-20). http://www.qdedu.gov.cn/mbjy/2/140520053601199742.html.

[2] 泰安市人民政府. 泰安市人民政府关于加快发展民办教育的意见[EB/OL]. (2014-01-06). http://www.taian.gov.cn/zwgk/zfwj/zfwj_tzf/tzf2013/201401/t20140106_445372.htm.

省关于民办教育收费管理有关问题的通知》(鲁价费发〔2004〕55号)等省级相关文件规定,民办学校不得跨学年收费。学费标准实行"老生老办法,新生新办法"。未经批准和备案,不得增加收费项目、提高收费标准。收费学校收费时必须向缴费者开具国家规定使用的收费票据。因学校违反国家规定的行为造成学员退学的,退还所收取的全部费用。学员因自身原因退学,属学历教育和学制一年以上的全日制非学历教育的,学生注册入学后,学习时间不满两个月的按学年收费标准的四分之一收费,满两个月不满一学期的按学年收费标准的二分之一收费,满一学期不满一学年的按一学年收费。学制一年以下的非学历教育,按实际学习时间折算核退所收费用。

在收费自主权方面,2013年山东省物价局、山东省财政厅和山东省教育厅联合下发的《关于山东省高等教育收费改革试点的意见》(鲁价费发〔2013〕93号)指出,放开民办高校收费管理,学费标准由学校自主制定。2013年泰安市人民政府颁布的《关于加快发展民办教育的意见》(泰政发〔2013〕47号)指出:"对民办学校的学费收入,任何单位不得以任何借口进行统筹。"[①]

由此可见,我省民办高校的收费自主权日益扩大。

四、民办高校的招生政策

生源是高等学校赖以生存的基础,一度被称为民办高校的"生命线"。随着适龄入学人口的减少、高等学校扩招和出国留学学生的增多,高等学校的生源争夺大战日益激烈,渐呈白热化趋势,部分本科院校和高职高专面临着招生寒冬所刮来的凛冽寒风,生源危机凸显。在此背景下,大部分高校都通过与招生对象学校建立伙伴关系、制定优惠招生政策等形式招揽优质生源,确保学校持续发展。与公办大学依靠国家财政拨款不同的是,民办高校几乎完全依赖收取学生的学费维持运转,这就决定了生源对民办高校的意义更为重要。对于民办高校而言,只有招生达到一定规模,收取的学费才能维持正常运转。在招生政策方面,山东省对民办高校的规范性规定较多。

在招生条件方面,2006年山东省教育厅发布的《关于加强民办教育管理若干规定》(鲁教职字〔2006〕18号)等省级相关文件指出,民办学校取得办学许可

[①] 泰安市人民政府. 泰安市人民政府关于加快发展民办教育的意见[EB/OL]. (2014-01-06). http://www.taian.gov.cn/zwgk/zfwj/zfwj_tzf/tzf2013/201401/t20140106_445372.htm.

证后方可招生,发布招生广告必须到批准办学的审批机关进行备案,填写《招生广告备案表》。2010 年德州市人民政府颁布的《关于加强全市民办学校管理的若干规定》指出,"民办学校领取'办学许可证',并办理民办非企业法人登记后方可招生"①。

在招生秩序方面,2007 年山东省人民政府颁布的《山东省人民政府关于加强民办教育规范管理 引导民办教育健康发展的意见》(鲁政发〔2007〕3 号)等省级相关文件指出:① 民办学校的招生广告、招生简章必须使用经依法批准的规范校名,注明详细地址、联系电话、招生性质(专业、对象)、学业年限、办学形式、收费标准、发放何种毕(结)业证书等,不得含糊其辞。② 民办高等学历教育学校必须严格执行统一下达的招生计划,不得超计划招生、抢拉生源。③ 严禁民办学校委托招生和代理招生。④ 凡实行跨省招生的学校,须经学校所在省和生源所在地省级教育行政部门核准后方可进行。2005 年济南市教育局印发的《济南市民办学校管理暂行规定》也强调指出,民办学校的招生不得擅自超出教育部门核准的专业门类和招生范围;不得将招生工作委托其他非教育组织、经营性中介公司和个人实施。2007 年日照市人民政府颁布的《关于加强民办教育规范管理 促进民办教育健康发展的意见》(日政发〔2007〕19 号)强调:"民办学校要自觉维护当地的招生秩序,根据审批名称悬挂学校牌匾,不得擅自变更或增减文字,不得擅自扩大招生范围、拔高办学层次以及通过招生回扣等不正当手段争抢生源。"

在招生管理方面,2006 年山东省教育厅发布的《关于加强民办教育管理若干规定》(鲁教职字〔2006〕18 号)等省级相关文件指出:① 民办学校刊登、张贴、发布招生广告和招生简章,必须按照规定报教育行政部门审核备案。宣传内容必须真实、准确,不得夸大其词,不得进行虚假许诺,更不得进行带有欺骗性、诱惑性的失实宣传。② 民办学校应建立健全学生学籍档案管理制度,新生入校后将学生姓名、性别、年龄、文化程度、家庭住址、录取成绩等学生信息报管理部门备案。③ 教育行政部门和招生考试机构要重点加强对民办高校招生行为的监督管理,严格执行高校招生资格、招生计划与新生学籍电子注册相挂钩的政策,未经省教育招生考试院办理录取手续擅自招收的考生,一律不予新生学籍电子注册和今后的学历证书电子注册。④ 进一步完善招生预警制度,结合招生录取期间不同时段的工作特点,有针对性地开展招生预警宣传,充分

---

① 德州市人民政府. 关于加强全市民办学校管理的若干规定［EB/OL］.（2010-01-08）. http://www.dezhou.gov.cn/n1403/n6278/n6901/n6806/c750572/content.html.

利用媒体和"阳光高考"平台,与有关部门联合组织专题预警教育和政策宣传,提醒考生和家长切勿上当受骗。招生宣传管理是我省关注的重点,尤其是招生简章(广告)管理。2007年日照市人民政府颁布的《关于加强民办教育规范管理 促进民办教育健康发展的意见》(日政发〔2007〕19号)强调:"民办学校在全省或跨省招生的招生广告和简章,需经省教育厅审核;在全市范围内招生的,需经市教育局审核;在区县范围内招生的,需经区县教育局审核。民办职业技能、职业资格类培训学校需经劳动保障行政部门审核。对未按审核权限报批或擅自更改内容的,要按照《中华人民共和国广告法》《广告管理条例》的有关规定进行处罚。"威海市、莱芜市、聊城市等各地市政府专门出台了关于加强民办教育机构招生简章(广告)管理工作的文件,就招生广告内容、用语、备案机关、备案权限、备案需提交的材料、备案编号及有效期、违规行为的处理等进行了相关规定。同时,莱芜市还建立了民办学校招生广告管理工作联席会议制度,宣传部、教育局、监察局、工商行政管理局、公安局、城管执法局、物价局等各部门对民办学校招生广告开展专项清理整顿。

在招生自主权方面,2008年山东省教育招生考试院发布的《关于在专科(高职)二批部分民办高校进行注册录取改革试点的通知》(鲁招考〔2008〕87号)指出:"为探索和建立以国家统一考试为主,多元化的评价方式和多样化的录取模式相结合,符合山东实际的高校招生录取制度,经研究决定,我省在今年未完成招生计划的专科(高职)二批省内民办院校中选择6所(青岛滨海学院、山东英才学院、潍坊科技学院、山东协和职业技术学院、山东凯文科技职业学院、青岛黄海职业学院)进行注册录取改革试点。"2009年,山东省注册录取试点扩大至专科(高职)二批所有省内26所民办高校。[1]2014年,根据《山东省高等职业学校注册入学试点方案》(鲁教学字〔2014〕1号),山东省教育厅推出高职院校注册入学试点,首批获得试点的25所高职院校中包括10所民办高职院校(山东圣翰财贸职业学院、山东现代职业学院、山东外国语职业学院、东营科技职业学院、青岛求实职业技术学院、山东凯文职业技术学院、曲阜远东职业技术学院、德州科技职业学院、山东外事翻译职业学院、山东力明科技职业学院)。[2]2014年,山东省教

---

[1] 大众日报.山东高考五大新变化 综合素质真正成录取依据[EB/OL].(2009-08-21). http://www.sdedu.gov.cn/jyt/gzdt/webinfo/2009/08/1387592477679543.htm.

[2] 山东省教育厅.关于公布2014年高等职业学校注册入学试点学校名单的通知[EB/OL]. (2014-05-16). http://www.sdedu.gov.cn/jyt/zcwj/webinfo/2014/05/1399939758754586.htm.

育厅下发《关于同意山东交通职业学院等13所学校试行单独招生的批复》（鲁教学字〔2014〕2号），同意山东交通职业学院等11所省级技能型人才培养特色名校立项建设单位和山东海事职业学院（民办）、潍坊护理职业学院这两所潍坊国家职业教育创新发展试验区的高等职业学校从2014年起进行单独招生改革试点工作。2003年菏泽市人民政府颁布的《加快发展民办教育的若干规定》（政府令〔2003〕第8号）指出："民办学校实行自主招生。民办学校既可以在当地招生，也可以跨区域招生。教育主管部门和有关学校对民办学校在招生考试和学籍管理等方面与公办学校同等对待，对公办学校学生要求转入民办学校学习的要给予支持。民办学校招收的外地学生，公安部门应予落户，毕业后可以在学校所在地参加升学考试，享有本地学生同等权利。"[①]2013年泰安市人民政府颁布的《关于加快发展民办教育的意见》（泰政发〔2013〕47号）指出："民办学校享有与同级同类公办学校同等的招生权，可以自主确定招生的范围、标准和方式。"[②]可见，我省民办高校的招生自主权日益扩大。

五、民办高校的管理政策

政策是否支持和鼓励直接决定了民办高校发展的前景，管理政策的健全与完善是民办高等教育得以存在和发展的基础，也是民办高校发展政策文本的主要内容。民办高校管理政策主要包括民办高校内部管理政策、监管政策和分类管理政策。

（一）民办高校内部管理政策

民办学校内部管理政策包括行政管理政策、教学管理政策、师资管理和教师权益保障政策、资产管理政策、财务管理政策、校办产业政策等。

1. 民办高校内部行政管理政策

民办学校内部行政管理直接服务于教学和科研工作，是学校管理系统中承上启下的桥梁和纽带。民办学校行政管理政策主要包括政府对民办学校的行

---

① 菏泽市人民政府. 菏泽市加快发展民办教育的若干规定 [EB/OL]. （2003-06-28）. http://www.heze.gov.cn/html/zwgk/h000/h23/1240536582d23385.html.
② 泰安市人民政府. 泰安市人民政府关于加快发展民办教育的意见 [EB/OL]. （2014-01-06）. http://www.taian.gov.cn/zwgk/zfwj/zfwj_tzf/tzf2013/201401/t20140106_445372.html.

政管理机构、行政管理人员和行政组织建设等方面的要求和相关规定。

在行政管理机构方面，2006年山东省教育厅印发的《关于加强民办教育管理若干规定》（鲁教职字〔2006〕18号）等省级相关文件指出：① 民办学校要建立行政管理机构，健全行政管理制度，高度重视安全保卫和行政管理工作，做到机构落实、人员落实、制度落实、工作落实。② 民办学校要依法组成学校董事会、理事会或其他形式的学校决策机构并行使职权。2013年潍坊市人民政府颁布的《关于进一步加快发展民办教育的意见》（潍政发〔2013〕17号）指出，民办学校要建立健全董事会（理事会）、行政机构和监事会，形成决策、执行、监督相互独立、相互制约的法人治理结构。有较大公共财政资金投入的民办学校，董事会（理事会）应有教育行政部门委派的董事参与。校长及学校关键管理岗位实行亲属回避制度。①

在行政人员管理方面，2006年山东省教育厅下发的《山东省专科以上层次学历教育民办高等学校校（院）长核准暂行办法》（简称"《暂行办法》"）指出，民办高等学校校（院）长应当具备五个方面的条件：一是具有中华人民共和国国籍，在中国境内定居，遵守宪法和法律，具有政治权利和完全民事行为能力。二是热爱社会主义祖国，拥护党的领导，树立和落实科学发展观，坚决执行党的基本路线和各项方针、政策，具有良好的思想品德。三是具有大学本科及其以上学历和五年以上的高等教育教学工作经历。四是贯彻党和国家的教育方针，具有履行校（院）长岗位职责必需的专业知识和业务能力。五是年龄一般不超过65周岁，身体健康。② 该《暂行办法》同时指出，民办高等学校校（院）长不确定行政级别；不得担任国家公务员和其他公职；任职期间，与担任学校会计、总务、人事等重要部门负责人职务的人员之间实行亲属回避制度。2007年山东省人民政府颁布的《山东省人民政府关于加强民办教育规范管理　引导民办教育健康发展的意见》（鲁政发〔2007〕3号）等相关省级文件指出：① 民办学校理事长、理事（董事长、董事）名单必须报审批机关备案；校长必须具备国家规定的任职条件，并报审批机关审批。② 民办学校应加强对行政人员的教育管理，建立

---

① 潍坊市人民政府. 潍坊市人民政府关于进一步加快发展民办教育的意见[EB/OL]. （2013-06-20）. http://www.wfjyxxg.com/ZXBS/JYHMFWZX/SHPX/XXGG/201306/t20130620_595246.htm.

② 山东省教育厅. 山东省专科以上层次学历教育民办高等学校校（院）长核准暂行办法[EB/OL]. （2006-09-01）. http://www.sdedu.gov.cn/jyt/zcwj/webinfo/2006/09/1387592469923611.htm.

约束与激励机制,不断提高人员素质,调动他们的工作积极性,提高行政管理水平和服务水平。

在行政组织建设方面,2006年山东省教育厅印发的《关于加强民办教育管理若干规定》(鲁教职字〔2006〕18号)指出,民办学校应加强党、团组织建设。凡有3名以上正式党员的须建立党组织。共青团组织的建设参照同级同类公办学校的要求进行。①

2. 民办高校教学管理政策

教学是民办学校的中心工作,教学管理也就成为政府对民办学校的重要管理内容。山东省民办学校教学管理政策主要体现在教学秩序、教学条件、教学管理制度和学生管理等方面。

在教学秩序方面,2008年山东省教育厅印发的《关于严格规范民办学校办学秩序的通知》(鲁教职字〔2008〕4号)指出:"民办学校要按照审批机关核定的学校名称、办学地点、办学类型、办学层次开展招生和教育教学活动,不得自行设立分支办学机构,确需异地办学或设立办学点,要按照相应层次民办学校的设置标准重新申办。不得以任何形式将承担的教育教学任务转交其他组织、个人和出租、出借办学许可证。"《济南市民办学校管理办法(2010年修正本)》规定:"任何单位和个人不得干扰民办学校的正常教学秩序,不得在民办学校内进行有碍师生身心健康的不法活动。"2010年德州市人民政府颁布的《关于加强全市民办学校管理的若干规定》(德政办发〔2010〕1号)指出:"严禁民办职业院校以校外班或联合办学的名义为职业培训机构等不具备学历教育资格办学机构的学员注册中职学籍、办理资助,否则以套取国家财政资金的责任论处。"

在教学条件方面,2006年山东省教育厅颁布的《关于加强民办教育管理若干规定》(鲁教职字〔2006〕18号)等省级相关文件指出,民办学校要严格按照国家规定标准充实和完善办学条件。2008年淄博市教育局印发的《淄博市规范民办教育管理暂行办法》指出:"民办学校应根据办学层次、专业设置与办学规模,不断改善办学条件,建立相应的教学、实验、实习设施和生活、运动场所,保证教育教学活动的正常开展。"

在教学管理制度方面,2008年山东省教育厅印发的《关于严格规范民办学校办学秩序的通知》(鲁教职字〔2008〕4号)等省级相关文件指出:① 民办学

---

① 山东省教育厅. 山东省教育厅关于加强民办教育管理若干规定[EB/OL].(2007-01-17). http://www.sdedu.gov.cn/jyt/zcwj/webinfo/2007/01/1387592470595263.htm.

校要健全教学管理机构,建立健全各项教学管理制度,并认真组织实施。② 民办学校应按照教学计划和教学大纲实施教学,保证完成教学计划规定的全部课程,禁止随意缺课、漏课、删减课时。2010 年德州市人民政府颁布的《关于加强全市民办学校管理的若干规定》(德政办发〔2010〕1 号)指出:"民办职业院校要按照专业对口、专业相近或教育教学确实需要的原则安排学生参与社会实践活动,并安排专门教师做好跟踪管理和服务工作。学生每学期社会实践活动不得超过 10 天。"

在学生管理方面,2006 年山东省教育厅颁布的《关于加强民办教育管理若干规定》(鲁教职字〔2006〕18 号)指出:"民办学校要按照同级同类公办学校的要求对学生实施管理,加强学生德育工作,严格校风校纪,严格学生学业水平考试和考风考纪,准确、完整记录、管理学生的学习成绩,及时为学生办理毕(结)业手续。"2007 年烟台市教育局印发的《关于依法加强民办教育规范管理引导民办教育健康稳定发展的意见》(烟教〔2007〕56 号)指出:"民办学校应建立健全学生学籍档案管理制度,新生入学后将学生姓名、性别、年龄、文化程度、家庭住址、录取成绩等学生信息报管理部门备案。学校要按要求建立学生学习成绩档案,按期登记注册学生的考核、考试或试验、实习成绩,及时存入学生学习期间的有关材料。学生完成学业并通过相应考试、考核的,按规定颁发相应的学历证书或者写实性结业证明。"2010 年德州市人民政府颁布的《关于加强全市民办学校管理的若干规定》(德政办发〔2010〕1 号)指出:"民办学校要建立健全学生入学资格审查制度、登记备案制度和学生学籍档案(包括电子档案)管理制度。"

3. 民办高校师资管理和教师权益保障政策

师资管理是学校通过使教师树立正确的教育思想,明确自己的职责、权利和义务,不断提高教师的水平,调动教师工作积极性的过程[①],它是高校内部管理的重要组成部分。对于民办高校而言,师资是提升其核心竞争力、维系其生存与持续发展的关键资源,因此,民办高校的师资管理尤为重要。

在民办学校师资管理方面,2006 年山东省教育厅颁布的《关于加强民办教育管理若干规定》(鲁教职字〔2006〕18 号)指出:① 民办学校与聘用的教师要签订聘用合同。② 民办学校要建立健全教师的个人档案,做好教师的各项考核工作。2010 年德州市人民政府颁布的《关于加强全市民办学校管理的若干

---

① 袁振国. 当代教育学[M]. 北京:教育科学出版社,2004:297.

规定》（德政办发〔2010〕1号）指出，民办学校应按照国家有关规定，认真做好对所聘学校领导、教师、管理人员的人事管理和教育培训工作。同时，民办学校要制定教师队伍建设规划，注重培养专业带头人、学术带头人和骨干教师。

在民办学校教师权益保障方面，2006年山东省教育厅颁布的《关于加强民办教育管理若干规定》（鲁教职字〔2006〕18号）等文件指出：① 民办学校要保障教师的工资和福利待遇，按有关规定为教师缴纳社会保险。有条件的地方和学校，按照公办教师标准缴足养老保险费用。② 民办学校要经常组织教师开展教育教学和科研活动，支持符合条件的教师申报职称晋升和科研项目，表彰、奖励在教育教学和科研工作中成绩突出的人员。③ 民办学校要通过在职学习、脱产进修等形式，有计划地对教师进行培训。④ 规模较大、教职工人员较多的学校，应建立教职工工会组织，维护教职工的合法权益。⑤ 民办学校要认真贯彻《中华人民共和国教师法》，维护教师的合法权益，教师无重大过错不得随意解聘。山东省各地市政府也高度重视民办学校教师权益保障问题，尤其是教师的法律地位、工资待遇和社会福利问题。《济南市民办学校管理办法》（2010年修正本）指出："民办学校及其教师和学生享有与国家举办的学校及其教师和学生平等的法律地位，任何组织和个人不得歧视民办学校及其教师和学生。"2014年青岛市人民政府颁布的《关于加快发展民办教育的意见》（青政发〔2014〕10号，简称《意见》）指出，要"保障民办学校教师在资格认定、职称评审、进修培训、课题申请、评先选优、国际交流等方面与公办学校教师享有同等待遇。民办学校应按照有关规定为自聘教师办理社会保险和住房公积金，鼓励为自聘教师办理补充保险。各区、市政府和各有关部门要以实施教师资格制度和人事代理制度为基础，建立健全学校、政府、个人社会保险费用分担机制。各区、市政府和有关部门应参照公办学校教师绩效工资标准，制定民办学校教师工资指导线，不断提高民办学校教师工资待遇。各民办学校应积极筹措资金，保障教师工资待遇所需经费；应坚持多劳多得、优绩优酬、倾斜一线、倾斜骨干的分配原则，完善内部分配办法，提高教师工作积极性"。"非营利性民办全日制学历教育学校，引进符合青岛市高层次人才条件的人员，经编制部门批准，可纳入事业机构编制管理。具有教师资格，参加人事代理的非营利性民办学校自聘教师被聘用为公办学校在编教师的，其在非营利性民办学校期间的工龄、教龄可按规定连续计算。"[①] 同时，该《意见》指出，要"在非营利性民办学历教育学校进行

---

① 青岛市人民政府. 青岛市人民政府关于加快发展民办教育的意见［EB/OL］.（2014-05-20）. http://www.qdedu.gov.cn/mbjy/2/140520053601199742.html.

教师社会保险与公办学校教师同等待遇试点,取得经验后在其他类别民办全日制学历教育学校逐步推开实行"。2013年潍坊市人民政府颁布的《关于进一步加快发展民办教育的意见》(潍政发〔2013〕17号)指出:"凡取得相应教师资格、参加人事代理、并从事相应教育教学工作的非营利性全日制民办学校教师,按公办学校教师标准参加事业单位社会保险,单位应缴纳的各项社会保险等支出由民办学校承担。参加事业单位社会保险的民办学校教师,享受与公办学校教师同等的住房公积金等待遇。"2013年泰安市人民政府颁布的《关于加快发展民办教育的意见》(泰政发〔2013〕47号)指出:"参加社会保险的民办学校教师,享受与公办学校教师同等的住房公积金等待遇。"

可见,我省各级政府正积极探索保障教师各方面权益的有效举措,以更好地稳定民办高校师资队伍。

4. 民办高校资产管理政策

民办学校按照出资方式的不同,可以分为投资办学、捐资办学、公办民营办学等模式。投资办学模式就是有具体的社会上的出资者,而这些出资者往往有产权或资产方面的诉求。相对于投资办学模式,捐资办学、公办民营办学等模式而形成的民办高校往往被称为"无主学校",即没有具体的出资者,相关利益者往往也没有产权或资产方面的诉求。在这种复杂的办学模式下,做好资产管理工作显得更加重要。

综观山东省民办教育政策文件,各级政府都高度重视民办学校的资产所有权,并要求民办学校依法建立资产管理制度。例如,2007年山东省人民政府颁布的《山东省人民政府关于加强民办教育规范管理 引导民办教育健康发展的意见》(鲁政发〔2007〕3号)指出:"批准设立的民办教育学校,必须依法取得土地使用权、校舍产权,其土地使用权证、校舍产权证必须办理在学校名下并使用审批机关核准的学校名称。"[①] 同时,该《意见》指出,民办学校应当依法建立资产管理制度。2007年烟台市人民政府颁布的《关于贯彻鲁政发〔2007〕3号文件精神——引导民办教育健康稳定发展的意见》(烟政发〔2007〕78号)指出:"民办学校办学者投入学校的资产(土地、房产、设备等)须经社会中介机构验资并过户到学校名下。享受国家用地、建设优惠政策的民办学校存续期间,办学资产只能用于办学,不得

---

① 山东省人民政府. 山东省人民政府关于加强民办教育规范管理 引导民办教育健康发展的意见[J]. 山东政报,2007,(3):18-21.

作其他用途。"① 2005年潍坊市教育局、潍坊市财政局、潍坊市人事局、潍坊市规划与国土资源局、潍坊市劳动和社会保障局、潍坊市物价局和潍坊市地税局联合印发的《关于吸引社会资金加快发展民办教育的若干意见》(潍教字〔2005〕号)强调:"投资者对投入民办学校的资产及办学积累,受法律保护。民办学校存续期间,所有资产由民办学校依法管理和使用,任何组织和个人不得侵占。"

5. 民办高校财务管理政策

资金是制约民办高校可持续发展的重要因素,为更好地提高资金使用效益,民办高校必须加强财务管理,建立完善的内部财务制度。民办学校财务管理与公办学校相比具有特殊性和复杂性,其本质是非营利性组织财务管理,同时又具有某些企业化管理的特点。因此,民办学校财务管理水平的好坏对民办学校的生存与发展起着极为关键的作用。

2006年山东省教育厅印发的《关于加强民办教育管理若干规定》(鲁教职字〔2006〕18号)指出:① 民办学校应当依法建立财务、会计制度,设置会计账簿,进行会计核算,编制会计报告。② 从事民办学校财务管理工作的人员,必须具备优秀的政治素质和专业水平,掌握并认真执行国家有关的法规政策,取得会计从业资格证书,并按规定参加会计人员的继续教育。③ 民办学校应有年度和中、长期财务计划,坚持量力而行、收支平衡、留有储备的原则合理使用办学资金,使资金投入在教育教学活动和改善办学条件方面发挥最大效益。2005年济南市教育局印发的《济南市民办学校管理暂行规定》指出,民办学校应根据国家有关规定和学校章程,建立健全财务管理机构、配备财务管理人员,并设立具备安全防盗条件的财务室。财务人员不得由学校举办者的直系亲属担任。财会人员调离工作时,学校必须事先报审批机关备案并严格工作交接手续;审批机关可以指派专人监交。

6. 民办高校校办产业政策

校办企业是指由学校创办或控股的,具有法人资格,以盈利为目的的自主经营、单独核算、自负盈亏的经济实体,是学校主动适应市场经济竞争机制,充

---

① 烟台市人民政府. 烟台市人民政府关于贯彻鲁政发〔2007〕3号文件精神 引导民办教育健康稳定发展的意见[EB/OL].(2007-07-23). http://www.ytedu.cn/cnet/dynamic/presentation/net_1/itemviewer.do?unitid=1&id=19522&classifytype=search&ignoreclassinformation=false&branch.

分发挥学校科学技术和人才集中优势,把科学技术转化为生产力的举措;是学校推进教育体制改革,提高人才培养质量,增加学校收入,提高教职工待遇,改善办学条件的途径。1985年山东省人民政府颁布的《山东省社会力量办学暂行办法》(省政府〔1985〕137号)指出:"社会力量举办的学校开办与教学内容有关的小型工厂、服务行业等,需经原批准机关同意,向所在地工商行政管理部门登记,领取营业执照后,方可对外营业,并向税务部门照章纳税。"《济南市民办学校管理办法》(2010年修正本)指出:"民办学校举办校办产业,享受国家规定的优惠待遇。"2003年菏泽市人民政府颁布的《菏泽市加快发展民办教育的若干规定》(政府令〔2003〕第8号)指出:"民办学校在兴办校办产业等方面,享有公办学校同等待遇,可以获得银行提供的财政贴息贷款。"

(二)民办高校监管政策

对民办学校实现监管是各级政府的应尽职责。山东省民办学校监管政策主要体现在设置监管部门、制定监管制度和监管内容等方面。

在监管部门方面,2009年,山东省教育厅在职业教育与成人教育处加挂了"民办教育管理办公室"牌子,负责全省民办教育的宏观管理、统筹协调和处理民办教育办学中涉及政策性的有关问题,协调厅机关有关处室管理民办教育工作。同时,山东省教育厅(省高校工委)成立了民办高校工作领导小组,负责研究决定全省民办高校党建、思想政治工作和行政管理工作的重大问题。在地市政府方面,青岛市和潍坊市设立了专门的民办教育管理机构——民办教育管理办公室或民办教育科,以做好民办教育的日常管理、指导和服务工作,具体职责包括负责全市民办教育机构的规划与布局调整、审批注册、办学水平的督导评估、年检和常规管理工作、各级各类教育广告(含招生简章)的备案工作、会同有关部门进行全市民办教育的执法工作。济南市、淄博市、枣庄市、济宁市、德州市等地市将民办学校监管职能放在了职业与成人教育处或职业教育与成人教育科。东营市、烟台市、泰安市、威海市等地市在职业教育与成人教育科挂上了"民办教育管理办公室"牌子。

在监管制度方面,2002年山东省人民政府印发的《山东省民办高等教育管理暂行办法》(鲁教职字〔2002〕28号)规定,省市教育行政部门依法对批准设立的教育机构实行定期检查制度,督导、评估办学水平和教育质量,并将评估结果向社会公示。在办学评估中对达不到办学要求又不能在限期内予以整改的教育机构,责令其停止招生办学。2008年,山东省委高校工委和山东省教育厅联合印发《山东省民办高校督导专员、党建工作联络员选派和管理暂行办法》（简称"《暂行办法》"），以加强对民办高校的领导，维护民办高校和谐稳定，促进民办高校健康发展。该《暂行办法》规定："民办高校督导专员一般兼任党建工作联络员。民办高校督导专员、党建工作联络员，原则上从公办普通高校和成人高校的优秀处级干部中选派，也可以从退休的处级及处级以上党员干部中选派，任期二到四年。民办高校督导专员的职责主要是：依法对所驻民办高校的工作进行督导、督学和督察。监督学校贯彻执行有关法律、法规和政策；监督、引导学校的办学方向、办学行为和办学质量；参加学校发展规划、人事安排、财产财务管理、基本建设、招生、收费退费等重大事项的研究讨论；向政府主管部门报告学校办学情况，提出工作意见和建议；承担党政有关部门规定的其他职责。党建工作联络员的职责主要是：指导民办高校的党建和思想政治工作。对民办高校的安全稳定工作提出意见建议。列席民办高校党政工作的重要会议。"2010年德州市人民政府颁布的《关于加强全市民办学校管理的若干规定》（德政办发〔2010〕1号）规定："县（市、区）教育局应采取包片包校等形式，向属地内民办学校派出督导专员或督导巡查员，明确其工作职责和任务，加强对民办学校的指导和监管。"2014年青岛市人民政府颁布的《关于加快发展民办教育的意见》（青政发〔2014〕10号）指出："各级政府要建立并完善民办教育扶持与规范管理联席会议制度，负责协调民办教育扶持与规范管理的重大问题。各区、市要结合本地实际，总结推广先进经验，定期研究、协调解决工作中的重大问题，积极构建政府依法鼓励规范、民办学校依法办学、行业自律和社会监督相结合的民办学校管理格局。"

　　在监管内容方面，主要包括教学督导和年度检审、学校电子门户网站网页监管、招生计划管理、招生广告与简章备案、收费与财务管理、学校安全管理、教学质量监督、办学风险防范等。2006年山东省教育厅印发的《关于加强民办教育管理若干规定》（鲁教职字〔2006〕18号）指出，省级教育行政部门负责贯彻落实国家和省人民政府关于发展民办教育的方针政策，制定全省民办教育发展规划；依法办理民办学校的审批、备案及校长核准等事项；总结推广办学经验，表彰、奖励对发展民办教育做出突出贡献的集体和个人。市级教育行政部门在当地人民政府的领导下，负责本行政区域内民办教育的统筹管理与综合协调，负责制定本行政区域内民办教育的发展政策、发展规划；落实发展民办教育的各项奖励、扶持政策；及时办理民办学校的审批、申报事项；组织实施对民办学校的办学评估、财务监管、年度检查；做好民办学校的管理、服务工作，规范学校的办学行为。2005年济南市教育局印发的《关于加强民办学校财务审计工作的意见》（济教行字〔2005〕7号）指出，要建立民办学校财务审计制度。审计结果由教育行政部门统一公布，并作为教育行政部门依法检审学校办学情况的重要依据。2013年青岛市人民政府颁布的《关于加快发展民办教育的意见》（青政发〔2014〕10号）指出，要"加强民办学校办学管理信息系统建设，完善办学风险评估、预警机制"。2012年，淄博市教育局下发了《关于开展民办学校办学行为专项整治的通知》（淄教职字〔2012〕15号），采取"市级统筹、区县为主、学校配合、群众参与"的工作机制，以进一步规范全市民办教育办学秩序，引导民办学校依法办学，诚信办学，促进民办教育市场更加规范有序地发展，维护广大受教育者和民办学校的合法权益。

（三）民办高校分类管理政策

2012年起，山东省提出民办教育分类管理政策构想，拟对非营利性民办职业院校在税收政策、政府购买服务等方面与公办职业院校公平对待，同时给予财政资助。

在分类管理认定程序方面，2013年山东省教育厅、山东省发展和改革委员会、山东省财政厅与山东省人力资源和社会保障厅联合印发的《山东省非营利性民办职业院校认定管理办法（试行）》（鲁教职发〔2013〕8号）指出，民办职业院校的非营利性认定，由举办者自愿申报，设区市教育行政部门确认，报省教育行政部门备案。2013年潍坊市人民政府颁布的《关于进一步加快发展民办教育的意见》（潍政发〔2013〕17号）指出："按照营利性、非营利性对民办学校进行分类登记管理。非营利性的全日制民办学校按照民办事业单位法人进行登记管理，营利性的全日制民办学校按照企业法人进行登记管理。非全日制的民办学校按照企业法人进行登记管理；如确属非营利性的，也可登记为民办事业单位法人。民办学校须经业务主管部门审核并取得相应的办学许可证后，凭许可证办理相应登记手续。民办事业单位法人由民政部门登记管理，企业法人由工商部门登记管理。"

在分类管理认定依据方面，《山东省非营利性民办职业院校认定管理办法（试行）》（鲁教职发〔2013〕8号）指出："分类管理的认定依据为举办者提供的办学性质确认申请、办学章程、财务报告、资产评估或验资报告及有关材料。明确提出不以营利为目的，办学结余不用于举办者分配而全部用于本学校发展，且法人治理结构健全、法人财产权独立完整、办学活动规范的，确认为非营利性民办职业院校。"

在分类管理认定管理办法方面,《山东省非营利性民办职业院校认定管理办法(试行)》(鲁教职发〔2013〕8号)指出:"学校性质一经确认,无特殊理由一般不予变更。捐资举办的非营利性民办职业院校终止办学,剩余资产由学校审批部门的本级人民政府统筹用于公益性教育事业。出资举办的非营利性民办职业院校,出资者拥有实际出资额包括学校存续期间追加投资额的财产所有权,终止办学,依法依规进行财务清算,按投入额度为限取得补偿,剩余资产由学校审批部门的本级人民政府统筹用于公益性教育事业。非营利性民办职业院校举办者变更,按实际出资额为限取得补偿。"

在非营利性民办学校管理方面,《山东省非营利性民办职业院校认定管理办法(试行)》(鲁教职发〔2013〕8号)指出:"非营利性民办职业院校应建立健全财务、资产等管理制度,按要求定期向设区市教育行政部门报送财务会计报告,接受财务监督。非营利性民办职业院校占有使用国有资产的,按照行政事业国有资产管理有关规定执行。非营利性民办职业院校聘用的教师,按公办学校教师标准参加事业单位社会保险,并按事业单位社会保险政策享受退休待遇。非营利性民办职业院校教师中原参加企业职工基本养老保险的人员,按有关规定办理养老保险关系的转移接续手续。按照扶优扶强的原则,对非营利性民办职业院校给予更多公共资源支持,探索定额补助、项目补助、专项奖励等多元化的公共财政资助政策。对办学活动规范的非营利性民办职业院校在扣除办学成本、社会捐助、国家资助的资产,预留发展基金以及按国家有关规定提取其他必需的费用后形成的办学结余,由设区市人民政府相关部门决定,可以提取一定比例用于奖励出资人。对未从办学结余提取奖励的,可以在初次认定出资额时参照上述规定提取奖励。"2014年青岛市人民政府颁布的《关于加快发展民办教育的意见》(青政发〔2014〕10号)指出:要"健全出资人奖励激励制度。非营利性的民办学校,在扣除办学成本、社会捐助、国家资助的资产,预留发展基金以及按照国家有关规定提取其他必需费用后,有办学结余的,经学校决策机构研究,并报审批机关备案,可从办学结余中提取一定比例的经费用于奖励出资人"。2013年潍坊市人民政府颁布的《关于进一步加快发展民办教育的意见》(潍政发〔2013〕17号)指出:"建立民办学校奖励性回报制度。非营利性民办学校,在扣除办学成本、预留学校发展基金以及提取其他有关费用后,在办学有结余的前提下,经学校决策机构研究决定,并报教育行政部门核准,可以从办学结余中提取一定比例的经费,用于奖励出资人。年奖励金额以出资人累积出资额为基数,按不超过银行一年期贷款基准利率的2倍计算。"

在分类管理实施办法方面,我省民办教育分类管理探索已在青岛市、潍坊市和德州市试行,试行期2年,全省范围内实施的办法将根据试行情况另行制定。

六、其他政策

2012年山东省教育厅印发的《关于推进城乡社区教育发展的意见》(鲁教职字〔2012〕30号)指出:"鼓励和支持民办学校举办不以盈利为目的的社区教育培训与活动。制定相关优惠政策,吸引和鼓励社会团体、企事业单位和个人等以捐赠或投资多种方式参与城乡社区教育。"

2013年山东省人民政府印发的《关于贯彻落实鲁政发〔2012〕49号文件推进现代职业教育体系建设的实施意见》(鲁政办字〔2013〕126号)指出:"积极探索职业教育的多元化办学模式,鼓励各种社会力量投资兴办职业教育,支持集团化办学、区域合作办学。"2014年青岛市人民政府颁布的《关于加快发展民办教育的意见》(青政发〔2014〕10号)指出,要通过拓宽民间资本参与教育事业发展的渠道,推进投融资体制改革,支持社会力量设立教育投资公司,积极开展与国内专业金融(投资)机构的战略合作,支持民办学校将学校非教学设施作抵押,或将学校学费收费权、知识产权作质押,建立完善民办学校低息贷款政策等方式,鼓励探索多元化投资办学模式。2013年潍坊市人民政府颁布的《关于进一步加快发展民办教育的意见》(潍政发〔2013〕17号)指出,要通过支持民办学校建立民办教育基金,鼓励金融机构为民办学校提供多种形式的融资服务,鼓励个人、企业和社会组织向民办学校捐赠等途径,进一步拓宽民办学校投融资渠道。

2013年山东省发展和改革委员会、山东省教育厅、山东省人力资源和社会保障厅、山东省机构编制委员会办公室和山东省财政厅联合印发的《关于编制各设区市职业教育发展规划的指导意见》(鲁发改社会〔2013〕1424号)指出:"积极促进民办职业教育健康发展。把民办职业教育作为职业教育的重要组成部分,纳入职教规划。制定各项优惠政策,扶持非营利性民办职业院校健康发展。积极支持管理规范、特色突出的民办职业院校发展。依法做好对民办职业院校的管理与指导,建立健全变更、退出机制。"

2013年山东省教育厅和山东省财政厅联合下发《关于开展山东省民办本科高等教育特色名校建设工作的通知》(鲁教高字〔2013〕16号),决定开展山东省民办本科高等教育特色名校立项建设单位申报工作。经过专家评审,确立了民办本科高等教育特色名校立项建设单位4所,其中,省财政经费支持的立项建设单位2所:山东英才学院和山东协和学院(13324),省财政每所支持1000万元建设经费;自筹经费建设单位2所:山东万杰医学院和青岛滨海学院。

2013年山东省教育厅印发了《关于实施高等职业学校品牌专业群建设项目的通知》(鲁教职发〔2013〕7号),决定按照"优化结构,突出重点,分批建设"的原则,分批、分阶段开展山东省高等职业学校品牌专业群建设项目,引导学校优化专业结构和资源配置,集中力量办出特色,打造山东职业教育品牌,带动学校整体发展与提升,形成核心竞争力。首批品牌专业群建设范围包括国家示范(骨干)高职学校(12所)、自筹建设技能型人才培养特色名校立项建设单位(5所)、在校生规模达到5000人以上的民办高职学校(11所)。在经费支持方面,省财政结合中央财政职业教育"以奖代补"资金,支持品牌专业群建设,财政资金全部用于实习实训设备购置,改善实训条件。有关学校要制定资金管理办法,对资金单独核算、专款专用,确保项目资金使用效益。山东省高等职业学校品牌专业群建设项目第一批立项学校包括9所民办高职院校,共安排经费6300万元。

2015年山东省教育厅下发《关于对民办本科高校进行帮扶发展的通知》(鲁教高字〔2015〕3号),决定从2015年开始,开展为期3年的民办本科高校对口帮扶工作。接受帮扶的学校为山东英才学院等10所民办普通本科高校,参加帮扶的学校为山东师范大学等30所公办普通本科高校,每3所公办高校帮扶1所民办高校。帮扶内容包括管理工作、专业建设、师资队伍和其他。

第二节 山东省民办高等教育扶持政策评价

民办高等教育政策对民办高等教育的发展具有重要的现实意义。尤其是民办高等教育扶持政策,将对民办高等教育的发展产生巨大影响。根据问卷调查统计数据,56%的被调查对象认为山东省民办高等教育政策与其他省份相比,有些滞后。当前,山东省民办高等教育的扶持政策呈现出扶持性政策较少、多数扶持性政策未落到实处、地市级扶持政策优于省级等方面的特点。

一、扶持性政策较少

民办教育的法规政策是推动民办教育实践的决定性因素,具有鲜明的导向、协调和控制作用。①民办教育政策的制定在很大程度上取决于政策制定主体与政策利益主体在价值冲突与整合过程中占主导地位的价值追求。不同的价值追求直接影响甚至决定民办教育政策的性质、方向、合法性、有效性和社会公正的程度。②纵观山东省民办高等教育政策演变过程,我们看到,民办高等教育越来越受到各级政府的重视,从无相关专门政策到短短几十年间出台30多项相关政策文本,这足以说明民办高等教育在我省高等教育事业中的重要地位。这些政策的出台也为我省民办高等教育从无到有、从小到大、从非正规教育到正规教育的探索与发展提供了政策保障。

在民办高等教育政策制定过程中,我省民办高等教育的依法管理水平也日益提高,较好地保障了民办高等教育事业的健康发展。可以说,民办高等教育发展至今,山东省各级政府已经认识到了加强民办高等教育规范管理的重要性,认为民办高校一直存在办学指导思想不端正,内部管理体制不健全、办学行为不规范等问题,因此,必须通过出台各类文件对民办高等教育发展中存在的不规范行为开展排查和整改,"在发展中搞好规范,在规范中促进发展",把规范民办高等教育管理作为一项重要工作来抓。这种做法在一定时期内保证了我省民办高等教育事业的规范化发展。但是,随着民办高等教育的进一步发展,特别是随着一批办学质量较高、办学信誉较好的民办高校日益涌现,它们对扶持政策的诉求日益强烈,单纯的规范性政策已经无法满足我省民办高等教育的发展需求。根据问卷调查统计数据,59%的被调查对象将政策不到位排在了制约我省民办高校发展因素的第一位。

《国家中长期教育改革和发展规划纲要(2010—2020年)》已经明确指出,发展民办教育是各级政府的重要工作职责。这里的"发展"既包括民办教育的规范发展和科学发展,也包括民办教育的持续发展和健康发展。这里的"职责"既包括管理民办教育事业,也包括为民办教育事业发展服务。也就是说,一个地区民办教育发展得好是政府的政绩;发展不好,是政府的责任;发展得不健康,说明政府引导、监管不力;如果发展速度很慢,规模很小,没有发挥更大的或者应该发挥的作用,那就说明政府支持不够。③《国家中长期教育改革和发展规划纲要

---

① 黄藤. 民办高等教育可持续发展的政策演进:必须坚持开放性原则[J]. 浙江树人大学学报,2011(2):1-7.
② 赵雄辉. 民办教育地方政策制定的价值追求[J]. 教育发展研究. 2012(7):19-23.
③ 吴霓等. 中国民办教育发展报告2012[M]. 北京:教育科学出版社,2013:192-193.

山东省民办高等教育政策扶持的现状与对策

(2010—2020年)》颁布后,我国大部分省份都出台了民办教育扶持政策,其主要内容涵盖公共财政支持、分类管理、拓宽融资渠道、保障师生合法权益、引导中介机构发展和实施高水平民办大学建设计划等。我省也在民办高等教育政策扶持方面出台了一些文件,但是,这些政策主要散落在有关政策文本中,并没有体现在专门促进民办高等教育发展的文件中。可以说,我省民办高等教育发展的政策法规体系尚不健全,对民办高等教育的发展"规范"大于"扶持"。

规范性政策主要是针对民办高等教育依法管理问题,扶持性政策主要是鼓励、大力支持民办高等教育发展的政策。在省级政策层面,我省出台了17份规范性政策文件,14份扶持性政策文件,其中规范性政策文件已经涉及民办高等教育事业发展的方方面面,但是扶持性政策文件的创新点不多,大部分都是国家层面已经提出的促进民办教育事业发展的举措,针对我省实际情况而制定的具有地方特色的探索性政策较少。在地市级政府层面,山东省17个地市已经出台的近100份民办教育政策(见表2-4)中,规范性政策文件也是明显多于扶持性政策文件。济南市、东营市、烟台市、威海市、日照市、临沂市、德州市、聊城市等地市的民办教育政策文件都带有强烈的"规范"色彩。《国家中长期教育改革和发展规划纲要(2010—2020年)》和《山东省中长期教育改革和发展规划纲要(2011—2020年)》颁布后,只有青岛市、潍坊市和泰安市出台了专门促进民办教育发展的政策文件。

各省的教育规划纲对该地区的民办教育发展做出了规划和部署,为该地区民办教育事业的发展绘制了蓝图,是一个地区一定时期民办教育发展的指导性文件。下面,将以《山东省中长期教育改革和发展规划纲要(2011—2020年)》(以下简称《山东省教育规划纲要》)为例,分析我省民办高等教育的扶持性政策。

(一)扶持性政策的政策目标

政策目标是制定一项政策最初要解决的问题。《山东省教育规划纲要》指出,我省教育改革和发展的总体目标是"到2020年,全面实现教育现代化,建成学习型社会,实现由教育大省向教育强省、人力资源大省向人力资源强省的跨越"。这一总体目标可以分解为六个具体目标,分别为:教育普及水平全面提高,人力资源竞争力显著提升,教育公共服务体系进一步完善,优质教育资源更加丰富,教育体制机制充满活力,服务发展能力全面增强。其中,"民办教育健康发展"是"教育体制机制充满活力"这一具体目标的重要体现。可以说,我省民办教育扶持性政策的总体目标是"促进民办教育健康发展",而"形成公办和民办教育共同发展的办学格局"是我省民办教育扶持性政策的具体目标之一。"共同发展"就是一起发展、并肩作战、齐头并进。也就是说,在地位上,民办教育和公办教育是平等的,不存在优劣之分;在发展方式上,公办教育和民办教育是并列的,不存在主次之分。既不能以抑制民办教育发展为代价发展公办教育,也不能过分强调民办教育的发展,而影响了公办教育的正常发展。

(二)扶持性政策的政策内容

《山东省教育规划纲要》共分为17章,其中集中论述民办教育的内容放在了第十章"深化教育体制改革"第三十二条"深化办学体制改革"部分,具体内容既包括扶持性政策,也包括规范性政策。扶持性政策包括:① 支持民办学校创新体制机制和育人模式。② 依法落实民办学校、学生、教师与公办学校、学生、教师平等的法律地位。③ 建立完善民办学校教师社会保险制度。④ 保障民办学校办学自主权,对为发展民办教育做出突出贡献的组织、学校和个人给予表彰奖励。⑤ 健全公共财政对民办教育的扶持政策,县级以上人民政府应根据本行政区域的具体情况设立专项资金,用于资助民办学校。⑥ 切实落实民办学校法人财产权。规范性政策包括:① 积极发挥民办学校党组织的作用,完善民办高等学校党建工作联络员、督导专员制度。② 健全民办学校变更、退出机制。③ 建立民办学校办学风险防范机制和信息公开制度。④ 加强对民办教育的督导评估。可见,《山东省教育规划纲要》关于民办教育的基本论调是扶持发展,但是扶持性政策的表述与《国家中长期教育改革和发展规划纲要(2010—2020年)》的表述基本一致,未能很好地反映山东省在民办教育发展方面的扶持性探索。这与兄弟省份的教育规划纲要形成鲜明对比(见表4-1),如北京市、内蒙古自治区、吉林省、上海市、江苏省、浙江省、安徽省、福建省、江西省、河南省、湖北省、广西壮族自治区、重庆市、贵州省、云南省和新疆维吾尔自治区等都提出要制定或修订民办教育地方性法规;北京市结合省份实际,提出要落实民办学校教师职务(职称)评定制度;内蒙古自治区和江苏省提出要注重民办学校教师的培训工作;吉林省、江苏省、河南省和湖北省提出要积极支持民办学校申报学士、硕士和博士学位授予单位;黑龙江省提出要完善民办教育联席会议制度;上海市提出建立市级民办教育工作领导小组,成立民办教育发展服务中心;江苏省提出支持公办高校之间、公办和民办高校之间优势互补。

表 4-1　兄弟省份教育发展规划纲要关于扶持民办教育发展的政策内容

省　份	扶持民办教育发展的政策内容
北京市	① 整体规划民办教育事业发展。 ② 健全公共财政对民办教育的扶持政策,鼓励民办学校特色发展、可持续发展。 ③ 依法落实民办学校、学生、教师与公办学校、学生、教师平等的法律地位。 ④ 落实民办学校教师职务(职称)评定制度。 ⑤ 推进关于民办教育等地方法规的修订工作。 ⑥ 探索政府资助、管理民办教育的新模式
天津市	① 各级政府要把发展民办教育纳入教育发展总体规划。 ② 支持民办学校创新体制机制和育人模式。 ③ 依法落实民办学校、学生、教师与公办学校、学生、教师平等的法律地位。 ④ 依法落实对民办学校的各类扶持奖励政策,进一步健全促进民办教育发展的新政策。 ⑤ 建立完善民办学校教师社会保险制度。 ⑥ 政府委托民办学校承担有关教育和培训任务,拨付相应教育经费。 ⑦ 对发展民办教育做出突出贡献的组织、学校和个人给予表彰和奖励。 ⑧ 积极探索营利性和非营利性民办学校分类管理办法。 ⑨ 落实民办学校教职工参与民主管理、民主监督的权利。 ⑩ 切实落实民办学校法人财产权
河北省	① 健全公共财政对民办教育的扶持政策。 ② 支持民办学校创新体制机制和育人模式。 ③ 依法落实民办学校、学生、教师与公办学校、学生、教师平等的法律地位。 ④ 建立完善民办学校教师社会保险制度。 ⑤ 各类金融机构要加大对民办学校的金融服务和支持力度。 ⑥ 对发展民办教育做出突出贡献的组织、学校和个人给予奖励和表彰。 ⑦ 探索建立民办学校分类管理体系,开展对营利性和非营利性民办学校分类管理试点。 ⑧ 落实民办学校教职工参与民主管理、民主监督的权利
山西省	① 县级以上政府可采取专项投入、给予奖励等措施支持民办教育发展。 ② 依法落实民办学校、学生、教师与公办学校、学生、教师平等的法律地位
内蒙古自治区	① 把民办教育纳入地区社会公共事业发展的整体规划。 ② 依法落实民办学校、学生、教师与公办学校、学生、教师平等的法律地位。 ③ 健全公共财政对民办教育的扶持政策,设立民办教育专项资金。 ④ 鼓励社会捐助民办学校。 ⑤ 引导民办学校加强内涵建设,培育一批示范性民办学校。 ⑥ 积极探索营利性与非营利性民办教育的分类管理办法。 ⑦ 明确民办学校产权归属,落实民办学校法人财产权。 ⑧ 注重民办学校教师的培训工作。 ⑨ 研究制定《内蒙古自治区实施〈中华人民共和国民办教育促进法〉办法》等地方教育法规和规章

续表

省　份	扶持民办教育发展的政策内容
辽宁省	① 通过政府购买服务等方式,鼓励发展民办学前教育、职业教育和继续教育。 ② 依法落实民办学校、学生、教师与公办学校、学生、教师平等的法律地位。 ③ 建立完善民办学校教师社会保险制度与人事管理制度。 ④ 在税收、用地、公共事业收费等方面保障非营利性民办学校享有与同类公办学校同等的优惠政策。 ⑤ 健全公共财政对民办教育的扶持政策。 ⑥ 探索建立营利性和非营利性民办学校分类管理制度。 ⑦ 落实民办学校法人财产权。 ⑧ 落实民办学校教职工参与民主管理、民主监督的权利
吉林省	① 支持民办学校创新体制机制和育人模式。 ② 依法落实民办学校、学生、教师与公办学校、学生、教师平等的法律地位。 ③ 制定完善促进民办教育发展的优惠政策,在土地征用、基础建设、资产过户、信贷等方面给予政策支持。 ④ 对具备学士、硕士和博士学位授予单位条件的民办学校,按规定程序予以审批。 ⑤ 建立完善民办学校教师社会保险制度。 ⑥ 健全公共财政对民办教育的扶持政策。 ⑦ 政府支持并积极创造条件鼓励民办学校参与地方项目和经济建设。 ⑧ 积极探索营利性和非营利性民办学校分类管理。 ⑨ 探索民办学校纳入民办事业单位进行分类、登记和管理的途径。 ⑩ 落实民办学校教职工参与民主管理、民主监督的权利。 ⑪ 切实落实民办学校法人财产权。 ⑫ 制定《吉林省民办教育促进条例》
黑龙江省	① 各级政府要把民办教育纳入当地经济和社会发展规划。 ② 支持具备条件的民办本科院校申办研究生教育,扶持民办本科院校建立科研平台。 ③ 支持民办学校创新体制机制和育人模式。 ④ 保障民办学校与公办学校同等的法律地位,保障民办学校的办学自主权,保障民办学校学生、教师和办学者的合法权益。 ⑤ 建立完善民办学校教师人事代理和社会保险制度。 ⑥ 健全公共财政对民办教育的扶持政策。 ⑦ 鼓励民间资本以多种方式参与教育项目建设。 ⑧ 鼓励金融机构加大对民办学校的信贷支持。 ⑨ 县级以上政府可以根据本地实际设立民办教育发展专项资金。 ⑩ 完善民办教育联席会议制度。 ⑪ 加强民办教育行业协会和中介组织建设
上海市	① 整体规划民办教育事业发展。 ② 探索建立营利性和非营利性民办教育机构分类管理制度。 ③ 建立由政府、社会、学校各方共同参与的民办教育发展基金。 ④ 保障民办学校教师和学生的合法权益,依法落实民办学校办学自主权。 ⑤ 建立市级民办教育工作领导小组,协调落实促进民办教育健康发展的有关政策

续表

省　份	扶持民办教育发展的政策内容
上海市	⑥成立民办教育发展服务中心。 ⑦鼓励金融机构向民办学校投放灵活多样的信用贷款。 ⑧完善民办学校税收优惠政策和各项奖励政策。 ⑨明确民办学校产权归属，落实民办学校法人财产权。 ⑩加强民办教育协会和中介组织建设。 ⑪开展民办教育方面的地方立法立规工作
江苏省	①注重民办学校教师培训工作。 ②将民办教育纳入教育发展总体规划，列为各级政府的重要工作职责。 ③支持民办学校创新体制机制和育人模式。 ④支持具备条件的民办高校申办本科和研究生教育。 ⑤依法落实民办学校、学生、教师与公办学校、学生、教师平等的法律地位。 ⑥落实促进民办教育发展的金融、产权政策。 ⑦完善民办学校教师社会保障制度。 ⑧探索对民办学校实行营利性和非营利性分类管理。 ⑨加强民办教育行业协会和中介组织建设。 ⑩支持公办高校之间、公办和民办高校之间优势互补。 ⑪逐步修订或制定民办教育方面的法规、规章
浙江省	①鼓励公办、民办机构共同提供成人教育产品。 ②设计有效载体，拓展融资渠道。 ③积极开展营利性和非营利性民办学校分类管理改革试点。 ④承担学历教育和学前教育的非营利性民办学校、幼儿园一律按事业法人单位进行管理。 ⑤符合任职条件的专任教师，一律参加事业单位社会保障，经费由民办学校承担，教师在民办学校与公办学校之间无障碍流动。 ⑥依法落实民办学校招生和办学自主权，民办学校收费按培养成本，由学校自主确定标准，实行"备案制"。 ⑦切实维护举办者、民办学校、师生的合法权益。 ⑧开展民办教育方面的立法工作
安徽省	①支持民办学校创新体制机制和育人模式，提高质量，办出特色。 ②省、市、县人民政府可以根据本行政区域的具体情况设立专项资金。 ③依法落实民办学校、学生、教师与公办学校、学生、教师平等的法律地位。 ④建立完善民办学校教师社会保险制度。 ⑤探索建立民办学校分类管理制度。 ⑥成立民办学校工会，建立健全民办学校教职工代表大会制度，保障教职工参与民主管理、民主监督的权利。 ⑦落实民办学校法人财产权。 ⑧制定或修订民办教育方面的地方教育法规、规章

续表

省 份	扶持民办教育发展的政策内容
福建省	① 实施"福建省民办本科院校办学水平提升计划"。 ② 支持民办高校创新体制和育人模式,办出特色。 ③ 建立重点建设高校和示范性高职院校对口支援新建高校和民办高校的长效机制。 ④ 依法落实民办学校、学生、教师与公办学校、学生、教师平等的法律地位。 ⑤ 捐资和出资人不要求回报的民办学校享有与公办学校同等的用地、税收及其他优惠政策。 ⑥ 健全公共财政对民办教育的扶持政策,公共财政对学生资助惠及民办学校学生。 ⑦ 设立民办教育发展专项资金。 ⑧ 维护民办学校教职工合法权利,提供规范的人事代理服务。 ⑨ 民办学校必须为教职员工办社会保险。 ⑩ 建立健全民办学校教代会制度,保障教职工参与民主管理、民主监督的权利。 ⑪ 落实民办学校法人财产权。 ⑫ 制定民办教育地方性法规
江西省	① 加大对民办职业院校的政策扶持力度。 ② 加快高水平大学建设,到2020年,建成一批国家级、省级示范性高职院校和优质特色民办高校。 ③ 依法落实民办学校、学生、教师与公办学校、学生、教师平等的法律地位。 ④ 各地要把民办学校用地纳入土地利用总体规划和城镇建设规划。民办学校建设涉及的规费征缴与公办学校相同。 ⑤ 探索"民办非企业单位法人"向"事业单位法人"转变的有效途径。 ⑥ 建立完善民办学校教师社会保险制度、人事代理等制度。 ⑦ 支持县(市、区)将民办职业学校教师纳入县域教师管理。 ⑧ 鼓励金融机构给予民办学校灵活多样的信贷支持。 ⑨ 健全公共财政对民办教育的扶持政策。 ⑩ 落实民办学校教职工参与民主管理、民主监督的权利。 ⑪ 积极探索营利性和非营利性民办学校分类管理。 ⑫ 依法落实民办学校法人财产权。 ⑬ 加强民办教育协会和中介组织建设。 ⑭ 整体规划民办教育事业发展。 ⑮ 支持民办学校利用自身资源为社会提供综合服务。 ⑯ 支持民办学校创新体制、机制和育人模式,提高质量,办出特色,力争2～3所民办高等学校办学水平在全国同类民办高等学校中名列前茅。 ⑰ 支持具备条件的民办高等学校申办本科和研究生教育。 ⑱ 支持和促进民办高等学校在省级科学研究平台、重点学科建设以及研究生教育等方面取得突破。 ⑲ 抓紧修订《江西省民办教育促进条例》

续表

省 份	扶持民办教育发展的政策内容
河南省	① 积极支持民办高等教育发展,扩大民办普通高等教育在校生规模占全省普通本专科在校生规模的比例。 ② 依法落实民办学校、学生、教师与公办学校、学生、教师平等的法律地位。 ③ 保障民办学校办学自主权。 ④ 积极支持民办学校申报学士、硕士和博士学位授予单位。 ⑤ 建立和完善民办学校教师社会保险制度。 ⑥ 支持民办学校创新体制机制和育人模式。 ⑦ 健全公共财政对民办教育的扶持政策。 ⑧ 落实民办学校法人财产权。 ⑨ 积极探索营利性和非营利性民办学校分类管理。 ⑩ 落实民办学校教职工参与民主管理、民主监督的权利。 ⑪ 制定《河南省民办教育促进条例》
湖北省	① 建立示范性职业院校对口帮扶地方或民办职业院校制度。 ② 依法落实民办学校、学生、教师与公办学校、学生、教师平等的法律地位。 ③ 落实民办学校在招生就业、学历认同、土地征用、税费减免等方面的优惠政策。 ④ 健全对民办学校的人才鼓励政策。 ⑤ 积极支持符合条件的民办高校申报学士、硕士和博士学位授予单位。 ⑥ 建立完善民办学校教师社会保险制度。 ⑦ 积极探索营利性和非营利性民办学校分类管理。 ⑧ 落实民办学校法人财产权。 ⑨ 制定促进民办教育发展的地方性法规、政府规章
广东省	① 各级政府将民办教育纳入经济社会发展规划。 ② 落实民办学校教师、学生与公办学校教师、学生同等的法律地位。 ③ 捐资举办和出资人不要求回报的民办学校,享有与公办学校同等的税收、用地及其他优惠政策。出资人要求合理回报的民办学校,享有国家规定的税收及其他优惠政策。 ④ 参照事业单位人员为民办学校教师办理社会保险。 ⑤ 健全公共财政对民办教育的扶持政策。 ⑥ 落实民办学校法人财产权
广西壮族自治区	① 支持民办教育集团办学。 ② 逐步建立公共财政对民办教育的扶持制度。 ③ 实施高校质量工程、示范性高职院校建设及高职院校基础能力建设项目等项目时,民办学校与公办学校同等对待。 ④ 落实国家对民办教育的扶持政策,保证捐资举办和出资人不要求回报的民办学校享受与公办学校同等的税收及其他优惠政策;出资人要求合理回报的民办学校,享受国家规定的税收优惠政策。 ⑤ 建立健全收费机制,出资人可以按规定取得合理回报。 ⑥ 保障民办学校及其教师、学生的合法权益。 ⑦ 完善政策鼓励教师在公办学校与民办学校间合理流动。 ⑧ 依法落实民办学校法人财产权。 ⑨ 加强民办教育行业协会组织建设,促进民办学校自律和规范办学。 ⑩ 建立和完善民办教育地方性教育法规

续表

省　份	扶持民办教育发展的政策内容
重庆市	① 重点发展民办职业教育和民办高等教育。到2020年,拟新建民办高等学校10～15所。 ② 落实民办学校在招生就业、学历认同、土地征用、税费减免、资本运作等方面优惠政策。 ③ 鼓励金融机构加大对民办学校的信贷支持。 ④ 建立民办学校合理回报机制。 ⑤ 建立政府财政性经费扶持民办教育制度。 ⑥ 建立完善民办学校教师社会保险和人事代理制度。 ⑦ 开展对营利性和非营利性民办学校的分类管理试点。 ⑧ 落实民办学校教职工参与民主管理、民主监督的权利。 ⑨ 落实民办学校法人财产权。 ⑩ 制定重庆市民办教育促进条例
四川省	① 将民办教育纳入经济社会发展总体规划,列为各级政府的重要工作职责。 ② 支持和鼓励民办学校创新体制机制和育人模式,提高办学水平,提升办学层次。 ③ 依法落实民办学校、学生、教师与公办学校、学生、教师平等的法律地位,保障学校办学自主权。 ④ 教育、财政、税收、金融、土地和人力资源社会保障等部门要进一步研究、完善和落实支持民办教育的优惠政策,保证在征地、基建、税费、信贷和教师资格认定、职务(职称)评聘、科研立项、继续教育等方面与公办学校一视同仁。 ⑤ 建立完善民办学校教师社会保险制度。 ⑥ 建立和完善公共财政对民办教育的扶持政策。 ⑦ 鼓励社会向民办学校捐资,建立政府、社会和学校各方共同参与的民办教育发展基金。 ⑧ 县级以上教育行政部门设立专门机构,负责民办教育发展的统筹、规划和管理。 ⑨ 积极探索对民办学校实行营利性和非营利性分类管理。 ⑩ 落实教职工参与民主管理、民主监督的权利
贵州省	① 修订民办教育促进条例。 ② 推动教育投融资机制改革,建立引资办教和银校合作机制,优化投资环境,吸引国内外资本向贵州教育领域聚集。 ③ 省政府将制定《关于促进民办教育发展的意见》。 ④ 完善民办学校教师社会保险制度。 ⑤ 制定税收、政府贴息、土地使用、教师保障、学生资助、购买服务、资金奖补和举办者合理回报等方面的政策措施,建立各级政府公共财政资助民办教育的制度,设立民办教育发展专项资金等。 ⑥ 对民办学校实行分类管理

续表

省　份	扶持民办教育发展的政策内容
云南省	① 鼓励民办高等学校提高办学水平,支持有条件的民办专科院校升格为本科院校。 ② 将民办教育纳入政府统一统筹、规划和管理。 ③ 设立专门的民办教育管理机构。 ④ 建立一批示范性民办教育机构。 ⑤ 民办学校收费按培养成本,由学校自主确定标准,实行"备案制"。 ⑥ 明确和落实民办学校、民办事业单位的法律地位和属性,保障民办学校与公办学校同等的法律地位,保障民办学校的办学自主权,保障民办学校学生、教师和举办者的合法权益。 ⑦ 建立和完善民办学校教师社会保险制度,保障学生合法权益。 ⑧ 建立公办学校教师到民办学校支教任教制度。 ⑨ 通过设立专项资金和建立民办教育发展基金的方式,建立健全公共财政对民办教育的扶持政策。 ⑩ 支持民办学校创新体制机制和育人模式。 ⑪ 表彰和奖励发展民办教育的组织、学校和个人。 ⑫ 制定《云南省民办教育发展条例》。
甘肃省	① 将民办教育纳入教育发展总体规划,列为各级政府的重要工作职责。 ② 支持民办学校创新体制机制和育人模式。 ③ 依法落实民办学校、学生、教师与公办学校、学生、教师平等的法律地位,保障民办学校办学自主权。 ④ 建立完善民办学校教师社会保险制度。 ⑤ 健全公共财政对民办教育的扶持政策。 ⑥ 积极探索营利性和非营利性民办学校分类管理。 ⑦ 鼓励企业、行业、公民个人等社会力量资助和支持公益性民办学校发展。 ⑧ 落实民办学校教职工参与民主管理、民主监督的权利。 ⑨ 切实落实民办学校法人财产权
青海省	① 积极探索公办学校联合办学、委托管理等试验,先行在西宁市等地进行试点工作。 ② 依法落实民办学校、学生、教师与公办学校、学生、教师平等的法律地位。 ③ 财政、税收、金融和土地等部门要进一步研究、完善和落实支持民办教育的优惠政策。 ④ 鼓励以政府购买教育服务的方式,促进民办教育发展。 ⑤ 教育行政部门设立专门机构,负责民办教育发展的统筹、规划和管理工作
宁夏回族自治区	① 积极支持民办高校发展,进一步扩大高等教育办学规模。 ② 支持民办学校创新体制机制和育人模式。 ③ 依法落实民办学校及学生、教师与公办学校及学生、教师平等的法律地位,保障民办学校办学自主权。 ④ 完善促进民办教育发展的优惠政策、民办学校教师社会保障制度和民办学校法人治理结构。 ⑤ 积极探索营利性和非营利性民办学校分类管理

续表

省 份	扶持民办教育发展的政策内容
新疆维吾尔自治区	① 健全公共财政对民办教育的扶持政策。 ② 依法保障民办学校、教师、学生与公办学校、教师、学生享有平等的法律地位。 ③ 建立完善民办学校教师社会保险制度。 ④ 落实民办学校教职工参与民主管理学校的权利。 ⑤ 对营利性和非营利性民办学校实施分类管理。 ⑥ 出台民办教育促进法等实施办法

（三）扶持性政策的措施保障

为更好地保障民办教育扶持性政策的落实，《山东省教育规划纲要》提出了建设民办教育的重大工程项目，具体内容为：① 支持行业、企业等社会力量通过委托管理、合作办学等方式参与举办现有非义务教育公办学校。② 完善促进、规范民办学校发展的激励政策和办学规范。但是，与其他省份的措施保障相比（见表4-2），山东省民办教育扶持性政策的措施保障较为宏观，操作性有待加强。如《上海市中长期教育改革和发展规划纲要（2010—2020年）》指出，要实施"促进民办教育规范特色发展试验"，以整体规划民办教育事业发展，改善民办教育发展的政策环境，促进民办学校规范和特色办学。《福建省中长期教育改革和发展规划纲要（2010—2020年）》明确提出，要实施"福建省民办本科院校办学水平提升计划"，以加强其教学基本建设，提升应用型人才培养水平，使其成为具有区域特色、行业特色、专业特色的教学型大学。

表4-2　兄弟省份教育发展规划纲要中民办教育改革试点及重大工程项目一览表

省 份	改革试点工作和重大工程项目
北京市	人才培养体制改革试验：开展市属高校与中央在京高校合作、公办高校与民办高校合作、高校与企业合作、高校与科研机构合作以及中外合作联合培养人才的试验
山西省	办学体制改革试点：探索对营利性和非营利性民办学校实行分类管理
内蒙古	探索建立公共财政对民办教育的奖励性投入保障机制
上海市	促进民办教育规范特色发展试验：整体规划民办教育事业发展，改善民办教育发展的政策环境；建立营利性和非营利性民办教育机构分类管理制度，完善公共资源支持民办学校发展机制，支持若干所示范性民办高等学校建设，实施民办学校教师、管理者培训资助计划，健全监管体系，规范办学秩序，促进民办学校规范和特色办学

续表

省　份	改革试点工作和重大工程项目
福建省	高等教育质量提升工程：实施一般本科院校和民办本科院校办学水平提升计划。民办教育综合改革试点：根据自愿原则，遴选若干所民办高校探索建立利用社会捐赠财产举办非营利性民办高校制度，完善法人治理结构；各设区的市确定1个县（市、区）探索建立政府资助和扶持民办幼儿园发展的制度；在福州、厦门、泉州和漳州探索建立民办教育规范管理制度，形成科学规范的领导管理体制和协调工作机制
江西省	支持民办教育持续发展改革试点：积极探索公共财政对民办教育的扶持政策，支持民办学校发展；对为民办教育做出贡献的组织和个人给予奖励；支持民办学校完善教师"五险一金"、积极探索年金制、建立教师培训机制，促进民办学校教师队伍稳定；试行营利性和非营利性民办学校分类管理
湖北省	办学体制改革试点：开展对营利性和非营利性民办学校的分类管理试点
广西壮族自治区	现代大学制度改革试点：健全向民办高校派驻校级党组织负责人及督导专员制度。深化办学体制改革试点：大力支持民间资本以多种形式举办各类教育特别是高等教育和高中阶段教育，鼓励企业举办高等职业教育，扩大民办教育在校生的比例；出台有关优惠政策，探索建立支持民办教育发展资助制度，促进民办教育加快发展
四川省	深化办学体制改革试点：选择不同民办学校开展营利性和非营利性分类管理试点；开展民办学校教师参加事业单位养老保险试点；建立民办学校财务、会计和资产管理制度；探索建立民办学校办学风险防范机制和退出机制。探索独立学院发展和管理的有效方式
云南省	深化办学体制改革试点：积极鼓励行业企业等社会力量参与公办学校办学，探索公办学校联合办学、中外合作办学、委托管理等改革试验；探索公办、民办教育的衔接机制，逐步建立不同办学体制学校之间教师、学生等人员和资源合理流动的渠道；支持民办学校创新办学体制，建立政府指导、企事业单位等积极参与的民办学校投融资机制和管理模式，探索对营利性和非营利性民办学校实行分类管理试点；建立民办学校财务、会计和资产管理制度；探索独立学院管理的有效方式
宁夏回族自治区	改善民办教育发展环境改革试点

二、多数扶持性政策未落到实处

政策落实是政策真正发挥作用的关键。当前，山东省对于民办高等教育发展的扶持性政策多数没有落到实处。2007年山东省人民政府颁布的《山东省人民政府关于加强民办教育规范管理　引导民办教育健康发展的意见》（鲁政发〔2007〕3号）指出，各级政府要依法落实民办教育的有关扶持政策，主要包括民办教育发展的统筹规划、鼓励支持社会力量办学、保障民办学校学生和教师权益、落实税收优惠政策、鼓励金融机构为民办学校贷款提供服务、土地优惠和设立专项资金等。《山东省教育规划纲要》也提出了类似的扶持民办教育发展的政策。但是纵观当前我省民办高等教育发展现状,这些政策大部分没有很好地得到落实。

(一)民办高等教育发展的统筹规划方面

政府的宏观规划,对于优化高等教育资源配置,引导不同类型的高校正确定位,避免重复办学,规避高等教育发展的大起大落,具有不可替代的重要作用。对民办教育重视的第一个表现就是将其纳入政府的各级规划之中,将发展民办教育作为政府的基本职责。也就是说,纳入规划是支持民办教育的基点。[①]

从兄弟省份的教育规划纲要可以看出(见表4-1):天津市和江苏省指出,把发展民办教育纳入教育发展总体规划;黑龙江省和四川省提出将民办教育纳入经济社会发展总体规划,内蒙古自治区提出要把民办教育纳入地区社会公共事业发展的整体规划;江西省提出把民办学校用地纳入土地利用总体规划和城镇建设规划。这些不同的表述都体现了各省份政府对民办教育地位和作用的不同认识,纳入教育发展规划实际上是把民办教育作为教育改革和发展的重要组成部分来看待,纳入经济社会发展总体规划是把民办教育作为促进地区经济发展的一股重要力量来看,纳入地区社会公共事业发展整体规划是充分肯定了民办教育事业的公益性,纳入土地利用总体规划和城镇建设规划更有利于对民办教育进行用地上的优惠和支持。但是,《山东省教育规划纲要》并没有提出将民办教育纳入相关规划的规定,在实际操作中也就无法落实2007年山东省人民政府颁布的《山东省人民政府关于加强民办教育规范管理 引导民办教育健康发展的意见》(鲁政发〔2007〕3号)的相关精神,未将对民办高等教育的统筹规划作为一项重要工作列入议事日程,对民办高等教育的发展方向、前景、分布、规模、数量、层次等缺乏宏观的、全局的、长远的规划。这主要是由于我省教育行政部门在一定程度上忽视了对民办高校的"引导、规划和服务"职能的发挥,导致政府的"规划者"角色在民办高等教育发展过程中处于"缺位"状态。

对民办教育重视的另一个重要表现就是成立专门的民办教育管理机构,以更好地统筹规划民办教育事业的发展。2008年,教育部设立了民办教育管理处,负责全国民办教育的综合协调和宏观管理工作。民办教育发展速度快、势头好的陕西、上海、重庆等地,也在教育厅设立了民办教育管理处,编制为3~5人,

---

[①] 吴霓等. 中国民办教育发展报告 2012[M]. 北京:教育科学出版社,2013:224.

负责各级各类民办教育管理指导以及民办教育机构的审批、监督等工作。与之相比，山东省还没有专职民办教育的管理机构，只在省教育厅职业教育与成人教育处加挂了"民办教育管理办公室"牌子，且只有一名工作人员。这种不完善的管理体制致使民办教育发展的统筹规划力度不强，很难调动各方力量共同支持民办教育发展。

（二）鼓励支持社会力量办学方面

2010年，国务院下发的《关于鼓励和引导民间投资健康发展的若干意见》（国发〔2010〕13号）指出："鼓励民间资本参与发展教育和社会培训事业。支持民间资本兴办高等学校等各类教育和社会培训机构。修改完善《中华人民共和国民办教育促进法实施条例》，落实对民办学校的人才鼓励政策和公共财政资助政策，加快制定和完善促进民办教育发展的金融、产权和社保等政策，研究建立民办学校的退出机制。"

为贯彻落实《关于鼓励和引导民间投资健康发展的若干意见》（国发〔2010〕13号）、《国家中长期教育改革和发展规划纲要（2010—2020年）》，鼓励和引导民间资金发展教育和社会培训事业，促进民办教育健康发展，2012年教育部下发了《关于鼓励和引导民间资金进入教育领域促进民办教育健康发展的实施意见》（教发〔2012〕10号），从充分发挥民间资金推动教育事业发展的作用、拓宽民间资金参与教育事业发展的渠道、制定和完善促进民办教育发展的政策、引导民办教育健康发展、健全民办教育管理与服务体系五大方面提出了相关实施意见。

目前，与兄弟省份相比（见表4-3），山东省并没有制定相关的具体落实政策，鼓励、支持社会力量办学的氛围不浓。

表4-3　2012年至今兄弟省份鼓励支持社会力量办学的政策举措一览表

省　份	政策文件和政策内容
河北省	① 河北省教育厅《关于做好取消行政审批事项"民办学校聘任校长核准"相关工作的通知》（冀教政法〔2014〕12号）指出，各设区市教育局停止办理"民办学校聘任校长核准"事项。 ② 河北省教育厅《关于开展2013年度第一批高等职业院校教师素质提高工作的通知》（冀教高函〔2013〕17号）指出，参加国内培训项目和企业顶岗培训项目，民办高职院校每校不少于4人

续表

省 份	政策文件和政策内容
上海市	上海市教育委员会《关于申报2012年度民办高校科研项目的通知》(沪教委民〔2012〕30号)指出,科研项目根据"扶需、扶特、扶强"原则,分为青年教师科研项目、重点科研项目、重大内涵建设科研项目三类。科研项目资金从上海市民办教育发展专项资金中支出。资助申报个人项目的青年教师每人2万元资金,每个重点项目为10万~20万元资金,内涵建设项目资金适当增加。重点项目和内涵建设项目的资金将持续投入。对项目研究产生重要影响的研究成果及研究结果应用于教学与管理取得显著成效的予以适当奖励
浙江省	① 浙江省人民政府《关于促进民办教育健康发展的意见》(浙政发〔2013〕47号),从民办学校的责任和权益、师生权益、要素保障、监管与服务等方面提出了促进民办教育健康发展的意见。 ② 浙江省教育厅《关于贯彻落实〈浙江省人民政府关于促进民办教育健康发展的意见〉的通知》(浙教计〔2013〕133号),从进一步提高发展民办教育的认识、进一步完善民办教育的规划布局、进一步落实民办教育的支持政策、进一步加强和改进对民办教育的规范管理、进一步引导民办教育的科学发展五个方面提出了贯彻落实的相关要求。 ③《关于进一步扩大民办高等学校办学自主权若干意见》(浙教计〔2012〕78号),从进一步鼓励支持民办高校规范发展、扩大招生计划编制权限、自主确定招生范围、探索自主招生方式、扩大收费自主权、改革专业设置管理办法、完善自主发展自我约束机制和逐步建立健全促进、引导民办高校科学发展的监管机制八个方面提出了扩大民办高等学校办学自主权的意见
福建省	《福建省人民政府关于进一步支持和规范民办高等教育发展的若干意见》(闽政〔2012〕54号),从进一步落实民办高等教育扶持政策、进一步扩大民办高校办学自主权、进一步加强民办高校教师队伍建设、进一步规范民办高校办学行为四个方面提出了支持和规范民办高等教育发展的意见
河南省	《河南省民办教育发展专项资金使用管理暂行办法》(教政法〔2013〕387号),主要说明了专项资金设立宗旨、资金来源、资助方式、使用范围、项目申报、项目受理、资金拨付、财务管理、项目管理、行政监督等问题
湖北省	《湖北省委高校工委、省教育厅关于支持民办高校提高教育质量的若干意见》(鄂教发〔2013〕4号),强调进一步促进民办高校自主发展,对民办高校办学自主权、扶持政策、办学权益、教师队伍建设和规范管理五个方面予以"重点照顾"
广西壮族自治区	《关于实施广西民办高校重点专业建设项目的通知》(桂教规划〔2013〕44号),最终拟定广西大学行健文理学院建筑电气及智能化等45个专业为2013年广西民办高校重点建设专业
重庆市	《重庆市教育委员会关于实施民办教育干部教师队伍三年培训计划的通知》(渝教民办〔2012〕16号),主要包括举办者培训、管理者培训和师资培训,力求到2015年,初步完成全市各级各类民办学校管理队伍、教师队伍的全员培训工作
云南省	《云南省民办教育条例》(2012年10月1日起施行),从民办学校的设立、鼓励和支持、管理与监督、法律责任等方面作出了相关规定

续表

省　份	政策文件和政策内容
陕西省	①《陕西省民办高等学校(教育机构)分类登记管理实施办法》(陕教民〔2013〕13号)指出,民办高等学校(教育机构)按照非营利性、营利性进行分类登记,由举办者自愿申报,省级有关部门审核确定。民办高等学校(教育机构)法人属性确定后一般不予变更。 ②《关于继续组织开展"放心上民校"活动的通知》(陕教民〔2013〕6号)指出,此项活动从2013年7月开始到12月底结束,采取学校自查自纠与教育行政部门监督检查相结合的办法进行。各校具体活动可分为学习动员、查找问题、整改落实、总结等阶段进行。各阶段的时间安排各市、各校可结合实际进行调整。要求:各级教育行政部门和各民办学校要高度重视此项工作,加强组织领导,成立专门工作机构或安排专人负责,确保"放心上民校"活动有序有效开展。各级教育行政部门要把各校开展"放心上民校"活动情况列入年度检查的重要内容。 ③《陕西省普通高等学校统筹管理与分类指导实施办法》(陕教高〔2012〕46号)指出,要"加强对民办高校的指导和管理,引导民办高校办出特色、办出水平"。 ④《陕西省教育厅关于实施民办高等学校能力提升工程的意见》(陕教民〔2012〕26号),其任务与目标是:在"十二五"期间,全面组织实施民办高校能力提升工程,具体实施民办高校"教学质量提升计划""科研能力提升计划"和"教师能力提升计划",引导和支持民办高校深化内部管理体制改革,积极推进教育教学改革,加大重点学科和特色专业建设力度;开展科研与学术交流,培育和孵化科研成果;加大培养和引进力度,努力建设高水平教师队伍。通过不懈努力,全面提高我省民办高校的办学质量、层次和水平,创建几所全国一流的高水平民办大学。省教育厅成立"陕西省民办高等学校能力提升工程"专项工作领导小组,全面组织和领导工程的实施工作。将"民办高校能力提升工程"纳入省民办高等教育发展专项资金重点支持范围。 ⑤《陕西省民办高等教育发展专项资金管理暂行办法》(陕财办教〔2012〕12号)指出,省财政从2012年起设立民办高等教育发展专项资金,用于支持和奖励民办高等教育

(三)鼓励金融机构为民办高校贷款提供服务方面

山东省民办高校的经费主要来自学生学费,没有政府经费资助,来源渠道单一,办学经费紧缺。另受《中华人民共和国担保法》等制约,民办学校的资产不能用于抵押贷款,融资困难。当前,与兄弟省份相比,我省在鼓励金融机构支持民办高等教育发展方面没有相关政策,"鼓励"也只是一张空头支票。如河北省、黑龙江省、上海市都在教育规划纲要中提出要鼓励金融机构支持民办教育发展,也已在民办教育发展实践中贯彻落实。

三、地市级扶持性政策优于省级

对比山东省各级政府出台的民办教育政策文件,我们发现,地市级扶持性政策明显优于省级,尤其是青岛市和潍坊市,在民办教育扶持性政策方面做得较好。

(一)青岛市民办教育扶持性政策概况[①]

近年来,在青岛市委、市政府的大力支持下,青岛市坚持对民办教育发展实行"鼓励扶持与规范管理并举"的原则,民办教育事业蓬勃发展并取得了显著成绩,涌现出了一批投资较多、办学条件较好、具有一定社会影响力的民办高校,如青岛滨海学院、青岛黄海学院等,这些学校已基本建成现代化的教学、生活和运动设施,初步形成了各具特色的办学模式和教育品牌,丰富了优质教育资源,对推动青岛市教育体制改革、繁荣青岛市教育事业发挥了积极的推动作用。青岛市促进民办教育发展的主要做法与经验主要有以下几方面。

1. 成立机构,明确职责,提供组织保证

为保证民办教育的快速健康发展,青岛市教育局克服编制紧、人员少的困难,将民办教育的管理服务职能分离出来,设立了独立的民办教育管理服务机构——民办教育管理办公室,配备专人从事全市民办教育的政策研究、审批执法、评估管理等工作。随后,青岛市黄岛区(原开发区)、即墨、平度三区市也先后成立了独立的社会力量办学管理办公室或社会力量办学管理处,专事民办教育的研究与管理。另外,以民办教育管理办公室为牵头部门,逐步将民办学校的党建、评估、教研、招生等业务纳入相关业务部门,与公办学校统一管理。在这种体制下,各部门各司其职,各尽其能,为民办教育的健康发展提供了良好的组织保障。

2. 建章立制,依法管理,确保民办教育健康发展

山东省一直未出台贯彻落实《中华人民共和国民办教育促进法》的文件,但青岛市政府2008年年底就出台了《青岛市实施〈中华人民共和国民办教育促进法〉办法》,将民办教育工作纳入了法制化轨道;并根据国家民办教育的法律法规和青岛市民办教育地方法规,不断完善民办教育发展的规章制度建设,在民办教育设置管理、评估、扶持等方面先后出台了《青岛市民办学校设置规定》《青岛市教育局关于进一步明确青岛市民办教育管理体制的通知》《青岛市教育局关于明确青岛市教育局各处室对民办学校的主要管理职责的通知》《青岛市人民政府关于加快发展民办教育的意见》《关于设立扶持民办教育基金项目的通知》等10余份文件。

[①] 根据青岛市教育局民办教育管理办公室提供的材料整理而成。

同时，2013年起专门印发每年度的民办教育工作要点，以推进有关民办教育鼓励扶持政策的落实与实施。如青岛市2013年民办教育工作要点中指出，在健全公共资源对民办教育的扶持政策方面，配合市财政局出台"青岛市民办教育发展专项资金实施意见"；在保障民办学校教师权益方面，依法推进民办学历教育学校教师事业保险待遇的落实，完善民办学校教师社会保障体系；在服务保障方面，举办民办教育成果展示活动，例如，民办学校招生期间，组织全市民办学校进行教育成果展示，在新闻媒体设立民办教育宣传专栏，进行民办学校风采、办学特色、师资队伍、教学质量等成果的展示，同时，通过"青岛市教育局民办教育管理办公室"网站的"民校风采"栏目，集中展示青岛市各民办学校师生积极向上的良好精神风貌。

3. 鼓励扶持、激发活力，推动民办教育快速发展

第一，精简行政程序，调动社会各界的办学积极性。为加快民办教育的发展步伐，青岛市不断加大对民办教育的服务力度，通过印制审批手册，建立民办教育行政服务网站，开通"网上审批""办学在线答疑"等业务，使得民办学校及申办者足不出户即可通过网络办理咨询、审批等业务。这些服务措施缩短了审批时限，提高了行政效率，大大调动了社会各界参与办学的积极性。

第二，表彰鼓励、发挥龙头民办学校的示范带动作用。为激发民办学校的办学活力，青岛市先后开展了职业教育骨干专业和国家、省、市重点职业学校评估及全市民办教育先进集体和先进个人的评选。这些评估和评选取消了终身制，实行动态管理。通过评估表彰，在各个层次的民办学校中扶持起一批办学理念超前、办学特色鲜明、办学质量优秀的民办学校，充分发挥了其模范带头作用。

4. 内抓质量，外树形象，展示民办高校的良好风貌

第一，加强教学课改实验与课题研究，引导民办高校积极参与民办教育发展及教育教学课题研究与实践。通过科研与实验，锻炼了师资队伍，提高了民办高校的管理与教育教学水平。同时，积极鼓励民办高校师生参加各类比武、竞赛，以展示民办高校师生良好的精神面貌和办学成绩。

第二，大力宣传，弘扬民办教育主旋律，树立民办学校良好形象。一方面，引导民办学校积极承担各种社会公益活动。青岛滨海学院、青岛黄海学院、青岛恒星科技学院等百余所民办学校定期开展特殊团费献灾区、为贫困地区献爱心等公益活动，在社会上引起了强烈反响。另一方面，从2011年起，在全市民办学校中启动了"青岛市民办教育爱心公益课堂活动"，得到全市民办学校的积

极响应,该活动旨在号召更多的民办学校积极参与到社会慈善和公益活动中,关注新市民子女、经济困难人员等其他需社会扶助群体的继续教育和培训问题,根据经济社会的发展需求,逐步拓宽民办教育爱心公益培训的专业范围,努力加大优惠额度,将优质的教育服务惠及越来越多的普通市民。

可见,青岛市政府正通过并已经通过各种途径积极扶持民办教育的发展,很多经验都值得借鉴。

(二)潍坊市民办教育扶持性政策概况[①]

近几年来,潍坊市通过合作办学、股份制办学等多种形式,推进高等教育办学体制改革,实现了办学形式的多样化,形成了以政府办学为主,公办教育与民办教育共同发展的良好局面。据初步统计,2007年以来,潍坊市共吸引了172.1亿元社会资金投入教育,包括建设公办学校、支持校舍安全工作、投资建设民办学校等。

潍坊市现有民办高等学校3所,分别是潍坊科技学院、潍坊工商职业学院、山东海事职业学院,在校生23128人,占潍坊市同类高校在校生总数的19.26%。

潍坊市促进民办教育发展的主要做法主要有以下几条。

1. 加强制度建设,健全多元化办学政策体系

根据《中华人民共和国民办教育促进法》及其《实施条例》,结合省政府、省教育厅要求,潍坊市制定了一系列促进和规范民办教育发展的规章制度。

第一,在促进发展环节,潍坊市政府制定了《关于深化办学体制改革加快民办教育发展的意见》(2003年),潍坊市教育局与人事、财政、国土等七部门联合下发了《关于吸引社会资金促进民办教育快速发展的意见》(2005年),潍坊市人民政府颁布了《关于进一步加快发展民办教育的意见》(2013年)等系列文件,为民办教育实现科学化、规范化发展提供了依据。尤其是《关于进一步加快发展民办教育的意见》,制定了10条创新举措,切实在民办教育发展的关键环节有所突破,走在了全省乃至全国民办教育的前列。一是探索分类管理机制。按照营利性、非营利性对民办学校进行分类登记管理。二是鼓励发展混合制民办教育。支持各类办学主体通过独资、合资、合作、股份制

---

① 根据潍坊市教育局民办教育科提供的材料整理而成。

等方式举办民办教育。建立完善非营利性民办中小学"社会投资建校、政府支持师资、收费保障运转、部门协调监管、资产学校所有"的民办教育发展体制。三是建立教师合理流动机制。选派公办教师到非营利性民办中小学任教。四是落实民办学校教师待遇。民办学校教师在资格认定、职称评审、评先选优等方面与公办学校教师享受同等待遇。五是进一步拓宽投融资渠道。支持民办学校建立民办教育基金和社会力量设立教育投资公司。六是落实财政支持和用地优惠政策。民办学校用电、用水、用气、用热与公办学校同价;建设用地纳入城镇土地利用总体规划和年度用地计划。七是建立民办学校奖励性回报制度。民办学校在有办学结余的前提下,可以提取一定比例的经费,用于奖励出资人。八是完善民办学校法人治理结构。建立健全民办学校董事会(理事会)、行政机构和监事会,形成决策、执行、监督相互独立、相互制约的法人治理结构。九是建立办学风险防范机制。土地使用权证、校舍产权证必须办理在学校名下。民办学校存续期间,举办者不得抽逃出资,不得挪用办学经费。十是完善民办学校设立与退出机制。民办学校设置,执行同类型同层次公办学校的设置标准。学校终止办学,按法律法规和国家有关规定进行资产清算。①

第二,在学校审批和设置环节,制定了《潍坊市社会培训机构设置标准与管理暂行规定》《潍坊市民办中等职业教育设置标准与管理规定》《潍坊市民办普通高中设置与管理暂行规定》和《关于进一步规范中心市区民办教育培训机构设置与管理的通知》等系列文件。

第三,在规范管理环节,制定了《关于做好各级各类学校招生广告管理的通知》《关于做好民办学校年检和教学督导的通知》《规范义务教育阶段民办学校招生工作的通知》《关于统一民办教育培训机构标识的通知》《关于加强民办教育培训机构安全管理的通知》《关于严禁在职教师从事有偿补课的意见》等。

2. 制定优惠政策,促进民办教育快速发展

(1)建设规划用地与公办学校同等对待。实行民办学校在征用土地和建设配套等各项税费的减免上享受与公办学校同样的优惠政策。新建、扩建民办学校,按照公益事业用地以划拨方式提供土地使用权。建设配套费等行政事业性收费,凡属潍坊市规定的一律予以免缴。

---

① 潍坊市人民政府. 潍坊市人民政府关于进一步加快发展民办教育的意见[EB/OL]. (2013-06-20). http://www.wfjyxxg.com/ZXBS/JYHMFWZX/SHPX/XXGG/201306/t20130620_595246.htm.

（2）部分民办教师待遇与公办学校同等对待。部分教职工可以按事业单位标准缴纳养老保险金，工龄、教龄连续计算，晋职、晋级与公办学校同等对待，与公办学校教师享受同等退休待遇。

（3）表彰奖励鼓励发展。在表彰奖励方面与公办学校同等对待。2009年潍坊市以人事局和教育局名义表彰了35个民办教育工作先进单位、35名民办教育工作先进个人和15个社会培训优秀办学单位。近几年也在民办学校教师中开展评选潍坊市优秀教师、教学能手、师德模范等活动。

3. 强化管理，规范民办学校办学行为

一是将民办学校纳入统一管理。将民办学校纳入潍坊市教育局统一管理，在学生资助、教师培训管理、工团组织建设、学校表彰、教育科研等方面，与公办学校同等对待，并制定《关于向民办职业中专选派督导联络员的通知》，建立起选派督导联络员制度。联席会议制度和选派督导联络员制度，确保了民办学校的健康规范发展。

二是努力提高民办学校的办学和管理水平。将民办学校纳入统一培训，或专门举办民办学校培训，邀请在教育教学管理方面有经验的校长等为民办学校举办各种管理、师资、安全管理等方面的培训。

三是抓好常规管理工作。通过年检和教学督导实施常规管理，加强对学校的财务审计，将民办学校纳入督学责任区统一管理。

四是积极推介民办学校办学经验，促进资源共享。在《潍坊晚报》和《潍坊日报》上，设立"优质社会办学推介榜"版块；在社会培训服务中心网站上，建立优质教育资源推介栏目，将民办教育的优质教育资源向社会推介，实现资源共享。组织优秀学校举办办学经验展评交流活动。

4. 建立管理与服务平台，多方位服务民办学校

潍坊市教育局2001年专门成立了民办教育科；在公共行政服务中心设立教育惠民服务中心，教育惠民服务中心下设的社会培训服务中心，主要为满足社会对教育培训信息的需求，为社会力量投资举办各类民办教育培训机构的人士提供服务平台；2011年成立了潍坊市民办教育协会，其为行业自治组织，以促进民办学校间的交流提高；2012年潍坊市政府成立了以市长为主任的潍坊市教育督导委员会，统筹负责民办教育工作，明确了政府13个部门的民办教育工作职责。

总之，潍坊市政府在民办高等教育扶持政策方面走在了山东省诸多地市的前面，诸多探索经验值得推广。

第五章
国内其他地区民办高等教育政策扶持的经验

通过分析上海市、浙江省、陕西省、江西省、湖南省、重庆市、吉林省和黑龙江省民办高等教育政策扶持的现状和经验,发现成立民办教育专门管理机构、构建民办教育发展协调机制、实行民办教育分类管理、设立民办教育发展专项资金、依法落实民办高校办学自主权和依法保障民办高校师生的合法权益,是这些省市扶持民办高等教育发展的主要做法,这可为完善山东省民办高等教育扶持政策提供借鉴。

第一节 成立民办教育专门管理机构

管理机构可简单地概括为一个组织内各构成要素及各要素间确立监管关系的组织形式。具体来说,是机构人员为实现管理目标,在工作中进行分工协作,在职责、权力方面形成的结构体系。管理机构的健全和完善决定着民办教育发展的速度与规模。专门的民办教育管理机构作为民办教育管理体制中的一个子系统,具有特殊意义。

一、专门管理机构之于民办教育发展的重要意义

民办教育专门管理机构是政府行使民办教育行政管理职权的直接执行者,它不仅直接负责管理民办教育的具体业务工作,也是从事民办教育事业相关教育机构的决策、咨询、信息、监察及执行机关。成立专门的民办教育管理机构,

有利于各省市统筹规划民办教育事业,完善各职能部门间的协调机制。

(一)统筹规划民办教育事业发展

当前,大部分省份已将民办教育事业发展纳入了当地经济社会发展或教育事业发展的总体规划,为更好地统筹规划民办教育事业发展,成立专门管理机构是必要的。事实证明,具有明确权利、义务和职责的专门管理机构可以提高决策效率,减少不同部门间的决策矛盾,以更有效地开展相关工作。从各省份教育厅网站关于民办教育的通知、文件等的数量可以看出,设置民办教育专门管理机构的省份所发布的相关信息数量明显多于未设置民办教育专门管理机构省份所发布的信息数量(见表5-1)。如2009~2013年,上海市作为设立了民办教育管理专门机构——民办教育管理处的省份,其有关民办教育的信息多达60条;而吉林省作为未设立民办教育专门管理机构的省份,其有关民办教育的信息数量不足30条,且这些信息标题中都未明确标注"民办"字样,只是在信息内容中涉及民办教育。

表5-1　2009~2013年上海市和吉林省民办教育相关信息数量统计表

单位:条

省份	2009年	2010年	2011年	2012年	2013年
上海市	14	16	8	13	11
吉林省	7	4	6	9	2

(二)完善相关部门协调机制

民办教育事业发展是一项系统工程,工作内容涉及教育、发展改革、物价、公安、民政、财政、人力资源社会保障、审计、国土资源、住房和城市建设、税务、工商、广电、新闻出版等多部门。教育部门负责民办教育工作的统筹协调和综合管理;发展改革部门负责民办教育事业的发展规划和项目审核、管理;物价部门负责民办学校的收费项目和标准制定;公安部门负责指导和监督民办学校的治安保卫工作;民政部门负责非营利性民办学校的法人登记工作;财政部门负责监管民办学校的财务状况;人力资源社会保障部门负责制定有关促进民办学校教师队伍建设等方面的优惠政策,完善社保制度;审计部门负责民办学校财政性资金、社会捐赠资金等的专项审计工作;地税、国税部门负责民办学校税收优惠政策的落实;工商部门负责营利性民办学校的法人登记注册工作;广电部门负责监管广播电视等媒体中民办学校的招生广告、办学信息等宣传工作;新闻出版部门负责监管新闻出版单位、国内媒体分支机构和记者站等新闻媒介对民办学校的宣传报道工作；等等。

专门的民办教育管理机构可以协调这些部门的工作，成为民办教育管理工作的中心，发挥枢纽作用，以更好地制定和落实相关政策文件。如上海市2006年印发的《上海市促进民办教育发展专项资金管理办法》就是由上海市教育委员会和上海市财政局联合制定的；2010年印发的《上海市推进民办高等学校落实法人财产权的实施办法》是由上海市发展和改革委员会、上海市财政局、上海市国家税务局、上海市地方税务局、上海市住房保障和房屋管理局、上海市民政局、上海市教育委员会七部门联合制定的。浙江省2012年印发的《关于进一步扩大民办高等学校办学自主权若干意见》是由浙江省教育厅、浙江省发展和改革委员会与浙江省物价局联合制定的。陕西省2013年印发的《陕西省民办高等学校（教育机构）分类登记管理实施办法》是由陕西省教育厅、陕西省民政厅和陕西省工商行政管理局联合制定的。以专门的民办教育管理机构为依托，实现多部门分职管理，可发挥不同行政部门间的联动作用，共同为民办教育事业的发展建言献策。

二、民办教育专门管理机构的设置情况

目前，上海市、湖南省、重庆市、陕西省都设立了专职民办教育管理机构。其中，上海市2009年正式成立民办教育管理处，其主要职能是加强对本市民办教育的统筹规划、综合协调，完善本市民办教育宏观管理的政策措施，依法制定本市民办教育发展的政策与规划；规范办学秩序，促进民办教育事业健康发展。湖南省民办教育处的主要职能是：拟定全省民办教育发展规划和政策措施；综合指导全省民办教育改革和发展；按有关规定组织对民办学校进行综合性检查评估；协调处理民办教育改革和发展过程中的共同性矛盾和问题。重庆市民办教育处的主要职能是承担各级各类民办教育管理指导工作；牵头高等、中等学历教育民办学校（含非学历高等教育机构）设置、调整审批工作及管理、监督工作；指导区县（自治县）对民办学校办学活动的管理与监督；指导、协调有关民办教育的法人登记、中介服务等工作。陕西省民办教育处的主要职能是承担全省民办教育的综合管理工作；依法办理民办高等教育、普通中等专业教育、职业中等专业教育的行政许可；负责民办高校、高等教育机构、普通中专学校、职业中专学校的监督管理工作；负责民办学校的办学许可证管理、年度检查、表彰奖励工作；负责民办教育行政执法工作。

第五章 国内其他地区民办高等教育政策扶持的经验

除此之外,黑龙江省、江西省将民办教育管理职能挂靠在政策法规处或发展规划处等职能处室。具体而言,黑龙江省将民办教育管理办公室挂靠在政策法规处,主要是负责全省民办教育的统筹规划、综合协调和宏观管理等工作。江西省将社会力量办学管理处挂靠在发展规划处,主要负责拟订社会力量办学政策,承担普通民办高校办学许可等工作。

通过以上分析,可以发现除吉林省外,所选取的兄弟省份都成立了民办教育管理机构,专门管理机构的管理职能明显多于挂靠机构,专门管理机构可以更好地发挥政府扶持民办教育发展的重要职能。

第二节 构建民办教育发展协调机制

民办教育事业的发展,需要各相关行政部门的通力合作,协调统一。构建民办教育发展的协调机制,有利于提高政府的行政效率,有利于减少相关部门间的行政冲突,有利于创造适宜民办教育事业发展的政策环境。

一、构建民办教育发展协调机制的重要意义

"协调",顾名思义,是和谐一致、配合得当的意思,其是指为了完成计划和实现目标,对各项工作及各位人员的活动进行调节,使之同步,互为依托,以减少矛盾,提高工作效率。协调工作的内容十分复杂,主要包括协调思想认识、协调奋斗目标、协调工作计划、协调职权关系、协调政策措施、协调责任奖惩等。部门间协调机制的建立和完善,实质是实现部门间的协调合作。加拿大著名的环境管理专家汤普森(Thompson)、麦克艾格(Mc-Cuaig)和威尔克斯(Wilkes)认为,跨部门合作是带来更好决策和结果、带来方法创新以实现整个社会可持续发展的基本工具。它在具体问题上动用整个部门的资源以达到具体的共同目标。它并不替代每个部门在各自负责的项目上的责任。它是一个机制,可以通过比如签署备忘录或协议这样的方式正式地实现,也可以通过非正式的方式,如有意各方召开年会考量成果、对下一步提出建议。[①] 由此可知,部门间的协调合作,即为达成组织的共同目标,使组织内具有相关职能的不同部门相互联系

---

① 王玉明,邓卫文. 加拿大环境治理中的跨部门合作及其借鉴[J]. 岭南学刊,2010(5):116-120.

部门间的合作也是一个资源整合的过程,使每个部门各自的资源和能力优势发挥最大的社会效益,而且部门间的合作不是为了部门争利或竞争,而是一种合作伙伴的关系。

部门间的协调合作是建立民办教育发展协调机制的前提,只有建立完善的协调机制,才能创造良好的工作环境,保证计划的顺利推进和组织目标的最终实现。为更好地完成协调工作,相关部门可以通过建立相应的协调机制来实现。协调机制是指为了达到预期目标,相关部门之间密切配合,相互协调,依据正确的政策、原则和工作计划,运用恰当的方式方法,及时排除各种障碍,理顺各方面关系,促进工作正常运转的一种制度的建立与运行过程。协调机制的建立具有重要意义。由于各部门的职责不同,在处理相关工作时,单个部门可能无法独立完成,这就需要在进一步明确相关部门工作制度和职责范围并且充分沟通的基础上,做好各部门间的协调工作。

民办教育的发展不仅仅是教育行政部门的职责和工作,也与公安、民政、财政、人力资源社会保障、国土资源、住房和城市建设、审计、税务、工商等部门有关。因此,为更好地完成促进民办教育持续发展的任务,建立这些部门之间的协调机制是至关重要的。第一,完善的协调机制,能够提高行政效率。民办教育事业的发展,需要各部门协调一致,通力合作。在完成这一组织目标的过程中,各部门只有协调一致,形成合力,才能提高行政效率。第二,完善的协调机制,能够降低行政成本。由于相关行政事务在实际操作和运行过程中存在着权力交叉现象,因此为了减少部门之间的冲突,避免行政资源分散,各行政部门可以通过行政协调工作来理顺同一项事务所牵涉的各部门之间的权利和义务关系,使行政资源统一调配。第三,消除部门冲突,实现权力整合。由于行政权力是由不同部门行使的,因此各部门及其工作人员之间不可避免地会产生矛盾冲突,所以必须通过部门间的行政协调工作来进行调和,使部门之间相互合作。

二、民办教育发展协调机制的建立情况

目前,上海市、黑龙江省和陕西省都构建了民办教育发展协调机制,以加强对民办教育的组织领导,定期研究和协调解决民办教育改革发展中遇到的重大问题。

上海市于2010年建立市级民办教育联席会议制度,分管市领导担任召集人,成员为与民办教育事业发展相关的十个委办局,以促进民办教育健康、科

学、可持续发展为目的,加强有关部门沟通协调和合作。

黑龙江省人民政府办公厅于 2009 年下发《关于建立黑龙江省民办教育工作联席会议制度的通知》(黑政办发〔2009〕56 号),要求建立以主管副省长为召集人,教育厅、人力资源和社会保障厅、民政厅等 15 个部门参加的省民办教育工作联席会议制度,统筹研究、协调解决、贯彻落实民办教育法律、法规和政策,研究解决民办教育发展和管理中遇到的突出问题,研究拟定扶持民办教育发展的重大政策措施等,并规定,联席会议每年至少召开一次,根据工作需要可临时召开全体会议或部分成员单位会议。

陕西省针对本省民办高等教育发展所面临的诸多困难,于 2011 年颁布了《关于进一步支持和规范民办高等教育发展的意见》(简称"《意见》",陕政发〔2011〕78 号),明确指出要"制定民办高等教育的发展规划,建立多部门共同参与的综合协调机制"。该《意见》成为我国地方民办高校政策创新的典范,成为在全国领先、创造性地支持民办高校发展的地方性民办教育规章①,体现出"四个第一"(第一个提出"创造性地"支持民办高等教育的发展;第一个把"鼓励开展科学研究"列入扶持政策;第一个提出依法"保障教职工合法权益"和"完善教职工社会保险制度";第一个把"加强辅导员队伍建设"作为民办高校学生管理的重要内容)和"六个之最"(扶持政策最多;支持力度最大;发展模式最全;合理回报最高;职责分工最清晰;规范力度最强),这与陕西省教育厅及 11 个相关部门所做的大量协调工作是分不开的。为了贯彻《国家中长期教育改革和发展规划纲要(2010—2020 年)》所提出的"大力发展民办教育"的要求,2011 年 7 月 14 日,陕西省省长指示省教育厅"尽快起草支持和规范民办高等教育发展的意见",并对该意见的起草提出了"要加大扶持力度"的要求。陕西省教育厅及 11 个相关部门,经过大量细致的工作,历时半年,在当年年底提交省政府印发《关于进一步支持和规范民办高等教育发展的意见》(简称"《意见》")。② 在该《意见》中,进一步明确了各省级相关部门的职责:省教育厅负责全省民办高等教育工作的统筹协调和综合管理;省发展改革委员会负责全省民办高等教育事业的发展规划和项目审核、管理;省物价局负责审批民办高校

---

① 郭立宏,李维民. 地方民办高等教育政策创新的典范——解读关于进一步支持和规范民办高等教育发展的意见[J]. 陕西教育:行政版,2012(6):12-14.
② 郭立宏,李维民. 地方民办高等教育政策创新的典范——解读关于进一步支持和规范民办高等教育发展的意见[J]. 陕西教育:行政版,2012(6):12-14.

的收费项目和标准,研究制定营利性民办高校的收费管理办法,查处违规收费、退费行为;省公安厅负责指导和监督民办高校的治安保卫工作,会同教育、民政、工商行政管理等部门依法查处非法办学机构、非法招生中介;省民政厅负责非营利性学校的法人登记工作;省财政厅负责协同教育、审计等有关部门,制定民办高校合理回报的标准和办法,加强对民办高校财务状况的监管;省人力资源社会保障厅负责制定有关促进民办高校教师队伍建设的优惠政策,完善社保制度,依法保护民办高校教职工合法权益;省审计厅负责对民办高校的专项审计,直接审计民办高校和高等教育助学机构财政性资金、社会捐赠资金的使用情况;省地税局、国税局负责依法落实民办高校的税收优惠政策;省工商局负责营利性学校的法人登记注册工作和对民办高校广告活动的监督管理工作,对发布违法、虚假招生广告行为的广告主、广告经营者、广告发布者依法查处;省广电局负责监管全省广播电视等媒体中民办高校的招生广告、办学信息等宣传内容,查处广播电视台擅自播放未经备案的招生广告等违法违纪行为;省新闻出版局负责监管新闻出版单位、国内媒体驻陕分支机构和记者站对民办高校的宣传报道工作,组织查处相关违法违纪行为;其他省级相关部门在职责范围内负责有关民办高等教育工作。① 由此,陕西省明确了与民办高等教育发展相关的各部门的职责分工,建立了部门间的统筹规划和协调机制,为陕西省民办教育事业的发展做出了贡献。

第三节　实行民办教育分类管理

民办教育分类管理对于破解民办教育发展的瓶颈具有重要意义,是我国民办教育综合改革的突破口。② 《国家中长期教育改革和发展规划纲要(2010—2020年)》强调,要"积极探索营利性和非营利性民办学校分类管理"。

---

① 陕西省人民政府. 陕西省人民政府关于进一步支持和规范民办高等教育发展的意见 [R]. 陕西省人民政府公报,2012(4):27-32.
② 刘晓明,王金明. 分类管理:我国民办教育综合改革的突破口——论民办教育分类管理的内容与途径 [J]. 浙江师范大学学报:社会科学版,2012(5):111-115.

一、民办教育分类管理的意义和原则

分类管理是我国民办教育改革发展的重要政策议题。对我国民办教育实行分类管理,根源在于既有的制度冲突导致其长期处于营利性与非营利性、企业与非企业、公益与非公益界限不明的困境。关注国内外关于民办(私立)教育分类管理的前沿研究成果,有利于从理论层面窥探我国民办教育发展的新的机构转型趋势。

从世界范围看,私立大学的营利性和非营利性取向日益清晰。世界银行组织在 2000 年的报告中强调:"区分私立教育机构的营利性和非营利性比传统上划分公立和私立教育机构更具实际意义,因为非营利私立教育机构从其使命和结构来看与公立教育机构往往非常相像。"[①]我国学术界也逐渐认识到民办教育分类管理的重要性,并围绕非营利性和营利性民办学校分类的意义、界定依据和内容、途径等方面开展了研究。在分类管理的意义方面,研究者认为,我国现行的有关民办教育的法律法规和政策都是基于民办学校的非营利性而设计的。由于民办高校不分非营利性和营利性,都适用同样的法律法规,导致营利性和非营利性民办高校相互"搭便车"的现象十分普遍,再加上政府尚没有严格有效的监管措施,其结果是更多的民办高校打着"不营利"或"少营利"的招牌获取暴利。[②]因此,分类管理是我国民办教育健康发展的必由之路。它可以明确民办学校的性质,清晰民办学校的产权,落实政府的资助政策。在民办教育分类管理界定依据方面,研究者认为,产权归属和获取回报是界定民办高校营利性或非营利性的主要内容。同时,在民办教育分类的实际工作中,还要对学校法人产权完整性、举办者是否享有办学结余资产的所有权、办学结余是否全部用于教育以及学校终止办学时剩余资产是否用于发展教育等相关因素来综合考虑。[③]在民办教育分类管理内容方面,有研究者认为,民办教育分类管理必须坚持六大原则:一是稳步推进原则。分类管理必须在调查研究的基础上认真试点,积累经验,逐渐明晰科学合理的分类界定标准,制定实施分类管理的相关政策。二是尊重自愿原则。只要符合国家法律,对于营利性和非营利性的选择就没有道德高低和境界的区分,都应得到尊重和允许,并应获得相应的政策支持

---

① 徐绪卿. 关于民办高校分类管理的思考[J]. 教育发展研究,2011(12):1-5.
② 石邦宏,王孙禺. 民办高校营利性与非营利性的制度思考[J]. 中国高教研究,2009(3):55-57.
③ 徐绪卿. 关于民办高校分类管理的思考[J]. 教育发展研究,2011(12):1-5.

和发展空间。三是既往不咎原则。对于部分已经获取回报的民办高校,愿意从政策明确之日起放弃盈利性办学的,就不应追究,还应进行鼓励和表彰,享受非营利学校的相关支持政策。四是鼓励公益原则。要通过社会环境和政策驱动营造公益性民办高校发展的良好环境,确立对非营利民办高校的支持导向,鼓励更多的民办高校选择公益性办学。五是坚持改革原则。分类管理政策不能引导民办高校向公办高校看齐,而丧失民办高校的生存基础发展的优势。六是协调发展原则。政府应该适度发展营利性大学,规划营利性民办高校发展相应的支持政策,以形成办学主体多元、办学形式多样、充满生机力的办学体制。[①]在民办教育分类管理途径方面,有研究者认为,完善民办教育的各项法律法规,制定符合国情的分类管理政策,建立严格的民办教育监督管理机制是实施民办教育分类管理的有效途径和方法。[②]

二、民办教育分类试点的情况

上海市、浙江省、陕西省都对民办教育实行分类管理进行了积极探索;湖南省也将"探索构建民办教育分类管理、分类扶持指导政策体系,进一步优化民办教育发展环境"列入民办教育处2014年的工作要点中;重庆市实施了《重庆市民办教育发展与创新行动计划(2012—2015年)》,探索建立营利性和非营利性民办学校的分类管理。

上海市是国家教育体制综合改革中营利性和非营利性民办学校分类管理试点省份。2011年,在国家政策的指引下,结合上海市民办教育发展实际,上海市教委积极探索制定各级各类民办学校的设置标准以及营利性和非营利性民办学校分类管理办法,依据民办学校的举办方式和目的、资金来源及承担的教育服务,将民办学校分为捐资、出资不要求回报、出资要求回报和营利性几大类。上海市教委会同有关部门,探索各类民办学校的分类标准、设置要求、资产要求、管理要求,并开展试点工作。上海市各教育行政部门对经审批的各级各类民办学校颁发教育部统一印制的民办学校办学许可证,并将其纳入上海市民办教育管理系统。对不同类型的民办学校,上海市教委在登记管理、财务制度、资产管理、教师待遇、政府扶持、招生收费、学校管理等方面制定了符合民办

---

① 徐绪卿. 关于民办高校分类管理的思考[J]. 教育发展研究,2011(12):1-5.
② 刘晓明,王金明. 分类管理:我国民办教育综合改革的突破口——论民办教育分类管理的内容与途径[J]. 浙江师范大学学报:社会科学版,2012(5):111-115.

学校设置特点和发展需求的配套政策,重点扶持非营利性民办学校的改革和发展,引导举办者和出资人兴办非营利性民办学校。此外,上海市教委在第 19 次民办教育专题会议上,向上海市教育体制改革领导小组汇报了营利性和非营利性民办学校分类管理制度探索的情况。该次会议肯定了市教委改革试点的方向,并要求市教委会同相关部门协调合作,选择符合条件的学校开展试点,保持和发挥民办教育的体制机制优势。同时,要求市教委紧跟国家对民办学校分类管理的最新政策,与国家教育改革试点的方向保持高度一致。

以上海市浦东新区为例,在实践和调查研究的基础上制定的《浦东新区开办非营利性民办学校的若干制度》,使我国现行法律对民办教育规定不清晰的状态得到了改善,填补了民办教育健康发展保障制度资源的空白。《浦东新区开办非营利性民办学校的若干制度》在以下方面实现了突破:① 对营利性和非营利性民办教育机构作了界定。在对我国民办教育实际发展情况和国际通行的非营利组织概念研究的基础上,浦东新区教委对衡量非营利性民办教育机构的指标作了界定:第一,举办宗旨不以营利为目的;第二,营运盈余不能用于成员间的分配和分红;第三,机构资产不能以任何形式转变为私人财产。具体体现为:第一,办学不要求回报,出资人出资全部移转到教育机构名下;第二,机构财务独立,有独立完善的法人治理结构和合理的不致令任何个人利己营私的管理制度;第三,出资人不得以任何形式占用或抽取办学经费,营运结余全部转化为办学再投入;第四,机构终止时结余资产归入民办教育发展基金,不归出资人个人所有。除此之外的民办教育机构,纳入营利性组织范畴。① ② 对民办教育分类管理做了制度规范设计。在借鉴其他国家和地区经验的基础上,浦东新区教委把营利性和非营利民办教育机构的管理制度提升为规范的文本设计,分类管理的思路为:营利性民办学校纳入企业范畴管理,实行企业法人登记,完全按市场化模式运行,自负盈亏,依法纳税;非营利性民办学校纳入民办非企业单位范畴管理,实行民办非企业单位法人登记,出资人出资不享有收益权、对学校资产不享有任何权利,学校可以享受税收优惠和政府财政扶持资助。② 该政策文

---

① 秦冬梅,郑祎杰."上海市浦东区教委:探索民办教育分类管理 建设非营利民办学校制度"调研报告 [EB/OL]. (2011-06-26). http://www.21cedu.org/index.php?a=show&c=index&catid=16&id=2028&m=content.
② 秦冬梅,郑祎杰."上海市浦东区教委:探索民办教育分类管理 建设非营利民办学校制度"调研报告 [EB/OL]. (2011-06-26). http://www.21cedu.org/index.php?a=show&c=index&catid=16&id=2028&m=content.

本还规定了非营利性民办学校的法人治理制度、准入制度、保障制度、评估监控制度和退出制度。法人治理制度规定非营利性民办学校实行董事会领导下的校长负责制;准入制度规范了"准入三部曲",即通过招投标选择举办者、举办者履行出资义务、按照办学条件筹办学校;保障制度保障了办学成本、师资稳定和财政支持;评估监控制度加强了财务过程管理,通过评估进行监督;退出制度指定了非营利性民办学校退出办学的流程。[①]

陕西省在民办高校分类管理方面进行了"试水"。《陕西省人民政府关于进一步支持和规范民办高等教育发展的意见》(陕政发〔2011〕78号)明确提出:建立和完善民办高校的分类管理体制,将分类管理作为规范管理和财政支持的依据;民办高校、高等教育助学机构分为非营利性和营利性两类,由举办者自愿申报,省级有关部门审核确定,其中非营利性包括捐资举办的学校、出资举办不要求取得合理回报的学校,以及出资举办要求取得合理回报的学校。[②]对不同类型的学校实行不同的法人登记管理办法,"非营利性学校经省教育厅审核后,由省民政厅依法登记,其中捐资举办、出资举办不要求取得合理回报的学校,登记为民办自收自支事业单位法人;出资举办要求取得合理回报的学校登记为民办非企业法人。营利性学校由省教育厅审核后,省工商行政管理局依法登记注册为企业法人"[③]。依据学校的营利性和非营利性给予不同的政策支持,非营利性民办高校、高等教育助学机构依法享受与公办高校同等的税费优惠政策。非营利性民办高校在科研课题立项、课题申请、招标、评审、科研成果评审与转化、财政拨付科研经费等方面与公办高校享有同等权利。非营利性学校出资人要求取得合理回报的,在扣除办学成本、计提发展基金和国家规定的有关费用后,允许从办学结余中按年度取得合理回报,作为对出资人的奖励。奖励申请由学校决策机构提出,教育行政部门会同有关部门根据原始出资额、追加投入额、学费收入和办学结余等情况,综合确定合理回报额,合理回报额可占到办学结余的40%。取得的合理回报继续用于学校发展的,计入新增出资额,并按有关规

---

① 秦冬梅,郑祎杰."上海市浦东区教委:探索民办教育分类管理 建设非营利民办学校制度"调研报告[EB/OL].(2011-06-26). http://www.21cedu.org/index.php?a=show&c=index&catid=16&id=2028&m=content.

② 陕西省人民政府.陕西省人民政府关于进一步支持和规范民办高等教育发展的意见[R].陕西省人民政府公报,2012(4):27-32.

③ 陕西省人民政府.陕西省人民政府关于进一步支持和规范民办高等教育发展的意见[R].陕西省人民政府公报,2012(4):27-32.

定享受税收优惠政策。营利性学校按企业机制获取回报。① 可以说,分类管理使陕西省第一次实现了公办和民办高校性质上的公平。为更好地贯彻落实《陕西省人民政府关于进一步支持和规范民办高等教育发展的意见》,2013年5月,陕西省教育厅下发了《关于填报〈陕西省民办高等学校(教育机构)分类管理申报表〉的通知》,要求各民办高校以正式文件向省教育厅上报核准学校非营利性与营利性属性的申请,并提交学校决策机构关于学校非营利性和营利性属性专题会议决议(决策机构成员须亲笔签名),同时填写《陕西省民办高等学校(教育机构)分类管理申报表》(见附录4)。2013年7月16日,陕西省教育厅、省民政厅和省工商行政管理局制定了《陕西省民办高等学校(教育机构)分类登记管理实施办法》(见附录5),为分类管理提供了更详尽的细则。

  浙江省作为全国民办教育综合改革试点省份,将试点任务重点放在了温州等地。2011年10月,温州市出台了《中共温州市委温州市人民政府关于实施国家民办教育综合改革试点加快教育改革与发展的若干意见》及九个配套实施办法(简称"'1+9'政策"),从民办学校登记管理、师资建设、财政扶持、财务管理、融资优惠等方面对民办学校发展进行了制度重建。后经调整和修订,于2013年8月25日发布了升级版的"1+14"政策体系。温州的创新政策被社会各界誉为民办教育改革的"破冰之举",堪称民办教育改革的"温州样本",为我国民办教育事业的改革与发展提供了有利参考。② 《温州市关于民办学校分类登记管理的实施办法(试行)》(简称《实施办法》,见附录6)是温州市"1+14"政策之一。在法人属性方面,《实施办法》规定:"非营利性的全日制民办学校按照民办事业单位法人进行登记管理,营利性的全日制民办学校按照企业法人进行登记管理。非全日制的民办学校按照企业法人进行登记管理,如确属非营利性的,也可以登记为民办事业单位法人。"在非营利性民办学校登记管理方面,《实施办法》明确规定:民办事业单位法人由民政部门登记管理,企业法人由工商部门登记管理。温州市对非营利性民办学校民办事业单位法人属性的界定,从源头上解决了民办教育的发展困难。

---

① 陕西省人民政府. 陕西省人民政府关于进一步支持和规范民办高等教育发展的意见[R]. 陕西省人民政府公报,2012(4):27-32.
② 温州市教育局办公室. 温州实施国家民办教育综合改革试点纪实[N]. 温州日报,2013-8-27(6).

第四节　设立民办教育发展专项资金

目前，上海市、浙江省、陕西省、江西省、湖南省和黑龙江省都设立了民办教育发展专项资金。该专项资金的设立，有利于解决民办教育发展过程中遇到的各类资金"瓶颈"问题，为民办教育的发展提供了资金保障和政策支持。

一、民办教育发展专项资金的设立和来源

从设立时间看，上海市和黑龙江省于 2005 年就设立了民办教育政府专项资金；湖南省于 2008 年设立了民办教育发展专项资金；湖南省和江西省于 2011 年设立了省民办教育发展专项资金；陕西省于 2012 年设立了民办高等教育发展专项资金；浙江省于 2013 年印发了《浙江省财政厅关于印发支持市县民办教育发展专项资金管理办法的通知》（浙财教〔2013〕196 号），规定省财政自 2014 年起设立"支持市、县民办教育发展专项资金"，以推动民办教育体制机制创新，增强市、县政府办好民办教育的责任感，从而形成"重视民办教育、关心民办教育、支持民办教育"的良好局面。

从专项资金的设立条件看，上海市坚持充分体现公共财政的公共性和公益性原则，以民办高校办学行为规范和资产过户情况为依据，实施分类管理、分类扶持，要求申请财政专项扶持资金的民办高校必须达到五个要求："坚持教育公益性，依法规范办学，财务管理规范，落实法人财产权，建立年金制度。"根据资产过户情况，上海市将民办高校分为基本完成资产过户、大部分完成资产过户、部分完成资产过户和资产过户进展较缓四类，前三类按照生均 500 元至 1200 元的标准拨付内涵建设经费，第四类拨付安全技防和师资队伍建设专项经费。[①] 浙江省的民办教育发展专项资金由市、县统筹用于辖区内的民办教育。其中，省转移支付资金不得抵顶本级财政投入。陕西省民办高等教育发展专项资金的支持范围是实施高等学历教育的全日制非营利性民办普通本科高等学校、高等职业学校，不包括独立学院和民办非学历高等教育机构，具体的申报条件为：① 办学思想端正，教育教学管理规范，无违纪违法办学现象。② 具有一定年限的办学历史，发展潜力良好。③ 计划内全日制在校生达到一定规模。办学条件较好，产权明晰，有自有用地的独立校园，生均教学行政用房、生均仪器设备总

---

① 董少校. 上海：下发拨付政府专项资金扶持民办高校发展 [N]. 中国教育报，2012-5-3（1）.

值等指标达到国家规定标准。④办学质量较高,毕业生就业率较高,学校办学声誉和社会声誉好。①《湖南省民办教育发展专项资金管理办法(试行)》(湘教发〔2011〕11号)规定,民办教育发展专项资金支持办学思想端正、办学定位准确、办学行为规范、办学条件较好、办学水平较高的民办学校发展。②

从专项资金的来源看,以浙江省为例,其民办教育发展专项资金来源主要包括四个方面:①省财政按上年市、县(市)级民办学校(不含学前教育,以下简称"其他民办学校")举办者投入数的15%和上年市、县财政对其他民办学校补助数的15%安排的预算资金。②中央财政未指定具体用途或项目的各类民办教育奖励性补助。③从省财政预算安排的学前教育资金中调剂6000万元。④其他来源。

二、民办教育发展专项资金的分配和管理

从资金拨付数额看,大部分省份都随着地方财政收入的增长而大幅度增加扶持民办高等教育内涵发展的专项资金数额。如上海市2005年设立民办教育政府专项资金,额度为4000万元,2008年增扩至1.3亿元,2012年达2.13亿元。陕西省在民办高等教育发展专项资金方面支持力度最大,省财政从2012年起每年设立3亿元民办高等教育发展专项资金。江西省2011年投入1500万元设立民办教育发展专项资金,重点支持民办高校的发展,并逐年增加。湖南省2008年设立的民办教育发展专项资金为500万,到2011年,专项资金的额度随财政增长而增长,增加到1000万元。《湖南省人民政府办公厅关于进一步促进民办教育发展的通知》(湘政办发〔2011〕38号)强调,县级以上人民政府应当设立民办教育发展专项资金,纳入每年的财政预算,并随财政收入的增长和民办教育事业的发展逐年增加。黑龙江省2005年设立的民办教育政府专项资金额度为500万,全部用于奖励办学质量高、社会信誉好的民办高校年检示范单位。目前,该省省级民办教育发展专项资金已落实为1000万元,且逐年增长。

从专项资金的分配情况看,浙江省和陕西省专项资金的分配都使用了因素分配法。浙江省的民办教育发展专项资金,在高等教育阶段,按三个因素分

---

① 陕西省人民政府.陕西省民办高等教育发展专项资金管理暂行办法[EB/OL].(2012-10-25). http://www.shaanxi.gov.cn/0/xxgk/1/2/4/458/1475/1483/1491/23003.htm.
② 湖南省教育厅.湖南省民办教育发展专项资金管理办法(试行)[EB/OL].(2011-09-26). http://www.hnmbedu.com/zcfg/bsfgzc/8423.html.

配，三个因素分配额相加，即为某市、县专项资金奖补额：① 市、县投入，指用财力系数折算后的市、县本级对其他民办学校财政投入数，该因素权重为60%。② 民办学校产出，指其他民办学校毕业生数。该因素权重为30%。③ 管理和绩效因素，指各地推进民办教育发展的管理和绩效情况。该因素权重为10%。④ 其他因素。[①] 陕西省根据八大指标系数计算各民办高校的综合得分，再按各民办高校的综合得分，确定各民办高校应获得的资金数额。计算公式为：各民办高校资金额＝各因素应占有资金总额之和＝资金总额×某项因素所占资金总额比例×某民办高校该因素／全部该因素总额。具体指标为：① 学校生均教育收入总额，指标系数为20%，该指标主要考核民办高校筹措资金的综合能力和办学规模收益。② 学校支持地方培养人才指标，指标系数为20%，该指标主要考核民办高校每年在陕招收的全日制计划内学生的比例情况。③ 学校资产负债率，指标系数为10%，该指标主要衡量高校资产负债状况，考核学校利用债权人提供的资产开展业务活动的能力与债权人提供资产的安全保障程度。④ 学校经费总收入与经费总支出的比重，指标系数为10%，该指标主要用于衡量民办高校年度收支比，考核学校年度经费结余或赤字情况。⑤ 学校生师比与全省民办高校生师比平均值的比值，指标系数为10%，该指标主要考核学校生师比的合理状况。⑥ 学校年生均教学经费支出额与全省民办高校年生均教学经费支出额平均值的比值，指标系数为10%，该指标主要考核学校对全日制计划内学生教学经费的投入情况。⑦ 学校生均教学设备资产值与民办高校生均教学设备资产值平均值的比值，指标系数为10%，该指标主要衡量民办高校生均教学设备的规模，考核学校教学设备的总量是否能满足教学的实际需要。⑧ 综合管理水平，指标系数为10%，该指标主要考核学校的专业调整、综合管理以及工作配合情况。[②]

从专项资金的用途来看，上海市民办教育发展专项资金的用途主要包括三个方面：示范性民办学校建设和民办学校内涵建设资金、特色民办学校建设资金和民办教育公共服务平台建设资金。示范性民办学校建设和民办学校内涵建设的资金主要用于改善教学实验实训条件、重点专业和专业群建设、教学资

[①] 浙江省财政厅. 浙江省财政厅关于印发支持市县民办教育发展专项资金管理办法的通知 [EB/OL]. (2013-09-29). http://www.zjczt.gov.cn/pub/zjsczt/zwgk/zcfg/zxwj/201309/t20130929_348937.htm.

[②] 陕西省人民政府. 陕西省民办高等教育发展专项资金管理暂行办法 [EB/OL]. (2012-10-25). http://www.shaanxi.gov.cn/0/xxgk/1/2/4/458/1475/1483/1491/23003.htm.

源和教学科研及科研平台建设、对外交流和社会服务能力建设、专业带头人和骨干教师培养等项目,并实施民办学校"强师工程";特色民办学校建设资金主要用于支持有特色、有品牌的民办中小学和幼儿园,通过培育和建设特色民办学校,深入推进基础教育课程改革,改革学校管理体制,发挥优质民办学校的辐射和示范作用,引导民办学校走高质量、特色化的发展道路;民办教育公共服务平台建设资金主要用于建设民办教育协会,成立民办教育发展服务中心,建立"上海民办教育发展基金会"、民办教育信息管理系统等。陕西省民办高等教育发展专项资金主要用于高水平民办高校建设和改革创新、师资队伍建设、实验室和实习实训基地建设、科学研究、公共服务和信息平台建设等方面。[①]湖南省民办教育发展专项资金使用采取"以奖代补"的方式,设立了"优质民办教育资源建设奖励""规范民办学校建设奖励""民办教育发展突出贡献奖励"项目,支持办学思想端正、办学定位准确、办学行为规范、办学条件较好、办学水平较高的民办学校发展,奖励和表彰对民办教育发展与改革有突出贡献的集体。其中"优质民办教育资源建设奖励"和"规范民办学校建设奖励"每年评审一次,"民办教育发展突出贡献奖励"每三年评审一次,引导、鼓励民办学校落实法人治理要求,创建优质教育资源。[②]

  从专项资金的管理和监督情况来看,上海市民办教育政府专项资金以项目形式申报,经过专家评审核定后拨付和执行,根据市财政局和市教委对专项资金的管理要求进行管理,并依法接受审计和监督。拨付民办高校的专项资金按照市教委有关文件规定,进入学校政府专项资金专户管理,专款专用。各民办高校按照市教委的要求,在本校的会计核算系统中对政府资金按项目、按预算进行单独核算,市教委通过民办高校财务监管平台对资金的流向和使用情况进行实时监管,并加强对专项资金使用的绩效评价。《浙江省财政厅支持市县民办教育发展专项资金管理办法》规定,专项资金实行绩效管理,浙江省财政对市县民办教育发展情况进行综合评价,评估专项资金绩效。对弄虚作假骗取资金,截留、挤占、挪用资金和资金使用违反有关法律法规的单位,将视情节轻重,缓拨、停拨直至收回专项资金,并依法依规追究有关单位及人员的责任。《陕

[①] 陕西省人民政府.陕西省民办高等教育发展专项资金管理暂行办法[EB/OL].(2012-10-25).http://www.shaanxi.gov.cn/0/xxgk/1/2/4/458/1475/1483/1491/23003.htm.

[②] 湖南省教育厅.湖南省民办教育发展专项资金管理办法(试行)[EB/OL].(2011-09-26).http://www.hnmbedu.com/zcfg/bsfgzc/8423.html.

省民办高等教育发展专项资金管理暂行办法》规定,陕西省专项资金的管理使用原则为:科学规范,公开透明;因素分配,项目管理;择优促优,突出重点;绩效预算,提高效益。民办高校经省教育厅、省财政厅审批同意后应在银行开设财政资金专户,核算专项资金的收入和支出,以确保专项资金"专款专用、专户管理、专项核算",并应保证项目建设进度和预算执行进度。每年年底和项目建设计划完成后,民办高校应当及时向省财政厅、省教育厅上报项目资金决算。每年年底及项目建设计划完成后,民办高校应对专项资金的使用及管理情况进行自评,并将自评结果报送省财政厅、省教育厅。在各民办高校自评的基础上,省财政厅、省教育厅对项目建设情况进行绩效考评,并将考评结果作为确定以后年度专项资金项目和资金分配的重要依据。专项资金不得用于学校教职工日常工资、津贴或其他人员福利经费的发放;不得用于偿还银行贷款和其他债务等;不得用于基本建设投资;不得用于支付罚款、捐赠、赞助、对外投资;不得用于与建设项目无关的日常公用经费开支等支出。项目建设过程中使用专项资金形成的资产均属国有资产,属限定性资产,应纳入学校资产统一管理,进行分类核算,并按照有关法律合理使用。[①]湖南省为进一步规范和加强对省民办教育发展专项资金的管理,提高资金使用绩效,对获得省级民办教育发展专项资金的各项目实施单位开展绩效评价工作(见附录7),评价内容主要为:资金落实、使用情况;为实现绩效目标制定的制度、采取的措施等;资金使用效果和绩效目标完成情况。

第五节　依法落实民办高校办学自主权

《中华人民共和国民办教育促进法》指出,民办学校与公办学校具有同等的法律地位,国家保障民办学校的办学自主权。民办高校的办学自主权主要包括法人财产权、招生自主权、专业设置自主权、教学自主权、科研和社会服务权、对外交流合作自主权、收费自主权等。目前,上海市、浙江省、陕西省、湖南省、重庆市在保障民办高校办学自主权方面都采取了相关举措,以促进民办高校自主办学、科学发展。

---

① 陕西省人民政府. 陕西省民办高等教育发展专项资金管理暂行办法[EB/OL]. (2012-10-25). http://www.shaanxi.gov.cn/0/xxgk/1/2/4/458/1475/1483/1491/23003.htm.

一、民办高校法人财产和教学自主权

在落实民办高校法人财产权方面,2010年,上海市教委、市发展改革委、市财政局、市国税局、市地税局、市住房保障房屋管理局、市民政局七部门联合下发《上海市推进民办高等学校落实法人财产权的实施办法》(沪府办发〔2010〕7号,简称"《实施办法》")。该《实施办法》指出,民办高校法人财产由举办者投入资产、接受国家直接或间接支持形成的资产、接受捐赠形成的资产、学费收入、办学积累以及其他收入构成。民办高校法人财产的各投入方均有权依法维护其法定权益。①《陕西省人民政府关于进一步支持和规范民办高等教育发展的意见》(陕政发〔2011〕78号)指出,要依法保障学校的法人财产权。民办高校依法取得土地使用权和校舍产权,土地使用权证、校舍产权证必须办理在学校名下。学校出资人将所拥有的土地、房屋过户到学校名下时,要不高于原值。未经原批准用地机关批准,不得改变土地教育用途,不得出租转让土地使用权。②《湖南省人民政府办公厅关于进一步促进民办教育发展的通知》(湘政办发〔2011〕38号)指出,民办学校必须明晰学校产权,对学校出资人的出资、国有资产、社会捐赠资产、学校办学积累资产分类建账、逐项登记,并全部过户到学校名下。

在收费自主权方面,《浙江省关于进一步扩大民办高等学校办学自主权若干意见》(浙教计〔2012〕78号)指出,扩大民办高校收费自主权。民办高校可结合人才培养模式改革,自主选择本校当年专业总数25%以内的专业,在规定基准价基础上,在50%浮动幅度范围内,自主制定具体学费标准,报省物价局备案后执行,并按规定向社会公示。③《湖南省人民政府办公厅关于进一步促进民办教育发展的通知》(湘政办发〔2011〕38号)指出,民办学校向学生收取费用的项目和标准,由学校根据补偿教育成本、供求关系和财政补助及社会捐赠状况自主制定。

在教学自主权方面,上海市采取相关支持举措,先后建设了十个"民办

---

① 上海市人民政府. 上海市推进民办高等学校落实法人财产权的实施办法[EB/OL]. (2010-08-27). http://news.9ask.cn/fagui/dffggzk/201008/854873.shtml.
② 陕西省人民政府. 陕西省人民政府关于进一步支持和规范民办高等教育发展的意见[R]. 陕西省人民政府公报, 2012(4): 27-32.
③ 浙江省教育厅. 关于进一步扩大民办高等学校办学自主权若干意见[EB/OL]. (2012-06-12). http://www.zjedu.gov.cn/gb/articles/2012-06-12/news20120612160738.html.

教学高地"、3个"本科教育高地"和1个国家级特色专业。以上海建桥学院为例,近年来,该校50门课程被评为国家级和上海市精品课程或重点课程。[1]《陕西省人民政府关于进一步支持和规范民办高等教育发展的意见》(陕政发〔2011〕78号)指出,支持具备条件的民办高校申请学位授予权。[2] 陕西省还专门制定了《陕西省民办高等学校教学质量提升计划》,以引导和支持民办高校全面实施教学改革,提高教学管理水平,使民办高校专业结构更加合理、特色更加鲜明、专业综合实力更强,使教学条件得到较大改善,教学管理基本规范,人才培养模式更加符合人才培养目标要求,全面提高教学质量和人才培养水平。具体措施为:① 开展"本科教学工程"项目建设。在省级"本科教学工程"的项目建设中,重点支持民办高校开展专业建设、课程建设、教学团队建设、实验教学建设、人才培养模式创新实验区建设和教材建设等,并给予专项经费支持。② 推进教育教学改革。省教育厅每年在进行教学改革研究项目审批时,重点支持能够大力改善教学效果、整体提升学生专业素质和综合素质、促进学生全面发展的教学改革研究项目。③ 实施专业综合改革试点。支持民办高校实施"专业综合改革试点"项目,以使民办高校形成一批教育观念先进、改革成效显著、特色更加鲜明的专业或专业链群。④ 组织教学质量评估。每年由学校进行教学质量自评,并向省教育厅作专项报告。对管理规范、质量、特色得到显著提升的学校,教育厅将给予一定的奖励。⑤ 开展大学生创新创业项目建设。深入实施大学生研究性学习与创新性实验计划,每年资助覆盖全省民办普通本专科高校的省级项目200项左右。⑥ 开展质量提升综合改革研究。省教育厅鼓励和支持各民办高校积极开展此项研究,特别是围绕提升质量所开展的综合改革研究,省教育厅将遴选出部分研究价值较高的项目给予支持。

在专业设置自主权方面,《浙江省关于进一步扩大民办高等学校办学自主权若干意见》(浙教计〔2012〕78号)指出,要改革民办高校专业设置管理办法。按照民办高校的办学规模,省教育厅比较同类公办高校,放宽20%比例核定专业设置总数。在专业设置总数以内,允许民办高校根据教育部修订的学科专业目录及设置管理办法,自主设置除国家和省控制布点外的专业;允许民办高校

---

[1] 张婷."在这里办学,真是蛮幸福的"——上海市深化民办教育办学体制改革采访纪行[N].中国教育报,2012-9-20(1).
[2] 陕西省人民政府.陕西省人民政府关于进一步支持和规范民办高等教育发展的意见[R].陕西省人民政府公报,2012(4):27-32.

自主确定专业方向。①

二、民办高校招生和社会服务自主权

在招生自主权方面,《陕西省人民政府关于进一步支持和规范民办高等教育发展的意见》(陕政发〔2011〕78号)指出,要推进招生制度改革。民办高校根据教育行政部门核定的办学规模,合理确定招生规模。支持高质量有特色的民办本科高校扩大招生自主权;有条件的民办高职院校实施注册入学。年度新增招生计划向高质量、有特色的民办高校倾斜。②《湖南省人民政府办公厅关于进一步促进民办教育发展的通知》(湘政办发〔2011〕38号)指出,民办高等职业学院可以在核定的办学总规模范围内,自主确定学校年度招生计划,面向社会自主招生。重庆市积极支持民办高校扩大规模,逐年增加民办高校招生指标,鼓励民办高校做大做强。③浙江省教育厅、浙江省发展和改革委员会、浙江省物价局2012年联合下发的《关于进一步扩大民办高等学校办学自主权若干意见》(浙教计〔2012〕78号)指出,扩大民办高校招生计划编制权限,民办高校可自主制定年度招生总规模和分专业招生计划;民办高校可以自主确定招生范围,支持民办高校立足浙江、面向全国,拓展生源范围;民办高校可以探索自主招生方式。自2012年起,有意愿的民办高校(含独立学院),可以纳入"三位一体"综合评价招生改革范围。鼓励民办高职院校试行"校考单录""三位一体"等改革以及进行"注册入学"自主招生改革试点。④

在科研和社会服务权方面,陕西省专门制定了《陕西省民办高等学校科研能力提升计划》,以科研项目研究建设和重点研究基地建设为抓手,组织实施"科研骨干培养""创新能力提升""重点基地建设"和"科研成果服务"四大科研工程。"科研骨干培养"工程以提升民办高校中青年骨干教师的科研能力与学术水平为主线,主要举措是:设立民办高校科学研究培育基金;设立高层次优秀人才科研启动基金;设立民办高校大学生科技活动补助基金。"创新能力提

---

① 浙江省教育厅. 关于进一步扩大民办高等学校办学自主权若干意见 [EB/OL]. (2012-06-12). http://www.zjedu.gov.cn/gb/articles/2012-06-12/news20120612160738.html.
② 陕西省人民政府. 陕西省人民政府关于进一步支持和规范民办高等教育发展的意见 [R]. 陕西省人民政府公报, 2012(4): 27-32.
③ 周旭. 搭建民办高校发展平台 建设高水平民办大学 [N]. 重庆日报, 2011-12-12(3).
④ 浙江省教育厅. 关于进一步扩大民办高等学校办学自主权若干意见 [EB/OL]. (2012-06-12). http://www.zjedu.gov.cn/gb/articles/2012-06-12/news20120612160738.html.

升"工程以提升民办高校广大教师的学术水平和科技创新能力为主线,主要举措是:扩大省教育厅科研计划的资助范围,对适应民办高校学科发展需要但项目研究层次不够高的部分项目,可采取适度放宽标准或采取自筹经费立项的方式立项,支持项目深入研究;支持民办高校开展校级科研合作,鼓励民办高校与其他高校、科研院所、政府机构和企事业单位联合申报科研项目;建立民办高校对口科研合作联盟,鼓励民办高校及其教师积极参与各类高水平的学术交流活动,积极参与、承办和协办高水平学术研讨与交流活动,不断提升民办高校的学术影响和地位。"重点基地建设"工程以提升民办高校重点学科建设和应用型人才培养基础设施建设为主线,主要举措是:共建民办高校重点实验室培育基地,支持民办高校整合优化学科资源,择优建设重点实验室培育基地或人文社会科学重点研究培育基地;建设独具特色的科学研究机构,鼓励民办高校根据办学规模、办学层次和办学类型建设科学研究机构,研究解决民办教育运行发展中的实际问题;支持民办高校与其他高校、科研院所及企事业单位共建科学研究机构,也可以共建分支机构的形式实现与其他高水平研究机构的资源共享;加强公共服务和信息平台建设,鼓励民办高校加强校园网络建设,建立高校教学、科研、管理、服务信息化平台,提高信息化教学水平,扩展大学生课外自学和学业深造的空间,推进学校招生、就业、收费、财务等办学信息化公开,提升和加强民办高校的科学管理与社会监督。"科研成果服务"工程以推进高校科研成果转化为主线,主要举措是:优秀科研成果的奖励与推广服务,即鼓励民办高校教师和科研人员积极开展科学研究与探索,高校科研基金奖励他们承担科研项目所取得的发明创造、技术专利、高水平论著等成果,积极组织民办高校参加各类成果推介和洽谈活动,鼓励优秀科研成果向高校及其他应用部门和企业推广,服务经济建设与社会发展;优秀高等教育研究成果推广服务,即民办高校要加大优秀教学成果推广的力度,服务学科建设和优秀人才培养,各民办高校要积极组织教师参加有关部门举办的以优秀教学成果推广为主要内容的研讨会、现场会、观摩比赛等活动,使优秀教学成果成为教学质量提升、优秀人才培养、骨干教师成长的助推剂;扩大民办高校对外服务窗口,即有条件的民办高校要积极创建多种形式的对外服务窗口,除人才培养外,要结合学校的专业优势和科研成果,积极参与各种形式的科技创新联盟,广泛开展对外服务和科研攻关活动,把学科建设与发展同有关企事业单位的兴衰联系起来,在服务行业、企业的科技创新中实现民办教育的事业发展。

在对外交流合作自主权方面,重庆市建设了重庆现代教育园区,使之成为民办高校对外开放的重要平台。一是建好园区。借鉴大学城建设的成功经验，按照基础设施一体化、教育资源一体化、文体设施一体化、后勤资源一体化、信息通讯一体化的"五个一体化"思路推进园区建设。二是产学研结合。现代教育园区与沙坪坝大学城和西永微电园互为犄角、优势互补，充分利用高校人才、技术、研发等优势，促进产业结构优化和升级。三是合作办学。新加坡莱佛士教育集团已签约落户现代教育园区，与国外著名大学合作办学，将推动重庆民办高等教育的国际化发展。[①]

第六节 依法保障民办高校师生的合法权益

《中华人民共和国民办教育促进法》指出，民办学校的教师、受教育者与公办学校的教师、受教育者具有同等的法律地位。为更好地保障民办高校师生的合法权益，上海市、浙江省、陕西省、江西省、湖南省、重庆市、黑龙江省等都进行了相关探索。

一、依法保障民办高校教师的合法权益

在保障民办高校教师的合法权益方面，国内大部分省市区采取的举措主要是保障同等待遇，提供社会保障和维护专业权益等。在保障同等待遇方面，上海市将民办高校人事管理统一纳入全市高校人事管理范畴，民办高校教师在职称评定、奖励表彰、科研项目申报、教师培训等方面完全享有与公办高校教师同等的待遇。2010年，上海市在实施《上海教育中长期改革和发展规划纲要（2010—2020年）》"十大工程"之一的"教师专业发展工程"时给予民办高校和公办高校同等待遇，"教师专业发展工程"中教师出国进修、产学研践习等相关项目对民办高校实现全覆盖。[②] 以上海建桥学院为例，近年来该校共18名教师入选上海市"教师专业发展工程"。此外，上海市制定了进一步提高民办学校专职教职工收入的指导性意见，将专职教职工收入与学校学费收入、办学结余挂钩，设定比例要求，并将这一比例作为核定学校政府扶持专项资金的重要依据之一。[③]

---

① 周旭. 搭建民办高校发展平台 建设高水平民办大学［N］. 重庆日报，2011-12-12（3）.
② 甄晓燕. 上海民办教育系列探索 扶持中规范［N］. 人民政协报，2012-7-18（C02）.
③ 甄晓燕. 上海民办教育系列探索 扶持中规范［N］. 人民政协报，2012-7-18（C02）.

《湖南省人民政府办公厅关于进一步促进民办教育发展的通知》(湘政办发〔2011〕38号)指出,各级教育、人力资源和社会保障行政部门应当把民办学校教师在职业务进修、骨干教师选拔培养纳入教师队伍建设规划和年度培养计划,并与公办学校教师同等对待。陕西省教育厅把民办高校教师的培训工作纳入到高校教师总体培训计划,并将在全省筹建1~2个学科培训和"双师型"教师培训基地,为今后更好地开展民办高校教师培训工作奠定基础。

在提供社会保障方面,上海市为缩小民办学校教师与公办学校教师退休后待遇的差距,通过多渠道(如企业养老金、企业年金、共享费等)提高民办学校专职教职工退休待遇水平。上海市教委从2009年便开始探索实施民办学校教职工年金制度,鼓励民办学校参照企业年金制度为专职教师缴纳年金,目前在全部民办高校和大部分民办中小学、幼儿园已实施。市财政对建立年金制度的民办高校拨付师资队伍奖励经费,2011年全市民办高校全年缴纳教师年金总额达1619万元,市财政相应奖励经费约2000万元。① 浙江省绍兴市编委规定,对新就业的大专及以上毕业生,被聘任到民办学校任教师的,可以参照执行与事业单位一致的养老保险;杭州市劳动、财政、教育、人事等部门规定,杭州市区民办学校聘用的具有杭州市区户籍、国家规定任教资格,在劳动年龄内、符合事业单位进人条件的教师,为参加市区机关事业单位职工基本养老保险的对象;宁波市规定,凡实行学历教育和学前教育的民办学校,其聘用的具有中级及以上专业技术职务的教师,可按规定参加事业养老保险。重庆市实施人才福利改善计划,设立民办高校教师最低工资指导标准,并为民办高校教师和管理人员购买社会保险提供每人每月200~300元补贴,以解决民办高校教师退休后待遇偏低的问题。②

在维护专业权益方面,上海市针对民办高校师资队伍水平差、整体教育质量不高的状况,从2012年起,启动民办高校"强师工程",每年投入近2000万元财政专项资金,委托上海师范大学等师资培训机构,加强对民办高校青年教师和管理干部的集中培训,培训内容主要包括教师资格证考试培训、财务管理人员培训、信息技术管理人员培训、人事管理干部培训、后勤保障管理人员培训以及教师教育教学能力培训等。支持民办高校优秀青年教师开展海外研修和各

---

① 甄晓燕. 上海民办教育系列探索 扶持中规范[N]. 人民政协报,2012-7-18(C02).
② 周旭. 搭建民办高校发展平台 建设高水平民办大学[N]. 重庆日报,2011-12-12(3).

种形式的产学研实践,直接受益的民办教师达 800 多人。① 同时,上海市为提高民办高校的科研能力,以科研促进教育教学和专业建设,2012 年度投入 1700 余万元专项资金资助 1000 余名民办高校骨干教师开展科学研究,投入 690 万元资助纳入"上海高校青年教师培养资助计划"的近 200 位民办高校教师,投入 900 万元资助民办高校开展青年教师科研项目、重点科研项目以及重大内涵建设科研项目。陕西省将民办高校教师任职资格培训、青年教师培训、教师专题培训、民办高校学科专业教师培训、民办高校骨干教师访问学者培训等项目纳入民办高校教师能力提升计划。重庆市教委将民办高校教师和校长培训纳入国家和市级培训计划,并规定民办高校要占一定比例。同时,实施职称评审开放计划,在授予两所民办高校中级职称评审权的基础上,鼓励更多符合条件的民办高校申请中级职称评审权,努力解决民办教师的职称问题。② 为加大对民办高校校长、管理队伍和骨干教师的培训力度,2010 年黑龙江省制定了《关于加强民办高校校长队伍建设的意见》,建立了民办高校校长培训机制,建设了民办高校校长培训基地,把民办高校校长培训纳入省财政统一培训计划,民办教育发展专项资金使用优先安排校长培训。2012 年黑龙江省教育厅安排培训经费 280 万元,对全省各级各类民办高校校长免费进行培训。③

二、依法保障民办高校学生的合法权益

在保障民办高校学生的合法权益方面,从 2005 年开始,上海市民办高校学生就与公办高校学生同样享受国家助学金、上海市奖助学金和国家助学贷款、副食品补贴、大学生医疗保险等资助项目,成为在全国率先保障民办高校学生与公办高校学生享有同等待遇的省份。2010 年,上海市在实施《上海教育中长期改革和发展规划纲要(2010—2020 年)》"十大工程"中的"教育国际化工程"等重大工程时,对于面向全市学生开展的项目,给予民办学校和公办学校学生同等待遇,对民办学校全覆盖。④《陕西省人民政府关于进一步支持和规范民办

---

① 上海市教委.2012 年民办高校"强师工程"实施情况 [EB/OL].(2013-06-05). http://www.shmec.gov.cn/web/wsbs/webwork_article.php?article_id=68817.
② 周旭.搭建民办高校发展平台　建设高水平民办大学 [N].重庆日报,2011-12-12(3).
③ 国家教育发展研究中心.黑龙江坚持改革创新　促进民办教育健康发展 [EB/OL].(2013-09-18). http://www.moe.edu.cn/publicfiles/business/htmlfiles/moe/s6635/201309/157546.html.
④ 甄晓燕.上海民办教育系列探索　扶持中规范 [N].人民政协报,2012-7-18(C02).

高等教育发展的意见》(陕政发〔2011〕78号)强调,民办高校统招生在升学、就业、创业、转学、考试、交通优惠、医疗保险、户籍迁移、档案管理、评奖评优、伙食补贴、公务员招考、"大学生村官"选拔、"大学生志愿服务西部计划"招募、"农村基层人才队伍振兴计划"招聘、"特设岗位教师"招聘等方面,与公办高校学生享受同等权利。① 江西省自 2009 年起,探索民办教育的"助困"政策,把民办普通高中和国家统招民办高校、二级学院中家庭经济困难学生一并纳入济困助学体系,为民办普通高中和考入民办高校、二级学院的家庭经济困难学生提供政府助学金 2000 万元。

---

① 陕西省人民政府. 陕西省人民政府关于进一步支持和规范民办高等教育发展的意见 [R]. 陕西省人民政府公报,2012(4):27-32.

第六章

国外政府扶持私立高等教育的政策措施

私立高等教育的产生和发展与社会的需求密切相关,它的存在缓解了高等教育的供需矛盾,提高了受教育者的素质,成为高等教育系统中不可或缺的组成部分。由于私立高校具有明显的公益性特征,所以出于公共政策伦理价值的考虑,国外政府一般会给予私立高校资助或其他形式的扶持。

第一节 国外政府扶持私立高等教育政策的概况

在高等教育成本分担理论和私立高等教育准公共性质的指导下,世界上许多国家已建立了合理的私立高等教育成本分担机制,实现了经费的多元化,其中,政府的扶持策略起到了关键作用,健全的法律法规体系和有效的公共财政资金管理是其重要保障。

一、健全的法律法规体系

立法,意指国家权力机关按照一定程序制定或修改法律。它是国家履行职能的主要方式之一,也是国家的一项专门活动。立法既包括有立法权的专门国家机关进行的立法活动,也包括经授权的国家机关进行的立法活动。法律、法规的特点是"定",其内容主要包括鼓励做什么、允许做什么、应当做什么、禁止做什么、保护什么、惩罚什么等。法律是规范人们社会行为的重要方式,一项活动一旦以法律、法规的形式确定下来,其就成为某项社会活动的准则,具有引导性、强制性和权威性。由于各国的国情不同,对私立高校资助的程度和范围也有所区别。但总体来看,大多数国家是以法律、法规为指导,制订了详细的资助计划且成立了专门的组织负责具体实施。下面主要介绍美国、日本、韩国的情况。

(一)美国

美国是当今世界私立高等教育的楷模,其私立大学无论是数量还是质量都在美国高等教育体系中占有举足轻重的地位。有学者认为,"美国私立学校教育可以这样来概括,即历史长、比例大、质量高、影响好"[①]。从数量来看,美国私立大学在美国高等教育领域中早已占据半壁江山。1997年,美国有私立高等院校4546所,占全部高等院校总数的68.2%。此后的近十年间,这一比例始终保持为67%～69%。[②] 私立高校在校生人数占全部高等院校在校生人数的比例约为五分之一。从质量来看,美国私立大学享誉全球,代表世界高等教育最高水平的大多数都为美国私立大学。美国形成了以哈佛大学、耶鲁大学、斯坦福大学等八所"常春藤盟校"为首的一大批世界著名的私立研究型大学,在美国国内,排名前20位的大学大多是私立大学。美国私立高等教育的发达与其法律体系的健全是密不可分的,法律、法规既保障了美国私立大学办学的规范性,也赋予了其充分的高等教育办学自主权。

1791年的《权利法案》为美国高等教育的多元化发展奠定了基础。美国"内战"前建立并保存下来的172所高等教育机构中,有150所是私立的,在1800年之前建立的院校中,仅有3所是公立的。"内战"结束后,美国政府开始在各州建立神学院,神学院是州立大学的雏形。州立大学一开始获得的资助较少,州政府的资助也比较少。1801年,为满足公众对高等教育的渴求,南卡罗来纳州议会批准向州立学院提供财政资助。[③] 通过立法拨款来资助州立学院发展的形式可以追溯到1819年的弗吉尼亚州,这个州最先对高等教育采取立法拨款的方式进行资助。但这一时期,无论是之前的殖民地政府还是独立战争胜利之后的联邦政府,对高等教育的资助都很少采取立法拨款的形式,即使有拨款,拨款数量也很少且不固定,主要还是采取间接的方式资助高等教育,例如,向各州赠予土地。这里不得不提及的是1819年的"达特茅斯学院案",该判例直接

[①] 孙绵涛.美国私立教育政策的若干特色及其借鉴意义[J].教育发展研究,2000(1):75-78.

[②] 肖甦.生存与发展:国际视野下的私立教育[M].北京:高等教育出版社,2011:254.

[③] 宫静.中美高等教育经费来源比较及启示[D].大连:大连理工大学硕士学位论文,2005:27.

导致美国公、私立高校的分立。它一方面保护了私立学院的性质,但另一方面也迫使州政府大力发展公立高等教育,州政府为公、私立高等院校划分了明显的界限,也影响了联邦政府资助高等教育的模式,即从1824年开始,不再对普林斯顿、耶鲁等私立学院进行政府资助,因此促使了私立学院寻找其他途径来筹集资金。①

1862年的《莫里尔法案》规定联邦政府在每州至少资助一所学院从事农业和技术教育。这是美国第一次以国家立法和经济调控的方式干预高等教育,由此开启了美国政府干预高等教育发展的新时代。该法案开辟了美国州政府对私立大学资助的先河,在使美国高等教育快速发展的同时,也大大地促进了美国工业和农业的发展。这一时期,许多公立院校产生的同时,私立院校也因获得了政府的赠地而得到发展。例如,这个时期的麻省理工学院、康奈尔大学等众多私立大学趁势而生,其抓住时机,在不断发展壮大自己的同时,也积极地为地区经济发展服务。《莫里尔法案》确立了联邦政府对高等教育新的拨款模式。法案在资助高等教育方面,没有区分公、私立高校的性质,为私立高校注入了新的资金,资助的领域由原来的农业教育扩展到工业和机械教育。该法案实施后,联邦政府的立法基本能平等地对待公、私立高校,不管是在科研资助还是在学生资助方面,都同样给予公、私立高校申请的权利。由此可见,这一时期的联邦政府通过一系列立法强化了对高等教育的干预,联邦资助的范围也更加广泛了,但是随之而来的是对接受资助的高校有了条件限制。任何政府支持的优先发展事项的计划、政策重点以及消费基金,通常连同其规则、条例,以及如何使用资金的规定一起出现。这些资金的接受者,无论是高等教育机构,还是学生,都必须同意遵守这些规定。纵观历史,此时,美国联邦政府和高等教育之间的关系已经改变,连同已经改变的联邦基金提供给高等教育的优先权和规则,所以说这种资助不可避免地伴随着政治附加条件。②可以看出,政府已经试图对私立高校的发展方向进行干预。为配合这一法案实施,美国国会先后颁布了《哈奇法》(1887年)、《亚当法》(1906年)、《纳尔逊修正案》(1907年)、《史密斯—利弗法案》(1914年)、《波乃尔法》(1925年)、《班克希德—琼斯法》(1935年)等作

---

① 汪海莲. 美国高等教育财政拨款政策对私立高校发展的影响研究 [D]. 成都:四川师范大学硕士学位论文, 2013:9-10.

② Twee. Federal Funds for Higher Education-History, Federal Support for Students, Federal Support for Research. (2011-7-10). http://education. State university. com/pages/1988/Federal-Funds-Higher-Education. html.

为补充；1890年颁布的第二个《莫里尔法》将联邦援助的范围扩大到农、工学院的学科建设。

美国国会于1917年颁布了《史密斯—休斯法》。该法要求各州成立州职业教育委员会，并接受联邦政府提供的对等经费资助，因为美国最终加入了第一次世界大战，使得学院和大学也卷入这次世界大战之中。第一次世界大战期间产生了第一批联邦政府与大学的研究合同，同时也诞生了一大批军事培训项目，军事机构数量的增加也带来了招生人数的增加，加之随着高等教育适龄人口和移民人数的增加，导致高等教育入学人数从1919~1920年的60万上升到1929~1930年的110万。[①]1944年《退伍军人权利法》又规定由政府贷款资助200万退役军人上大学。该法案实施后，联邦政府对高校的资助出现了一个高峰。实际上"凯恩斯主义"盛行之后，联邦政府力图在高校的发展中渗透国家意志，只是一直没有找到一个合适的方式，而1947年《鲍文报告》的发表促使联邦政府和州政府加快了对高等教育的财政拨款进程。1939~1940年度，美国有学位授予权高校的经常性收入总量为7.152亿美元，其中来自联邦财政的拨款为0.389亿美元，来自州政府的拨款为1.512亿美元，分别占总量的5.4%和21.1%；及至1969~1970年度，该类高校的经常性收入总量达215.152亿美元，其中联邦财政拨款达41.301亿美元，州政府拨款为58.736亿美元，分别比1939~1940年度增长了106倍和38倍，两类拨款占该年度比例分别为19.2%和27.3%。[②]由此可以看出，通过这些法案，联邦政府和州政府的大量资金源源不断地流入美国各类高校，当然这其中不乏私立高校。

1957年10月，苏联卫星成功发射强烈地刺激了美国，迫使美国进行教育改革。1958年出台的《国防教育法》明确指出，要在国家安全和战略方面充分发挥高等教育的作用，以此扫清联邦政府发展教育的宪法性障碍，将高等教育的国家地位上升到了一个新的高度，并成为联邦政府优先发展的战略重点，也使联邦政府以后能够大规模通过资助项目干预高等教育获得了合法性。该法主要以专项拨款的形式资助理科教育，并对政府拨款的使用进行了分门别类的详细规定。按照该法要求，政府从1959~1962年拨款8亿多美元用于资助美国

[①] 刘旭东，傅松涛. 美国联邦政府高等教育财政资助体制的早期孕育与成型[J]. 职业技术教育，2012（8）：76.

[②] 转引自：宫静. 中美高等教育经费来源比较及启示[D]. 大连：大连理工大学硕士学位论文，2005：29.

教育事业。另外,该法也规定国会授权于联邦政府,对本科生、研究生以及接受师范教育的学生提供专门的资助,体现在学科上要着重资助外语、数学和科学教育。1959~1968年的10年间,联邦政府在资助教育方面拨款近40亿美元。《国防教育法》的意义在于,它的颁布实施拉开了联邦政府在全国范围内向贫困学生提供资助活动的序幕;规定联邦政府应该为非营利私立学校提供贷款,大大刺激了美国私立大学的发展;以《国防教育法》为根本法,美国制定了《教育财政法》《卫生事业教育法》《图书馆服务设施法》以及《2000年教育规划》等多项法律,有力地保障了政府对教育经费的投入和增加。[①] 像1963年颁布的《高等教育设施法》规定,联邦政府向公、私立大学提供资金以促进自然科学、数学、现代外语和工程学等学科的教学、科研和图书馆建设。

虽然美国政府在殖民地时期就开始资助高等教育,但还缺少一部成熟的专门法律。在美国高等教育史上,1965年的《高等教育法》是第一部高等教育立法,它对高校的资助涉及方方面面,大量的奖学金、助学金和学习贷金以及对发展中的学院和社会学院的支持,为美国开始高等教育普及化奠定了基础,促进了美国高等教育的国家化和政治化,被当时哈佛大学的校长帕西称为"联邦政府问心无愧地直接关心高等教育而制定的第一个法令"[②]。《高等教育法》第一次明确规定联邦政府要向公、私立学校提供定期的全面资助,表明了联邦政府打算在高等教育发展过程中发挥更加积极的作用,会越来越多以直接的方式参与到高等教育的事务中。其中"加强发展中学院"这一条明确面向私立高校,"本条之目的是帮助那些由于缺少财政和其他资源,但具有潜力和愿望为国家的高等教育资源做出重要贡献的院校提高质量"。1968年的"肯定行动计划"是联邦政府针对种族不平等现象而提出的,该计划要求接受联邦百万元以上资助的高校在招聘教职人员时不得有种族歧视,不然,联邦将撤回对学校的财政资助,其精神与《高等教育法》是一脉相承的。

历史地来看,20世纪60年代,是美国经济迅速发展的时期,伴随政府财政能力的加强,政府加强了对教育的财政资助。虽然20世纪70年代的美国,受到经济危机和入学人数减少的影响,但是高等教育财政拨款在立法上还是得到了进一步的完善。1972年美国国会对《高等教育法》进行了修订,首次决定联邦政府不带任何附加条件向公、私立高等学校提供资助,同时向公、私立大学中

---

① 汤毅平. 美国私立大学教育立法解读与启示 [J]. 求索, 2004(8): 84-85.
② 殷超. 试析1965年美国高等教育法 [J]. 沧桑, 2012(3): 74-76.

经济困难的学生提供贷款。①《高等教育修正案》创立了学生最基本助学金——基本教育机会助学金,该助学金直接资助一切需要资助的学生,这也是联邦政府第一次以立法的形式直接资助学生(以前联邦政府资助学生是将资金先拨给学生所就读的高校,然后再由高校来管理经费)。1978年的《中等收入学生助学法案》又规定:对所有高校(不管是私立高校还是公立高校),不管其家庭经济情况如何,都可以向联邦政府申请基本教育助学金及其他贷学金。由此可以看出,联邦政府对学生的资助范围进一步扩大了。与此同时,各州也发布了一系列资助学生计划,以与联邦补助金相匹配。②可见,20世纪70年代末,美国政府的拨款政策已经完善起来。这种以市场机制为基础,以提高教育公平和质量为目的的财政资助模式就成为一股推动美国私立大学持续发展的重要动力。可以说,美国私立大学每一步的发展都离不开相关法律的保驾护航,这些规定为美国公、私立高校在经费方面处于同一起点上进行竞争提供了法律依据。

(二) 日本

日本是世界上最早实现高等教育大众化的国家之一,而其私立高等教育承担了高等教育普及化的主要任务,对日本的社会与经济发展都起到了积极的作用。当今,日本已经成为世界上高等教育系统私立化程度比较高的国家之一。可以说,日本是私立高等教育主导型国家,私立高校在其高等教育体系中占据非常大的比重。自20世纪50年代中期起,日本私立高校不仅在数量上而且在注册学生总数上就超过了国立、公立高校的相应数。日本的私立高等教育由大学(四年制本科及研究生院)、短期大学(两年制专科学校,简称"短大")和高等专门学校(简称"高专")三部分组成。据日本文部科学省统计,2006年,同类学校中私立大学为744所,约占高校总数的76.3%;私立短期大学为468所,约占高校总数的89.7%;私立高等专门学校为64所,约占高校总数的4.7%。③日本的私立大学在民众中享有较高声誉,为日本的科技发展、文化交流和教育产业做出了巨大贡献。如早稻田大学、庆应大学等私立大学,可以说其代表了日本的教育水平和荣誉,日本的许多有名之士都毕业于这些学校。如日本前首相

---

① 熊建文,张丽娜.美国私立大学办学模式对我国民办高等教育的启示[J].长春工业大学学报:高教研究版,2013(2):12-14.
② 杨晓波.美国联邦政府的高等教育政策研究[J].外国教育研究,2003(10):32.
③ 肖甦.生存与发展:国际视野下的私立教育[M].北京:高等教育出版社,2011:186.

竹下登、小渊惠三、森喜朗、小泉纯一郎、诺贝尔文学奖获得者川上春树等。日本作为一个"后发性现代化"国家，其私立高等教育无论在数量上，还是在质量上均已达到了世界教育发展的高水准，其重要原因是日本举国上下官民协力，重视教育事业的发展。

  日本政府十分支持私立大学的发展。同时，日本私立高等教育的大力发展跟日本政府重视教育立法是分不开的。日本具有教育立法的传统，重视通过教育法制的不断完善来保障学校的持续发展，使私立大学在规范化的轨道上前进。早在1899年，日本就颁布了《私立学校令》，对私立学校的设置、办学和管理等做出了明确规定。随着日本私立大学的发展，关于私立大学的法律、法规也不断增多，如1949年的《私立学校法》、1952年的《私立学校振兴会法》、1957年的《关于给予私立大学研究设备国家补助的法律》、1970年的《私立学校振兴财团法》、1975年的《私立学校振兴助成法》等，文部省也为执行《私立学校法》于1950年下发了《私立学校法施行令》和《私立学校法施行规则》。这些法律、法规共同构成了日本私立教育的法律体系，政府依靠立法这一方式，有效地监督与指导私立学校的办学、发展。

  日本政府1949年制定的《私立学校法》成为第二次世界大战后包括私立大学在内的日本私立学校办学、发展的基本法律根据。《私立学校法》指出，"根据文部省和地方法规程序，如果认为需要，政府可资助学校法人以便自主发展私立教育"，为此提出了尊重私立学校的自主性、实现私立学校的公共性和政府资助私立学校的三条有关私立学校发展的基本原则。《私立学校法》第一章第一条提出，"本法律考虑到私立学校的特性，以尊重私立学校的自主性、提高私立学校的公共性、使私立学校得以健康发展为目的"。尊重私立学校的自主性在法律上的具体体现就是对政府教育行政部门监督、管理私立学校的权限作出明确的限定。在该法第二章中关于私立学校的教育行政条文中将政府教育行政部门对私立学校的主要监督、管理权限定在私立学校的设立与废止这一点上，而且规定文部大臣在批准新设私立大学和下达关闭私立大学的命令时必须事先听取咨询机构——大学设置·学校法人审议会的意见。承认私立学校的公共性并确保其得以实现是关系到私立学校的性质与发展的另一个重要问题。由于私立学校的个人（这里的个人应包括单个人和若干"个人"的组合）所有性质与公共性之间存在着现实的矛盾，因此法律必须对私立学校公共性之实现做出相应的规定。例如，为了保证私立学校办学的民主性，《私立学校法》对私立学校的管理机构做了许多具体而明确的规定。私立学校的管理机构包括理事会、评议员会与监察员,理事会成员为 5 人以上,监察员为 2 人以上,所有理事会成员与监察员之间不得具有包括配偶在内的亲属关系。此外,私立学校必须设立人数为理事会两倍以上的评议员会。① 《私立学校法》还规定了理事、监察员与评议员的产生方法。以实现私立学校的公共性为前提,政府应该对私立学校的发展给予必要的支持与资助,这是《私立学校法》的又一基本精神。《私立学校法》第五十九条规定:"国家和地方政府在认为有必要振兴教育之时,可根据其他相关法律规定,对学校法人(私立)实施学校教育给予必要的补助。"除了上述三条有关私立学校发展的基本原则之外,《私立学校法》用较多的篇幅规定了学校法人的设立、管理、解散等问题。根据《学校教育法》的规定,日本的学校依据设置者的不同分为国立、公立、私立三类,国立学校的设置者为中央政府,公立学校的设置者为地方政府,私立学校的设置者为学校法人。《私立学校法》规定,申请成立学校法人,首先,必须具有一定数量的资金,该资金是成立学校法人者无偿捐赠、专门用来设置私立学校的。其次,必须根据文部省规定的手续,将成立人的目的、学校法人的名称、准备设置的私立学校的名称,有关理事会、评议员会、资产财务、解散等规则一并上报文部省。文部省在听取私立学校审议会或大学设置·学校法人审议会的审议结果基础上,作出是否准予成立的决定。②

  公共性是私立学校不证自明的属性。为了促进私立学校的发展,发挥其公共性,日本政府注意从融资的角度帮助私立大学解决经费问题。例如,1952 年制定了《私立学校振兴会法》,规定可以通过振兴会向私立高校提供贷款业务。1970 年制定了《私立学校振兴财团法》,规定设立具有半官方性质、接受文部大臣领导的日本私立学校振兴财团,其运作资金全部由日本政府负责提供。振兴财团负责分配和发放国家对私立学校经常性费用的补助金和长期低息贷款等,以维持并提高私立学校的教育条件。1975 年颁布了《私立学校振兴助成法》,专门针对政府对私立高校的资助责任做出了严格规定,强调国家和地方须动用公共资源支持私立高等教育的发展,指出"对学校法人在教学与研究上的经常性费用,国家和地方政府可在二分之一以内予以补助。国家和地方政府应努力

---

① 刘晓红. 中日私立高等教育的比较——兼论我国民办高教的可持续发展 [D]. 上海:华东师范大学硕士学位论文,2007:16.
② 胡建华. 日本私立大学的发展特点及其启示 [J]. 教育研究,2001(8):73-76.

采取必要的税制措施,以便于学校法人从事募捐"①。1976年制定了《私立学校振兴援助法施行令》,详细规定了政府对私立大学的经费资助金额以及资助方式等。②

(三) 韩国

韩国的高等教育分为三个层次:专科大学、四年制大学和研究生院。在韩国,90%以上的专科大学属于私立大学,在四年制大学和研究生院中,私立大学的比重也不少。韩国私立高等教育不仅办学层次高,而且在办学水平上可以与国立、公立大学相媲美,甚至一些规模大、历史悠久的私立大学的办学质量超过了国立、公立大学。韩国中央日报社的全国大学评价中,排在前20位的大学中私立大学就有16所。

韩国在短暂的50年间实现了高等教育的大众化和普及化,私立高等教育在其中起到了重要作用。1980年,韩国大学毛入学率为15.9%,进入了高等教育大众化阶段;1995年,韩国大学毛入学达到55.1%,跨入高等教育普及化阶段;到2002年,韩国大学毛入学率达到87%,仅次于美国和澳大利亚。③

为了使私立高等教育健康、稳定地发展,韩国政府通过一系列的政策法规,有效地调控、引导私立大学的发展。韩国国会于1949年颁布实施《农用土地改革法》,鼓励土地所有者创建学校以保住土地,引导国民投资包括高等教育在内的私立教育。1963年韩国政府颁布《私立学校法》,规定在资金方面政府可以向私立学校提供适度补助。它一方面加强国家对私立高校的监督和统管作用;另一方面,对私立高校的法人地位、权益和义务以及奖惩进行法律规定,也加强了私立高等教育办学的规范化。同时根据市场的需求,调整了高校的科类结构,缩减文科,增加理科。这些措施不仅消除了20世纪50年代盲目发展高等教育的负面影响,而且为20世纪70年代韩国高等教育的腾飞打下了基础。④

20世纪80年代,为了适应韩国经济的迅速发展和对高等教育需求的增长,韩国政府进一步加强了对私立高等教育办学资格等规定的细化工作,对设立私立高校所应具备的校舍、师资力量等都做了具体规定,私立高等教育开始进

---

① 耿萍. 日本私立大学经营体制研究 [D]. 北京:对外经济贸易大学硕士学位论文,2007:4.
② 张剑波. 论民办高等教育成本的政府分担 [J]. 大学教育科学,2006(6):41-45.
③ 吴春玉. 韩国私立高等教育政策的若干特点 [J]. 教育评论,2004(5):94-96.
④ 卫荣凡. 美、德、日、韩高等教育大众化发展道路依托因素的分析 [J]. 广西商业高等专科学校学报,2003(9):1-4.

入快速发展期。20世纪80年代后期,韩国私立大学的数量占韩国大学数量的80%以上,在校学生数占全部大学生在校生数的70%左右。私立高校的发展壮大为韩国教育全面发展做出了贡献,甚至有人认为韩国80%的高级人才都是私立高等教育培养出来的。[①]1989年韩国政府颁布了《私学振兴财团法》,规定成立私学振兴财团,以解决私立学校财政困难。2003年韩国政府颁布《对私立大学的内外部监察方案》,确定了私立大学财政的内部监察和外部监察相结合的方案,以提高私立大学财政的透明度。[②]一方面对学校法人从内部监察,同时通过社会上的独立公认会计师对学校进行外部监察,如有财务虚假情况则报给教育部,教育部可以对学校进行相应处罚。通过内部和外部"双管齐下"的监察,民办高校的财政透明度和公益性得到了保证。

二、有效的公共财政资金管理

为将公共财政支持私立高等教育的资金及时有效地划拨到位,大多数国家会成立相应的组织来筹集或管理这部分资金。在西方发达国家,由于政府利用公共财政支持私立高等教育的做法由来已久,相关法律法规和约束性制度比较健全,对支持私立高等教育的公共资金的管理往往与支持公办院校的资金放在一起,或者只是将对私立高等教育的公共财政资金的管理作为用于高等教育的公共财政资金管理机构的一部分,单独设立部门的不多。而在亚洲的日本、印度、菲律宾等国,面向私立高等教育的公共财政资金管理部门基本上是独立设立的。

(一)日本

第二次世界大战前,日本私立高等教育作为国立、公立高等教育的辅助形式,政府不仅没有给予应有的资助,而且还严加管制私立高等教育的发展。第二次世界大战后,由于私立高等教育在国家经济和科技发展中的巨大作用日益增强以及国立、公立高等教育存在"严进宽出"等招生和培养问题,加之教育民主化运动的发展,国家转向对私立高校提供资助,借助私立高等教育为国家发展战略服务。[③]可以说,公共财政资助是日本私立大学成功发展的重要原因之

[①] 张利. 韩国民办高校有法可依 80%大学为民办[N]. 参考消息特刊,2005-7-28.

[②] 吴春玉. 韩国私立高等教育发展的特点[J]. 集美大学学报,2006(3):41-44.

[③] 张爱华,于洪波. 战后日本资助私立高等教育的策略与模式[J]. 山东师范大学学报:人文社会科学版,2005(3):141-143.

第六章　国外政府扶持私立高等教育的政策措施

一。日本政府对私立大学的资助，自1975年公布《私立学校振兴助成法》以来，资助力度不断加大[①]，同时，日本政府还通过多种方式保障公共财政资金的有效利用。

在资助机构方面，日本政府依据《私立学校振兴财团法》设立了日本私立学校振兴财团，其工作包括：向学校法人提供补助金；向学校法人、准学校法人发放长期低息贷款；向学校法人、准学校法人提供事业援助费；募集、管理振兴私立教育的捐款，并向学校法人、准学校法人以及认为有必要援助的其他办学者分配；收集、调查、研究私立学校的经营信用，并给予指导。同时，文部省通过监督、检查、经济制裁等措施加强对私立高校的管理。其中，私学部的行政管理主要围绕着补助、减免税收和融资几方面进行。管理活动主要是对学校的一些活动进行管理。例如，私立学校收益事业，私立学校的举办者必须到主管部门登记收益事业的内容和类型，并在认可后予以公告，不得随意更改经营种类，以便政府减免税收。另外，日本还设立了校外的监督组织，每年对私立学校的管理运营状况进行调查、指导。为促进国立、公立、私立大学的学术研究发展，日本文部科学省设立了日本学术振兴会。它的管理范围不仅包括对科学研究项目进行申报、评审和实施，对项目经费进行分配，而且还包括对高层次科研人才的培养进行资助。[②]

在资助原则方面，根据日本政府对私立高校实施补助金制度的目的（改善私立学校办学条件、减轻学生学业经济负担和保障私立学校经营稳定），补助金的分配原则主要是倾斜分配。这项原则是1982年之后，为了提高经常费补助金的利用效率，日本政府针对经常费补助金的分配办法而提出的，其对提高私立高等教育的办学质量起到了有益的推动作用。对一般补助而言，倾斜分配对下列情况给予重点资助：一是学生定员超出或减少时；二是专职教师和学生的师生比例较小时；三是将学生学费等项收入作为教育、研究经费使用的比例较高时。对特殊补助而言，倾斜分配原则对改善教育、研究条件做得较好的私立高校给予较多的补助金额；对经营管理存在明显不足和没有充分利用补助金的私立高校，则实行五年停发补助金的制裁措施。[③]

[①] 陈永明[J]．教育经费的国际比较[M]．天津：天津教育出版社，2006：169．
[②] 徐延平，王康康．日本私立高校的政府补助机制及启示[J]．大学·研究与评价，2009(4)：32-37．
[③] 徐延平，王康康．日本私立高校的政府补助机制及启示[J]．大学·研究与评价，2009(4)：32-37．

在资助方法方面,第一,设立补助金基准额的调整比率,以有效配置补助金。具体的调整比率包括三个项目:① 计划招生人数与实际在校生数的比例;② 专职教师与在校生数的比例;③ 学生缴纳的学费收入与教学研究经费支出及相关设备支出的比例。第二,计算补助金的额度。日本对私立高等院校经常费的补助,包括一般补助和特殊补助两种。一般补助的基本计算方法是以教职员数或学生数为基数乘以大学各系统所定的补助单价,将此合计额作为补助基准额,乘以从最高130%到最低1%的调整系数;然后在此基础上,依据私立大学董事、教职员的高额工资等指标进行相应的二次调整;最后为使计算金额与预算金额相吻合,再一律予以压缩,最终得到实际补助金额数。特殊补助的具体计算方法是,一部分特别补助的拨付以专门委员评定的分数为基础,通过选择制和调整项目来实现倾斜性分配。①

(二)印度

印度的私立高校历史悠久,其成长得益于国家对其限制较少。在印度独立之前,许多慈善家、有宗教信仰的个人在一些大学建立了高等教育学习中心,以促进人的价值观、尊严以及诚信等品质的养成。印度私立高等教育在20世纪80年代,特别是90年代以来获得迅速发展。印度的私立高校主要有受助私立学院、自筹经费学院、自筹经费准大学、私立大学四种类型。现在,印度私立高等教育的规模越来越大,影响也越来越大。从规模上看,印度私立高等教育无论在院校机构数量还是学生规模方面已经"三分天下有其一"了,成为印度高等教育迈向大众化的主要力量之一。从影响上看,印度私立高校对印度经济发展做出了重要贡献。

印度对公共资助进行管理的机构主要是大学拨款委员会(University Grants Committee,简称UGC)。它属于中央级的教育协调机构,主要职责是推进和协调全国高等院校的发展,保持和监督私立学院的学术水平,向被认可的大学、学院以及相当于大学的机构提供经费。大学拨款委员会有权对大学以及私立学院、系视察,以便正确决定其财政需要,或确定其教学、考试、科研方面的标准,并对其提出建议,督促其改进提高。印度于1956年颁布的《UGC法案》及其修正案对UGC的管理权限进行了明确规定,主要包括两个方面:一是受中央政府

---

① 徐延平,王康康. 日本私立高校的政府补助机制及启示[J]. 大学·研究与评价,2009(4):32–37.

的委托对高等教育进行拨款。二是制定印度高等教育发展的方针政策,管理由中央经费支持的高等教育机构,协商并决定高等教育机构的标准。[1] 根据《UGC法案》第 13 条和第 14 条的规定,UGC 有权对全国的大学进行审查,并可以在审查后对它认为不合格的大学停止拨款。UGC 工作的关键环节是制定五年计划期间资助高校的方案。在制定方案前,要给各大学发通知,征询各大学在五年期间的发展计划,同时指出 UGC 在该五年计划期间侧重发展的领域。据此,各大学兼顾自己的需要与 UGC 的工作重点来制订自己的计划。UGC 要考虑国家计划委员会通过教育司可能下拨的经费数,对各大学的计划进行初审,根据可能得到的拨款数,建议各大学修改自己的计划,然后派视察小组分赴各大学。UGC 根据这些视察小组的报告,在总经费的额度内分配给每所大学经费。[2]

印度也在不断探索高等教育经费的制度化管理。一是不断探索资助模式。具体包括加强对经费投入的论证和规划,提高经费拨付方式的科学化水平;实施精细化投入;提高办学绩效在拨款公式中的权重等。这种高等教育资助思想和方式的转变导致印度高校资助范式从需求型拨款向规范型授权拨款转变,由投入型预算模式向产出型预算模式转变,分类财政补贴形式取代了明细支出预算模式;计划分配方案的制定严格以各高校的长期战略计划为依据,并与高校业绩相联系。二是督促实施财务信息的公开化。按印度法律与相关政策的规定,私立高校必须在规定时间内将本校年度经费的分配、使用和效果按统一标准制成财务报表,并上传到网络,让政府、民众对其财务执行和资金利用效益进行监督。印度政府规定,高校必须执行由印度特许会计师协会制定的会计准则和通用的财务报告格式。财务管理的专业化是增强预算科学性、规范经费使用、提高经费使用效率的重要举措,而财务管理的规范化则有助于预算的有效执行,并便于利益相关者对高校财务实施监督和评估。[3]

(三) 菲律宾

菲律宾是世界上私立高等教育发展最具活力的国家之一,其私立高等院校

---

[1] 吴媛媛. 印度私立高等教育行政管理体制研究 [D]. 杭州:浙江师范大学硕士学位论文,2013:25.
[2] 安双宏. 印度大学拨款委员会及其对我们的借鉴意义 [J]. 比较教育研究,2003(12):55-58.
[3] 张继明,范跃进. 印度私立高等教育经费政策探析 [J]. 国家行政学院学报,2015(6):88-93.

历史悠久、实力雄厚。菲律宾高等教育肇始于私立高校,是在殖民地时期产生的。菲律宾独立之后,在政府政策的引领下,菲律宾的私立高校占据了全国高等学校的大部分比例,对国家的经济和社会发展做出了重要贡献。菲律宾的私立高校一般分为三个层次:大学、学院和职业技术学院。从 20 世纪 70 年代末开始,菲律宾政府加强了对私立高校的资助,确立了国家资助私立学校教育的国策,鼓励私立高校的发展。[①]

为更好地管理公共资助资金,菲律宾政府早在 1968 年就与私人教育机构联合成立了赞助私立教育基金会,用其原始投入资金和历年的收入,为私立教育提供资助,并成立了支援私立教育的机构,如教育评估中心、菲律宾评审机构联合会及其附属机构、教育资本公司及其公司群。赞助私立教育基金会的主要资助项目是促进私立学校教师的发展,管理由政府国际基金机构、商业与产业出资支持的各种资助项目,还对教育的发展进行研究。为支持个别高校优先发展,解决私立高校投入不足等问题,1994 年菲律宾政府设立了高等教育发展基金,先期筹集了 9700 万元的资金。

从资助形式上看,菲律宾对私立高等教育的资助主要是通过计划(面向学校的国家资助计划、面向学生的国家资助计划和面向教师的资助计划)的形式进行的。[②] 国家资助计划主要有对卓越中心(Center of Excellence,简称 COE)与发展中心(Center of Development,简称 COD)的资助和高等教育机构管理发展计划(Higher Education Institution Management Development Project)。政府对 COE 和 COD 的资助方式是:由高等教育管理委员会管理并运作高等教育发展基金,对公立与私立院校各学科进行论证,对在教学、科研和社会服务等方面表现出最高水准的 COE 和 COD 给予项目财政资助。财政资助主要用于学生的奖学金、教师发展、图书馆和实验室建设、科研和社会服务、教学材料及其网络化建设等。面向高校学生的国家资助计划主要有两种:一是以奖学金的形式直接发放给具备一定资格的学生;二是以贷款的形式借贷给学生。面向教师的资助计划目标是提高教师的学历水平,使教师的教学方法有较大改进。该资助计划主要是从英语、自然科学、社会科学、数学、工程学和信息科技等优先发展领域选拔教师,资助他们学习。

---

① 张随刚. 东南亚国家私立高等教育政策比较 [J]. 黄河科技大学学报,2002(2):39-44.
② 陈武元,薄云. 试析菲律宾私立高等教育的政府资助体系 [J]. 高等教育研究,2006(12):101-106.

第二节 直接或间接的公共财政资助

公共财政资助是政府扶持私立高等教育发展的重要举措,从世界私立高等教育发展的实践来看,私立高等教育发达的国家主要采取直接或间接的公共财政资助形式资助私立高校的发展。

一、直接的财政补贴

不同国家由于传统和政治追求不同,对私立高等教育的定位不同,是否利用直接的财政补贴和补贴的额度也不相同。

(一)美国

美国私立高校的经费来源主要包括学费,政府财政(包括联邦政府、州政府以及地方政府),私人捐赠、奖学金以及合同收入,捐赠收入,销售与服务收入,其他收入六个方面。[①] 就政府财政补贴而言,美国私立高校获得了不少的直接补贴,而且尤以专项补贴为主,直接给予日常经费补贴的很少。如 1963 年颁布的《国防教育法》规定,向公立、私立非营利性大学设施提供联邦补助金和贷款,以促进以自然科学、数学、现代外语和工程学为对象的教学研究和图书馆建设。在联邦政府资助方面,一是以科技开发研究投入资助私立高校。这是通过一种公平竞争的方式,向具有较强研究能力的高校提供的资助。联邦政府规定,经过被"认证"的认证组织认证的教育机构,不论是公立还是私立,都有权利申请这项资助。二是对联邦政府确定的高等教育中应该着重发展的方面提供资助。[②]

美国对不同层次和不同水平的非营利性私立高校的支持力度不尽相同,是以绩效资助为前提的。在对美国政府资助的统计中,美国教育统计中心将政府资助项目划分为拨款、非限制性助学金与合同资助、限制性助学金与合同资助

---

① 周朝成. 美日中私立(民办)高等教育发展的政府经费资助之比较研究[J]. 复旦教育论坛,2007(5):79-83.
② 朱浩,杨汉麟. 美国私立高等教育办学经费多元化的成因及筹措渠道研究[J]. 教育与经济,2008(4):60-66.

以及专项经费资助,前两项为非竞争性资助,后两项为竞争性资助。[①] 如联邦政府和州政府会通过科研项目对私立高校进行招标,以使质量上乘、科研力量强的私立高校从政府那里获得巨额的研究经费。1992～1993年,联邦政府的研究经费绝大部分给了私立大学(约40亿美元),公立大学只获得2.4亿美元。总体来看,美国政府对非营利性私立高校的资助力度是很大的。2000～2001年,非营利性私立高校从联邦、州和地方政府得到的拨款、资助和研发合同等资助的款项分别为133.78亿美元、11.76亿美元和0.51亿美元,分别占到这些私立院校总收入的16.3%、1.4%和0.6%。

(二)日本

日本政府给予私立大学经常性费用的补助正式开始于1970年对私立大学实行的补助金制度(Subsidies),该制度为私立大学发展奠定了重要的经济基础。首先,日本制定了《日本私学振兴财团法》和《私立学校振兴助成法》。其中,《私立学校振兴助成法》第一条将"目的"规定为:"鉴于私立学校在学校教育中所发挥的重要作用,根据国家及地方政府支持私立学校的有关规定,为维持与提高私立学校的教育条件、减轻私立学校学生的经济负担并加强私立学校办学的健全性、使私立学校得以健康发展而制定本法律。"《私立学校振兴助成法》还专项规定政府可以拨款补助私立大学的办学经常性费用,补助金额不超过办学经常性费用的二分之一。政府将私立大学的补助经费先按计划拨给日本私学振兴财团,各私立大学再向财团申请拨款。补助金制度是政府给予私立高校最直接也是最重要的资助款项,包括两大方面的内容,即政府补助金和设施设备补助金(见表6-1、表6-2、表6-3)[②]。

政府补助金包括一般补助和特别补助两种。一般补助是指在学校日常运营费用方面的补助,主要用于教职员工的工资、福利和基础性科学研究等,其金额的算法是以教职员工、学生数为基数,乘以人均补助金额,计算出补助金额。通常情况下,政府会根据学校经营状况或学费用于教育和研究的比例对一般补助进行倾斜分配。特别补助指在一般补助的基础上对具有特色的教育研究给予的补助,以竞争性分配为原则,主要针对提高教育研究功能、推进信息情

---

① 周朝成. 美日中私立(民办)高等教育发展的政府经费资助之比较研究 [J]. 复旦教育论坛,2007(5):79-83.
② 张志义,李家永. 民办教育的研究与探索 [M]. 北京:北京师范大学出版社,2000:184-185.

报化、教育研究的国际交流、振兴终生学习、促进大学改革等社会性要求特别强烈、具有特色的教育研究事项进行特别性补助。

设施设备补助金也包括两种，一是私立大学科研设备配置费补助金，对私立大学配置基础性学术研究购置必需的机械、仪器、标本、图书以及信息处理等相关设备所需经费的 2/3 以内予以补助；二是对私立大学及其研究生院教育、研究设备配置费的补助金，以提高私立大学的学术研究水平，营造良好的科学研究环境。①

表 6-1　日本政府 2006～2007 年给予私立大学的经常性费用补助金情况②

单位：百万日元

种　类	2006 年	2007 年
专职教师工资	133822	133226
专职职员工资	43185	41660
教员经费	19298	13948
学生经费	10309	14268
认证评价经费	138	138
兼职教师工资	4493	4348
教职员福利保健费	9129	9191
私立大学奖学金事业费	5000	—
特别补助	37160	111271
合　计	257539	328050

表 6-2　日本政府 1999～2000 年给予私立大学的政府补助金情况

单位：百万日元

项　目	1999 年	2000 年	增减额
一般补助	225549	225549	0

---

① 王冬华，何彬生．日本政府对私立高校的财政资助及其启示 [J]．辽宁教育研究，2008(6)：95-99．
② 刘晓红．中日私立高等教育的比较——兼论我国民办高教的可持续发展 [D]．上海：华东师范大学硕士学位论文，2007：19．

续表

项目		1999年	2000年	增减额
特殊补助	合计	75101	83227	8126
	尖端学术	33793	38791	4998
	信息技术	14127	16705	2578
	国际化	10606	10696	90
	终身学习	3149	2940	−209
	大学改革	13426	14095	669
合计		300650	308776	8126

表6-3 日本政府1999～2000年给予私立大学的设施设备拨款情况

单位：百万日元

项目		1999年	2000年
尖端学术	学术前沿	5130	5130
	高科技研究中心	3984	3984
	生物技术	—	1150
	合计	9114	10264
	联合卫星	475	375
科研与教学	本科生科研	2770	2770
	研究生科研	2650	2730
	大学、学院教学	300	300
	职业学院教学	200	200
	合计	5920	6000
	语言发展	1500	1500
	教学中的信息技术	1170	1225
安全保护	障碍消除	—	110
	灾害预防	640	640
	合计	640	750
合计		18819	20114

二、间接的财政支持

私立高等教育发达国家对私立高校间接的财政支持主要表现为税收优惠

和低息贷款等。

（一）税收优惠

税收优惠主要包括两种形式：一是直接对私立高等教育机构实施减税政策，如免除私立高校的所得税、营业税、执照税，发行用于设备筹建的免税债券等；二是对与私立高校相关的组织或个人的减税政策，如对基金会、商业组织、捐赠者等为私立高校发展做出贡献的组织或个人减免税收。私立高等教育发达的国家，大都对私立高校实行税收优惠政策，美国、日本和韩国在这方面做得较好。

美国私立高校的资金来源并不完全依赖于政府财政投入和学生交纳的费用，其资金来源还包括校友捐赠、企业赞助、学校房产租赁等，其中校友的捐赠与企业的赞助占学校每年运行经费总量的一半以上，这主要得益于美国联邦政府对于捐赠款项的免税政策。《美国慈善捐赠法》规定对慈善捐赠和遗赠的税收进行减免。此外，美国对私立高校也采取了减少税收或免税的优惠政策。如密歇根州免除州内大学的汽油税和销售税，南卡罗来纳州允许私立高校开展房地产业务并给予税收优惠，另有11个州免除了私立高校的公债。[①] 按照美国国内税法的规定，除那些营利性质的私立大学外，公立和非营利私立大学按照相应的条件，都可以获得免税的优惠。据统计，美国私立高校被免除的不动产税的总值就相当于它们总收入的15%。[②]

日本政府除了拨付补助金这种对私立大学进行的直接经费资助外，鉴于私立高校的公共性，在税收方面也给予特别的优惠。日本政府实施了一系列与税收相关的政策。日本政府对于私立学校，几乎都不征收法人税，包括不征收所得税等国税以及居民税、事业税等地方税。依法享有减税的税收项目是收益事业税，而且还除去了收益中用于教育的校舍和体育馆的固定资产税、用于教科书及设施设备的消费税部分，将其作为损耗金处理，以此直接扶持私立高校发展。损耗金占收益全部收入的比率逐年上升，从1950年的30%，上升到1967年的50%，后来保持在50%或一年200万日元以内。另根据1993年制定的地价税，公益法人拥有的土地除了未用土地以外是非课税。同时，日本于1962年

[①] 谢安邦，曲艺. 外国私立教育[M]. 北京：中国社会科学出版社，2003：194.
[②] 王金瑶，来明敏. 美国私立高等教育发展的资金支撑体系及启示[J]. 高等工程教育研究，2003（4）：71-73.

开始实行指定捐助费制度,即对捐款和捐款者而言,当企业、团体和个人通过日本私学振兴财团对私立高校进行捐助时,可以在其应纳税总收入中扣除捐款数额。公司对私立教育的捐款,也可以在它的应纳税总收入中注销。①

韩国以税制支持私立高等教育的发展,具体措施包括:① 与学校正常运营直接有关的国税、地方税以非课税为原则。另外,在国内生产有困难、需要从国外进口职业学校教育用器材设备时,可以减免特别消费税,购买钢琴、放像机、摄像机等减免特别消费税,对校内食堂减免附加价值税。② 对学校法人的收益事业及收益用资产进行课税,但适用于非营利法人的法人税率;对面学校法人收益用土地只收一般税率。对于在学校法人收益事业中发生的所得用于学校教育支出时,认证为当年所得范围内的损失费,转让利益用基本财产发生的所得时,从转让之日起三年内免除用于教育事业的特别附加税。③ 对于医科大学的附属医院,把私立医院、牙科大学附属医院包括在公共法人中,对其收入给予优待税。②

(二) 低息贷款

除了对私立高校实施的税收优惠外,多数国家政府对私立高校的支持还包括低息贷款等财政支持。

日本文部省通过"日本私立学校振兴共济事业团"对私立高校的土地和校舍装修以及教育研究设施设备、灾害的恢复工作、公害的对策的设施设备事业等进行融资(见表 6-4)。③ 这种融资以政府资金(1994 年末为 398 亿日元)和财政投资为财源,维持长期(原则上为 20 年,最长达 50 年)而低利息(固定年利息为 5.5%)的贷款。④ 后来逐渐改善了贷款的条件,到 2003 年贷给的款项达 14639 亿日元。资料显示,2003～2009 年,日本私立学校振兴共济事业团的贷款预算一直稳定在 6000 亿日元左右。另外,日本私立学校振兴共济事业团还负责私立大学经常性费用补助金的交付、捐款的接受和分配以及学术振兴基金

---

① 刘晓红. 中日私立高等教育的比较——兼论我国民办高教的可持续发展 [D]. 上海:华东师范大学硕士学位论文,2007:19.
② 李文成,韩和明. 国外私立高等教育发展研究 [M]. 郑州:郑州大学出版社,2007:74.
③ 王冬华,何彬生. 日本政府对私立高校的财政资助及其启示 [J]. 辽宁教育研究,2008(6):95-99.
④ 刘晓红. 中日私立高等教育的比较——兼论我国民办高教的可持续发展 [D]. 上海:华东师范大学硕士学位论文,2007:19.

的管理运用与经营的咨询业务。

表 6-4　日本私学振兴共济事业团财源明细

单位：百万日元

名　　称	金　　额
借款计划资金	96000
政府出资金	300
财政融资金	27000
自己筹措资金	68700
财务投资机关债券	—
私学振兴债券	6000
其　他	62700

韩国政府于 1989 年 12 月 4 日设立了"私学振兴财团"，目的是为改修、维修和增加私立学校的教育设备融资，并制订了具体的融资计划。融资条件是，根据学校的财政状况，5 年借期，5 年偿还，年利息为 5%。[①]

第三节　对私立高校教师提供财政支持

师资队伍水平的高低直接关系到学校的教育教学水平，会对私立高校的发展产生重要的影响。由于私立高校的性质与公立高校有所不同，如何吸引高素质人才加入私立高校教师行列，如何培养一支高水平的师资队伍，如何留住优秀教师，是私立高校进行师资队伍建设时首先要考虑的问题。由于私立高校经费的筹措相对困难，单靠学校本身改善教师待遇或解决教师培养的问题有一定的难度，所以，需要政府介入，对私立高校教师给予一定的财政支持，这也会间接地推动了私立高校的发展。在对私立高校教师的财政支持问题上，法国、韩国、印度、菲律宾都采取了诸多有效措施。

一、直接的资金支持

法国在 1959 年通过《德伯雷法》，要求政府承担起私立学校教师的工资。

---

① 谢安邦，曲艺. 外国私立教育 [M]. 北京：中国社会科学出版社，2003：38.

中央政府会根据合同支付私立高校教师工资和一些其他支出,但行政人员工资、资本性支出和学员预算性支出由私立学校自行负担。

韩国政府为了加强私立学校教员的身份保障,由各市、道教员委员会长官把私立学校教员作为公立学校教员或教员专家聘用,同时根据《私立学校教员年金法》,在年金制度方面给予与国立、公立学校教员同等的待遇。

印度私立学校的教师基本工资由政府直接发放,私立学校教师的工资等于公立学校教师的工资,也直接由政府通过商业银行等机构支付。[①] 根据教师学历和任职情况,印度政府规定了私立附属学院不同级别教师的基本工资。低级讲师为 300 卢比 25 排萨至 600 卢比;较高级讲师为 430 卢比至 600 卢比 40 排萨;高级讲师为 700 卢比 40 排萨至 1100 卢比;高级主讲师一级为 700 卢比 40 排萨至 1100 卢比;高级主讲师二级为 800 卢比 50 排萨至 1250 卢比;高级主讲师三级为 1000 卢比 50 排萨至 1500 卢比。

目前菲律宾政府对私立高校教师的直接资金支持主要是通过"面向教师的资助计划"实施的。在菲律宾,尽管政府规定所有从事高等教育的教师必须具有其所任教专业的硕士文凭,但并不是所有的教师都符合这一要求。2001 年,菲律宾高校共有约 80000 名教师,其中只有 1/3 的教师具有硕士或博士学位。为此,菲律宾政府决定实施教师发展计划来提升教师的整体素质,改善菲律宾高等教育的质量,并从亚洲发展银行那里获得了资助,目标就是提高教师学历水平,把教师队伍中拥有硕士、博士学位者的比例翻一番。此外,政府还希望通过该计划的实施,使教师的教学方法有较大改进,可以让学生的学习取得更大进步,以提高学生参加职业许可证考试的通过率和毕业生的综合素质。该资助计划主要是从英语、自然科学、社会科学、数学、工程学和信息科技等优先发展领域选拔教师,资助他们学习。政府资助教师的学习计划类型多样,包括"不需要论文的硕士计划""需要论文的硕士计划""地方博士计划"和"三明治博士计划"等,供教师根据自己的实际需要进行选择。同时,该计划还对提前一个学期拿到硕士学位的教师给予一定的奖励。"面向教师的资助计划"的资助范围与额度见表 6-5。

[①] 邱小健. 印度政府财政资助私立高等教育的经验及其对我国的启示 [J]. 比较教育研究,2010(9):61-65.

表 6-5 菲律宾"面向教师的资助计划"的资助范围与额度[①]

资助范围	额 度
全部学费和其他费用	目前的学费和其他费用
定期生活津贴	全职教师为 10000 比索/月,兼职教师为 4000 比索/月
交通补贴	来自较远地方的教师可申请交通补助费
书本补助	硕士和博士全程的书本补助分别为 15000 比索和 20000 比索
论文补助	实验室、田野调查为 60000 比索,纯研究为 40000 比索
专题学位论文补助	实验室、田野调查为 100000 比索,纯研究 60000 比索
其他补助	最多分配 12 个课时的教学任务,或者每月补助 13440 比索,但仅限于全职教师
奖 励	对于那些比原计划提前至少一个学期拿到学位的教师奖励 50000 比索,但仅限于"需要论文的硕士计划"

二、教师发展资助

韩国政府积极支持私立学校的发展,在褒奖、研修机会方面把私立学校教员与国立、公立学校教员同等对待。韩国政府制定了《提高教员社会地位特别法》,在文教部设立了教员诉请审查委员会,保障私立学校的教师的合法权益。同时私立大学的教师可以与国、公立大学教师一同竞争,获得学术振兴基金会提供的学术研究经费。同时,为了保证私立学校教师安心工作,韩国以立法的形式采取了一些保障措施。例如,1973 年颁布《私立学校教师退休实施法》,1977 年颁布《私立学校教师健康保障法》,以此解决私立学校教师的后顾之忧,使教师安心于教育教学。韩国政府在教师科研项目攻关等方面的资助,对公立和私立学校一视同仁。韩国的私立高等学校成均馆大学在 2000～2003 年每年可获得 23 亿韩元的研究经费。三年内,该校东方研究所和人文科学研究所分获 4.1 亿和 0.7 亿韩元的科研基金。韩国的浦项科技大学 2009 年的教师研究经费为 116 亿美元,其中政府资助占 67.87%,POSCO 韩国浦项制铁公司资助占 23.48%,学校自筹经费占 4.40%,企业资助占 3.72%,其他占 0.53%。

菲律宾国会于 1989 年 6 月 7 日通过了《共和国法 6728 号:政府资助私立教育中的学生与教师法》。该法规定:高校师资发展基金设立于教育文化体育部内,目的是资助私立高校教师攻读研究生学位或接受非学位的培训和研讨

[①] 陈武元,薄云. 试析菲律宾私立高等教育的政府资助体系[J]. 高等教育研究. 2006(12):101-106.

班学习。高校师资发展基金由私立教育补助基金(Fund for Assistance to Private Education, FAPE)来管理,主要是针对私立学院和大学中承担教学任务的全职教师和管理人员。同时,该法对资助高校教师的条件做了规定:① 教师受资助一年,须在高校服务三年。② 受资助教师的专业必须是官方定的"优先专业"。③ 资助不能用于宗教目的。①

第四节 对私立高校学生及其家庭提供财政支持

由于私立高校的学费普遍高于公办高校,政府对私立高校学生及家长进行资助是保障教育机会均等和促进教育平等的有效手段。美国、英国、日本、韩国、印度、菲律宾等国从各个方面加强对学生及其家长的资助,努力为私立高校学生创设良好的学习环境。总的来看,私立高等教育发达国家对私立高校学生及家长的资助主要包括三个方面:助学贷款制度、奖(助)学金制度和勤工俭学制度、对学生家庭的补助。

一、助学贷款制度

贷款是一种针对学生的必须偿还原贷和利息的高等教育资助形式。大学生贷款制度自 20 世纪初实施以来,目前已在世界上 60 多个国家实行。

美国是开展助学贷款业务较早且较为成功的国家之一。美国联邦政府实行的学生贷款制度主要以向大学生提供贷款担保的方式来实现。任何取得高等教育机构入学资格的高中毕业生均可向联邦政府提出贷款申请,联邦政府通过设在各州的专门机构受理学生的申请,认为确有需要,就同意为其提供贷款担保,具体贷款业务则由银行办理。学生毕业后如不归还或不能按期还贷,则由联邦政府负责归还贷款。通常,由于学生贷款数额不大,人数众多,银行往往把学生贷款业务委托给各州专门办理学生贷款业务的公司代理。美国的助学贷款项目主要有两种:"帕金斯贷学金"和"斯坦福贷学金"。"帕金斯贷学金"是根据 1958 年《国防教育法》确定的、由政府出资提供的低利率长期贷款,主要资助家庭经济困难的学生。一个大学本科生一年可借贷 3000~15000 美元;研究生可借贷 5000~30000 美元,但学生在校期间的贷款总额(包括本科生和

---

① 张国才. 菲律宾国家资助私立教育法规述评 [J]. 现代教育论丛. 1994(5):57-61.

研究生阶段)不能超过30000美元。学生在校期间,政府替其支付5%的利息。学生毕业9个月后开始还款,还款期限一般为10年。学校可规定每月还款的最低下限,有的学校的下限低到每月40美元。学生如果参军或参加其他国家急需的公共事业可减免。"斯泰福贷学金"是根据《1965年高等教育法》设立的、美国目前最盛行的助学贷款,主要资助有经济需求的学生,按申请人的经济状况分为政府贴息和不贴息两种。本科生一年可申请2625美元,贷款利率随CPI浮动,一般不超过8.25%。它有两种形式,一种形式是资金直接来自于政府,政府承担风险;另一种形式是由银行或其他金融机构提供贷款,由州政府进行担保,联邦政府进行再担保。学生毕业6个月后开始还款,还款期限一般为10年,最长可以延长至30年。[①]美国助学贷款中比较有特色的是半工半读资助计划。该计划是由政府出资、学校管理的资助项目。凡经证明经济困难的学生,可安排在公共事业机构或非营利的私人机构里每周工作一定时间,获取一定报酬。学生们可在校内或校外工作,按小时取得不低于国家规定的最低工资标准报酬。这部分收入直接划入学校的账号,用于学生的学费和生活费开支。

英国政府对大学生资助问题给予了极大的关注。英国的《1902年教育法》最早提出向大学生提供助学金。2004年颁布的《高等教育法案》规定,从2006年9月起,英国大学学费上限为3000英镑,所有的全日制新生有权申请贷款。助学贷款的金额依据学生的家庭年收入而定。英国的所有贷款业务由学生贷款公司代理,贷款本金由政府的财政预算拨款。贷款的学生一般在完成学业后的次年4月开始还贷。贷款不计实际利息,但还贷的数额自借贷之日起即要根据零售物价指数(RPI)每年做相应调整,直至还清。政府一般在每年7月根据当时的零售物价指数以及年通胀率,确定下一学年的欠款调整率,通知已借贷或即将借贷的学生。大多数学生采用五年期按月还贷的方式。如学生借贷超过五学年,分期还贷期限可延至七年。毕业后属于低收入的借贷者(即收入不超过全国平均水平的85%),一次允许推迟还贷一年。此外,对于残疾的借贷者,政府在推迟还贷方面还有特别的优惠政策。如遇到借贷者意外死亡,或借贷者一直遵守还贷责任,经过25年或到50岁时(不论何时借贷)仍未还清所欠贷款,40岁以上开始学业的借贷者至60岁时,尚未归还的任何贷款及还贷责任将被免除。[②]

---

① 周俐萍. 国外助学贷款的成功经验[J]. 金融信息参考,2005(4):52-53.
② 袁东敏. 英国大学生资助制度对我国高校助学贷款政策的启示[J]. 内蒙古民族大学学报,2008(8):89-91.

为保证低收入家庭学生的入学,澳大利亚政府在实行收费的同时制定了学生贷款政策"高等教育贡献计划",即由州政府向学生提供贴息贷款,覆盖面达81%。根据该方案的规定,学生必须对他们接受的高等教育做出贡献,即交纳一定比例的学费。伍兰委员会建议"以各专业教学成本的20%为基准的成本差别学费",一般分为三类。1998年的三类贡献标准分别为:3356、4479、5593澳元,学生入学时可以选择支付学费或部分支付。若学生先支付了学费可享受25%的优惠,即只需交纳学费总额的75%。在先付中还可以采取部分先付,1998年澳大利亚统一规定凡选择部分先付的学生须至少缴纳500澳元以上的学费,可同样享受25%优惠折扣。

日本是世界上最早对在校大学生提供资助的国家之一。2004年之前的日本学生资助体系是由日本育英会根据《日本育英会法》来向学生提供助学贷款,以资助他们的学习和生活。日本育英奖学制度主要是国家和地方政府针对义务教育终结后志愿升学者中的经济困难者,给予各种经济援助的制度。1943年创设的半官半民的巨额融资贷学机构——日本育英会是日本育英奖学事业的主体。1952年,为确保学术研究和教育人才的输送,育英会创设了免除返还贷款的制度。之后,育英奖学制度不断发展,奖学贷学种类多样化,有适应私立大学学费的高额贷款,有鼓励从教的教育专业特别奖学金等。日本育英会奖学金不是助学金,而是贷款。约有14%的大学生可以取得贷款奖学金,其中10%的学生可以拿到无息的贷款奖学金。截至2000年,日本育英会已经向593万名学生发放共计41112亿日元的奖学金。2000年向69万多名学生发放共计4151亿日元的奖学金,比1999年增加9.8%。2003年向439593名学生提供了共计41112亿日元的奖学金。根据《育英会法》及其施行令,私立学校中的困难学生也同国立、公立学校中的困难学生一样享受其政策。并且由于私立学校的学费较高、开支较多,所以贷给私立学校学生每月的奖学金要比国立、公立学校的学生高。例如,给国立、公立大学生的是44000日元,给私立大学学生的是57000日元。[①]2004年之后,由日本学生支援机构(JASSO)负责资助资金的发放、管理、回收及相关工作。

日本的助学贷款分为无息贷款和有息贷款两种。无息贷款主要针对经济困难、最需要资助的学生,其中硕士和博士研究生也可以无息贷款。其主要用于学生支付学费,但申请标准比较严格,利息全部由政府承担,月贷款额度按照

---

① 陈永明. 日本私学发展五大特色[J]. 教育发展研究,2005(22):26-31.

学历递增；有息贷款更多用于学生的生活费，申请条件较低，覆盖面相对广泛，由借款者承担利息，贷款年利率为3%，远远低于一般性商业贷款，其中学生在校期间贷款的利息部分由政府承担，有息贷款月贷款额可根据自身情况在规定范围内任意选择。两种贷款可以同时申请，互不排斥。学生从毕业6个月后开始偿还贷款，国立大学学生偿还期限为11年，私立大学学生为14年，大学院硕士生的偿还期限为14年，大学院博士生的偿还期限为15年。贷款可以一次还清，也可以以月、半年或一年为单位分期付款，如果一次还清还有打折优惠。同时，日本制定了行之有效的分级免还优惠政策。日本文部省在新修订的日本育英会助学金制度中规定，凡在大学期间刻苦学习且成绩优秀的学生免还助学贷款；毕业后到中小学、公立大学和科研机构工作的大学生可以申请部分或全部免还。

韩国有一套完善的助学贷款机制。韩国主要推行国家优惠贷款。政府指定十几家金融机构向城市和农村学生提供低息贷款，每年提供两次。学生可携带录取通知书或学籍证明、户口本、居民证、印章等在指定银行申请。贷款额控制在学费范围内，不包括生活费，金额为100万～900万韩元，年利率为4%～5.75%。偿还期分一至两年的短期贷款和两年以上的长期贷款，最长可达11年。同时，韩国政府规定，在服兵役、升学、出国留学、身体致残、家庭破产、拘留等情况下，只要提供相关证明，即可酌情延长偿还期。[①]

印度政府于1963～1964学年就开始实施了国家助学贷款计划（National Loan Scholarship），为经济困难但有能力的学生提供国家贴息的无息助学贷款。2001年4月，印度政府推出了全新的助学贷款方案——教育贷款计划（the Educational Loan Scheme）。在此计划中，印度财政部和储备银行制定了纲领性的贷款方案——教育贷款总体计划，各银行（主要是商业银行）、信托机构和基金会等可以根据自己的利益、利润评估、利率等情况制定学生贷款计划。助学贷款的担保分成两个大档次，对40万卢比以下的助学贷款，贷款机构一般不严格要求抵押和保证金，利率比较低，一般为10.75%～11.5%；对于金额超过40万卢比的贷款，利率略有提高，大部分为11.75%～12.5%。[②]

菲律宾政府实施的是"现在学，以后还"计划（Study Now, Pay Later Plan,

---

① 周俐萍.国外助学贷款的成功经验[J].金融信息参考，2005（4）：52-53.
② 何建中.国外助学贷款的理论研究和实践探索及对我国的启示[J].上海经济研究，2008（4）：26-32.

SNPLP)。该计划主要是针对出身贫穷但又未能获得国家奖学金项目的较优秀学生专门设计的,目的是推动高等教育入学机会均等化。为了达到这个目的,根据菲律宾"共和国6014号法案"设立了学生贷款基金局,创办了学生贷款基金,该基金的资助项目涵盖了大学入学考试费、书本费、住宿费和其他学校费用。2006~2007年,该计划已向1190名受益者提供了17264860比索。菲律宾政府实施的针对卓越中心的学生贷款计划开始于2000年。它是根据《普通拨款法》而特别规定的学生贷款基金,为了提高贷款的发放效率以及还款率,2000年CHED开始向卓越中心的学生提供贷款。根据菲律宾"共和国8760号法案"设立的学生贷款基金的特别规定,政府提供3500万比索作为国家选定高校的周转资金,主要用于优秀学生的贷款。这3500万比索贷款基金计划提供给全国30所高校的437名学生,有资格的学生每学期最多允许借贷10000比索,一学年不超过20000比索。贷款主要用于学费和其他费用,年利息为6%,毕业后第13个月开始还贷,5年内分期付清。具体来说,也就是平均每所学校的14名学生可以得到120万比索的贷款,一直持续到他们毕业。2001~2005年,该基金至少向306名学生提供了2455.4万比索的贷款。除了上述全国性的贷款计划之外,菲律宾还有区域性的贷款计划,如面向比科尔地区的学生贷款计划。该计划设立于1999年,主要面向比科尔地区的公立与私立院校。1999~2000年,比科尔地区政府对该地区国家选定的高校提供了2000万比索的资助,截至2006年,已有965名学生受益。①

泰国的助学贷款计划始于1996年,自该计划执行到2006年,共向270万学生发放了2160亿泰铢(约合人民币502.3亿元)的助学贷款,帮助他们顺利完成高中及大学学业。我国从1999年至2009年实施助学贷款的11年间,共向451.8万学生发放了424.1亿元人民币的助学贷款。

二、奖(助)学金制度和勤工俭学制度

美国支付给高等院校或学生的助学基金,包括基本教育助学金(佩尔助学金PELLGRANT)和增补教育机会助学金(SEOG)。基本教育助学金是联邦政府对学生资助中最重要的一项,每年由国会通过这项助学金的预算,学生直接向联邦教育部提出申请,教育部根据学生家庭经济情况和实际需要对不同学生

---

① 陈武元,薄云.试析菲律宾私立高等教育的政府资助体系[J].高等教育研究,2006(12):101-106.

提供不同数量的助学金,每名学生每年至少为400美元,最多为2500美元。增补教育机会助学金,旨在帮助有特殊经济困难的合格中学毕业生从高等教育中获益,政府每年给学校的该助学金数量基本上是固定的,如果申请的学生比较多,则每个学生得到的资助就比较少;该项助学金也不需要偿还,获得者每年大概可以得到400美元至2000美元不等。①

英国大学生资助体系中,除政府贷款外,还包括两项生活费补贴,即无须偿还的政府助学金和学校助学金。政府助学金是由政府根据家庭收入状况发放的。按照最新政策,家庭年收入在17500英镑以下的大学新生,可以得到每年2700英镑的最高额助学金。家庭年收入在17500英镑到37425英镑之间的大学新生,可以得到从2700英镑到0英镑的数额递减的助学金。据估计,可以得到这项助学金的学生约占英国大学生总数的50%。学校助学金是由学校自行根据家庭收入状况发放的。英国政府的助学金主要来源于财政投入,而学校的助学金则来源于多种渠道:① 接受捐赠。捐赠者包括雇主、个人、已毕业的学生、家庭富裕的学生家长。学校设有"捐赠特别工作组",专门就大学如何提高总资金来源出谋划策。② 政府拨款。②

日本有较为完善的勤工奖学制度,学生获得勤工奖学的机会主要有以下途径:由国家经费设立的勤工俭学介绍所免费为学生介绍临时工作;由学校学务部免费为学生提供业余打工和锻炼的机会,缓解部分学生的经济困难。

韩国政府对私立大学学生奖学金资助的力度很大,1995年以来,韩国政府对私立大学学生的奖学金资助额度占全部资助额度的比例几乎是国立、公立院校所占比例的1.5倍。韩国政府对学生的奖学金分为无偿奖学金、贷款奖学金和工作奖学金(相当于勤工俭学)。在奖学金的额度上,私立大学比国立大学高。韩国政府以增加贷款计划或奖(助)学金等形式资助私立高校的学生,作为对私立高校高收费的一种补偿。据统计,2000~2005年,韩国私立高校学生获得的奖学金额度占到了总量的60%以上,2001年超过了80%。尽管私立高校的学费水平比公立高校要高很多,但学费占学校经费总收入的比例已从1985年的82.3%降至2002年的64.8%,政府资助所占比例则逐年上升。

印度政府制定了涵盖范围广泛、内容丰富的奖学金、助学金政策。2008年,

---

① 谷贤林. 美国私立高等教育财源体系研究[J]. 教育与经济,1999(1):59-62.
② 袁东敏. 英国大学生资助制度对我国高校助学贷款政策的启示[J]. 内蒙古民族大学学报,2008(1):89-91.

印度政府通过了两项议案,决定投入226亿卢比作为奖学金,资助优秀的贫困学生及残疾学生,此举将惠及52万人。第一个议案中,印度经济事务内阁委员会表示在第十一个"五年计划"(2007~2011)期间投入100亿卢比作为这个奖学金项目的核心部分,以帮助优秀的贫困学生解决日常生活开支,完成他们的大学梦。第二个议案提出的126亿卢比则是一个新的项目基金,旨在支持公平教育,资助残疾学生。①

菲律宾政府目前实施的学生资助计划除了"现在学,以后还"的贷款计划外,还实施了两项计划:一是根据菲律宾"共和国4090号法案"(以"国家奖学金法"著称)设立的国家奖学金项目(SSP),自1969年以立法形式确定以来,为所有公、私立高校的那些贫穷的但值得资助的菲律宾学生提供文、理科的国家奖学金,项目要求这类学生必须是所毕业高中的班级前10名,并且已决定申请国家选定的大学中的优势学科。2003~2004年菲律宾共有1500名受益者,2006~2007年,该项目已在全国范围内向1000人划拨了16142790比索的奖学金。二是根据菲律宾"共和国6728号法案"设立的专门面向私立高校学生的财政补助计划,只资助私立学院和私立大学的学生,旨在纠正其他大多数资助计划更多使上层、中层经济阶层出身的学生得益的偏向。这对那些有学习能力并准备注册私立院校的大学新生或已在国家选定的私立大学中的优势学科注册的学生来说,是一项很不错的学习补助。2003~2004年,菲律宾共有15989名受益者(包括中学生和大学生),2006~2007年,该补助计划已向14650名受益者提供了218802562.63比索。

三、对学生家庭的补助

政府对于学生家庭的补助政策是基于学生家庭是学生的主要资金支持者这一看法的,究其本质,这一政策主要是面向学生的,是在学生无力独自承担学费或贷学金的情况下出现的。

美国的《莫伊尼汉—帕克伍德法案》规定,联邦政府应对有子女就读于私立学校的家庭在所得税上给予优惠。《高等教育法1980年修正案》规定设立美国本专科学生父母贷款(PLUS贷款)。它由政府担保,由商业银行提供贷款,主要面向有信用记录良好的学生家长,利率在9%以内浮动,低于普通商业贷款,

---

① 邱小健.印度政府财政资助私立高等教育的经验及其对我国的启示[J].比较教育研究,2010(9):61-65.

利息从贷款发放之日起计算。①

日本政府为了减少学生家庭的教育费用负担,在1984年4月及1987年4月的临时教育审议会报告中提出了"应该考虑抚养高中生或大学生的家长的过度负担"。因此,日本制度于1990年制定了特定抚养家属制度,对抚养16岁到22岁学生的家长采取增加个人所得税和居民税中的抚养扣除金额,所得税每人扣10万日元,居民税每人扣5万日元。②

韩国政府实行注册费"自律化"政策,大学的注册费要考虑学生家长的教育费负担能力和物价水平,政府制定上限,各大学在上限线内自行决定。同时为了确保大学教育质量的提高,还必须根据"受益者负担"的原则维持教育费负担的平衡性。

---

① 全国林. 助学贷款政策的国际比较与借鉴[J]. 教育与职业,2012(9):109-111.
② 王冬华,何彬生. 日本政府对私立高校的财政资助及其启示[J]. 辽宁教育研究,2008(6):95-99.

第七章
完善山东省民办高等教育政策扶持的对策

  我国民办高等教育多是由地方政府管辖,在中央政府总体的政策管理下,尤其需要地方政府根据区域社会发展的现状,进行制度创新,有的放矢地构建地方政府的民办高等教育政策扶持体系,以此推动地方民办高等教育的发展,进而推动地方社会经济文化建设。可以说,地方政府是政策的真正创新者、推动者,是使创新动力得以持续的源泉。但是,在当前的民办高等教育发展过程中,地方政府职能存在着"越位"或"缺位"的误区。[①] 所谓政府职能的"越位"主要是指对那些学校自己可以解决的"小"问题,个别地方政府却插手太多,即"政府做了不该做的事"。在民办高等教育中,政府管理"越位"突出表现在个别地方政府习惯复制公立高等教育的管理模式来管理民办高等教育,直接干预民办高等学校办学自主权。所谓政府职能的"缺位"是指政府在行政管理过程中,未能履行好自己应尽的职责,该政府管的,政府没管或没管到位。在民办高等教育发展过程中,政府"缺位"主要表现在财政资助上的"缺位"、民办高等教育发展整体规划的"缺位"、政府维护公平的管理职能"缺位"、政府对民办教育中介组织的培育职能"缺位"等。[②] 因此,完善政府职能结构,减少"越位",弥补"缺位",提升管理与服务质量,是促进各地民办高等教育健康、持续发展的重要举措。结合我省民办高等教育政策现状,借鉴国内外民办(私立)高等教育政策扶持情况,我们认为,可从构建民办高校分类管理体制、出台公共财政扶持民

[①] 张庆. 论民办高等教育中政府职能的"越位"与"缺位"[J]. 湖南涉外经济学院学报,2013(2):7-11.

[②] 张庆. 论民办高等教育中政府职能的"越位"与"缺位"[J]. 湖南涉外经济学院学报,2013(2):7-11.

办高等教育发展政策、完善民办高校教师社会保障政策和清理并纠正针对民办高校的各类歧视政策四个方面完善我省的民办高等教育扶持政策。

第一节 构建民办高校分类管理机制

规范管理是政策扶持的前提。国外的私立教育政策是建立在对非营利性私立教育与营利性私立教育分类管理的基础上的。从这一点来看,分类管理是世界范围内私立教育发展的趋势,也是我国民办高等教育事业发展的重要举措。我们认为,构建民办高校分类管理首先要实现统筹规划,在民办教育与公办教育一盘棋的基础上进行。

一、提高各级各部门对民办高等教育重要性的认识

民办高等教育是高等教育事业的重要组成部分。从国内外民办(私立)高等教育的发展经验可以发现,做好民办高等教育发展的统筹规划是至关重要的。若政府缺乏对民办高等教育事业的统筹规划,将使民办高等教育市场的秩序混乱和使民办高校的整体竞争力削弱,最终影响教育资源的合理配置,导致教育资源的浪费,使民办高等教育的发展陷入边缘化的境地。

观念是行动的先导,地方政府能否公平对待民办高等教育,对民办高等教育是否加以扶持,很大程度上取决于政府及其职能部门对民办高等教育的认识程度。例如,正是因为陕西省相关领导认识到了民办高等教育发展在加快高等教育大众化进程、提供多样化教育选择、创新教育管理体制、增加教育公平和提高教育效率等方面不可替代的重要作用,并将民办高等教育发展作为全省改革开放的标志性成果之一,才促使陕西省2012年出台了《陕西省人民政府关于进一步支持和规范民办高等教育发展的意见》(陕政发〔2011〕78号),决定省财政从2012年起每年设立3亿元民办高等教育发展专项资金,力争使陕西民办高等教育在全国保持优势地位,成为建设教育强省的重要力量。

但是,山东省一些地方的领导和相关部门对民办高校还存在偏见,尚未充分认识到民办高等教育发展对于区域经济建设和社会发展的重要意义,或认为民办高等教育可有可无,或认为我省民办高等教育发展还处于起步阶段,办学规范性不强,制约了我省高等教育事业的总体发展。这些认识都是导致我省民

办高等教育政策和法规建设落后于全国多数省市的重要原因。

为完善我省民办高等教育扶持政策，必须引导各级各部门从全省教育事业发展的战略全局角度出发，进一步提高对民办高等教育重要性的认识，真正确立"民办教育是我国教育事业的重要组成部分"的理念，树立"公办、民办教育一体化"的大教育体系观，强化政府职责，科学规划公办高校和民办高校的市场分布，将民办高等教育纳入教育事业发展总体规划，纳入经济社会发展规划；以促进民办高等教育可持续发展与保证民办高等教育的公益性为基点，以体现公办、民办高等教育事业的协调发展为原则，制定民办高等教育发展的宏观规划；借鉴兄弟省份做法，尽快出台我省《关于进一步促进民办高等教育发展的若干意见》等一揽子扶持民办高等教育发展的文件，进一步细化和完善有关财政资助、税收优惠、建设用地、银行贷款、教师权益保障等各项政策，构建完备的民办高等教育政策法规体系。同时，各地市要结合本地本部门实际，认真研究民办高等教育发展规划和政策措施，切实加强对民办高等教育工作的领导。

二、构建民办教育发展协调机制

教育政策的制定是一项涉及各方利益的复杂过程，民办高等教育政策的制定也不例外，其关涉教育部门、发展改革部门、民政部门、财政部门、人力资源和社会保障部门、国土资源部门、税务部门、工商部门等部门。当前，北京市、天津市、辽宁省、黑龙江省和陕西省等都建立了民办教育发展协调机制，或成立民办教育工作协调小组，或定期召开民办教育工作联席会。其中，辽宁省为了进一步健全、完善省政府对民办教育工作的管理体制和协调工作机制，2008年下发了《辽宁省人民政府办公厅关于建立辽宁省民办教育工作联席会议制度的通知》（辽政办发〔2008〕16号），在省政府层面建立了民办教育工作联席会议制度，负责统筹研究并协调解决贯彻国家、省有关民办教育法律、法规和政策中的重大问题，研究解决民办教育发展和管理中遇到的突出问题。联席会议制度由分管副省长担任召集人，省政府副秘书长担任副召集人，省教育厅等14个与民办教育发展相关的部门为成员单位。2009年，辽宁省召开了首次民办教育工作联席会议。辽宁省各地市也相继建立民办教育工作联席会议制度，负责传达贯彻国家和省、市有关民办教育的法律和政策措施；研究民办教育发展和管理中的问题；交流通报民办教育工作信息及发展情况；指导协调各部门的民办教育工作等。

山东省2007年颁布的《山东省人民政府关于加强民办教育规范管理 引导民办教育健康发展的意见》(鲁政发〔2007〕3号)指出,要切实加强对民办学校规范管理工作的领导,建立促进民办学校健康发展的工作协调机制,在省委、省政府的领导下,省科教领导小组负责协调民办教育规范管理的重大问题,具体工作由教育主管部门负责。发展改革部门、劳动保障部门、人事部门、财政部门、税务部门、审计部门、监察部门、金融部门、国土资源部门、建设部门、公安部门、民政部门、价格部门、工商部门等有关部门要按照职责分工,认真落实民办教育发展的各项政策,积极做好服务、管理、监督工作。但是,山东省促进民办教育发展的协调机制尚不健全,有待完善。同时,山东省已经出台的一些关于民办教育的利好政策,个别部门在执行过程中不予以贯彻,这与其不认可民办高等教育存在与发展的意义,不认同国家及有关部门的教育政策文件有很大关系。

为更好地完善我省民办高等教育扶持政策,应借鉴兄弟省份经验,将民办教育工作协调机制制度化,明确分工,对制约民办教育发展、涉及全局性的问题进行研究,共同协商,找到合适的解决办法。

三、实现民办高等教育分类管理

当前,《国务院办公厅关于开展国家教育体制改革试点的通知》(国办发〔2010〕48号)已将上海市、浙江省和广东省深圳市纳入了营利性和非营利性民办学校分类管理试点工作。2013年,山东省教育厅、省发展和改革委员会、省财政厅和省人力资源和社会保障厅联合印发了《山东省非营利性民办职业院校认定管理办法(试行)》(鲁教职发〔2013〕8号,简称"《办法》"),在分类管理方面迈出了实质性步伐,《办法》将"明确提出不以营利为目的,办学结余不用于举办者分配而全部用于本学校发展,且法人治理结构健全、法人财产权独立完整、办学活动规范"的民办职业院校确定为非营利性民办职业院校。

根据问卷调查统计数据,78%的被调查对象认为我省应该对非营利性民办学校给予更多的财政资助,对营利性民办学校给予一定的财政资助。为更好地促进我省民办高等教育发展,我们建议在试点的基础上尽快建立民办高校分类管理体制,明确民办高校的法人属性,进一步界定民办高校营利性与非营利性的分类标准,实行分类管理,将非营利性民办高校作为支持重点,明确具体、操作性强的鼓励扶持政策。根据山东省民办高等教育发展情况,笔者参与讨论起草了《山东省民办高等学校分类管理实施办法》,具体内容如下。

山东省民办高等学校分类管理实施办法

第一章 总则

第一条 为建立适应民办高等教育改革发展形势的民办高等学校管理机制,适应我省民办高等教育的快速发展,根据《国家中长期教育改革和发展规划纲要(2010—2020年)》的精神,结合我省实际,特制定本办法。

第二条 本办法涉及的民办高等学校,包括民办普通高校和全日制民办高等教育助学机构。

第二章 分类

第三条 民办高等学校按照非营利性、营利性进行分类登记,由举办者自愿申报,省级有关部门审核确定。

第四条 非营利性民办高等学校主要包括捐资举办的民办普通高校、投资举办不要求取得合理回报的民办普通高校以及投资举办要求取得合理回报的民办普通高校。部分全日制民办高等教育助学机构,经自愿申报和省级有关部门考核后,也可认定为非营利性高校。

第五条 省民政部门是非营利性民办高等学校的登记管理机关,省工商行政管理部门是营利性民办高等学校的登记机关,省教育行政部门是非营利性和营利性民办高等学校的业务主管部门。

第六条 非营利性民办高等学校经教育部门审核后,由民政部门依法登记。其中,捐资举办、投资举办且不要求取得合理回报的民办高等学校,登记为民办自收自支事业单位法人;投资举办要求取得合理回报的高校,登记为民办非企业法人。非营利性全日制民办高等教育助学机构登记为民办非企业法人。营利性民办高等学校经教育部门审核后,工商行政管理部门依法登记注册为企业法人。

第七条 民办高等学校法人属性确定后一般不予变更。确需变更的,需进行资质审查和财务审计,符合条件的,经省教育行政部门审核批准,向原登记机关申请注销登记后,由新的登记机关进行登记。

第三章 登记与变更

第一节 非营利性民办高等学校的登记与变更

第八条 非营利性民办高等学校设立登记,应当具备下列条件:

(一)经省教育行政部门审查同意;

（二）由教育部或省教育行政部门颁发办学许可证；

（三）有规范的名称、必要的组织机构；

（四）有与其业务活动相适应的从业人员；

（五）有与其业务活动相适应的合法财产，且合法财产中的非国有资产份额不得低于总财产的三分之二；

（六）有与其业务活动相适应的，且有10年以上合法使用权的场所；

（七）法律、法规、规章规定的其他条件。

第九条　申请设立非营利性民办高等学校，应当向省民政部门申请名称预登记。省民政部门应当自收到申请之日起7个工作日内，为举办者办理名称预登记，核发《名称预登记通知书》。

第十条　完成名称预登记后，举办者应当向省教育行政部门提交设立非营利性民办高等学校的申请报告及相关材料。省教育行政部门应当自收到申请报告及全部有效文件之日起3个月内，按照规定进行审查，作出同意设立或者不同意设立的决定，并制发书面文件。

第十一条　申请非营利性民办高等学校设立登记，举办者应当向省民政部门提交下列材料：

（一）登记申请书；

（二）举办者的身份证明；

（三）省教育行政部门核发的批准文件；

（四）办学场所使用权证明；

（五）社会审计组织出具的验资报告；

（六）拟任法定代表人、负责人的基本情况、身份证明；

（七）省教育行政部门审查同意的章程；

（八）省教育行政部门核发的民办学校办学许可证。

第十二条　省民政部门应当自收到设立登记申请的全部有效文件之日起30日内作出准予登记或者不准予登记的决定。准予登记的，颁发法人登记证书；不予登记的，说明理由。

第十三条　非营利性民办高等学校核准登记后，凭登记证书向有关部门申请办理刻制公章、代码证书、设立账户等手续，并及时报省民政部门备案。

第十四条　非营利性民办高等学校需要变更登记事项时，应向省民政部门提交法定代表人签署并加盖公章的变更登记申请书。变更登记事项涉及办学许可证记载事项的，还应当提交省教育行政主管部门出具的审查意见书。

第十五条　非营利性民办高等学校的名称、住所、业务范围、法定代表人或负责人、开办资金、机构类型等需要变更的,除按第十三条规定外,还须分别提交下列材料:

(一)名称变更:理事会(董事会)决议、通过的新章程;

(二)住所变更:变更后新住所的产权或使用权证明;

(三)业务范围变更:变更后的业务范围、理事会(董事会)决议;

(四)法定代表人变更:变更后法定代表人的身份证明、个人基本情况及前任法定代表人的离任审计报告,理事会(董事会)决议;

(五)负责人变更:变更后负责人的身份证明、个人基本情况,理事会(董事会)决议;

(六)开办资金变更:法定验资机构出具的验资报告。

第十六条　非营利性民办高等学校的登记内容有需要变更的,应当在变更发生的30日内向省教育行政主管部门提出变更登记申请,60日内向省民政部门提交变更登记申请材料,省民政部门应在收到全部有效文件之日起30日内,作出准予变更或不准予变更的决定。

第十七条　省民政部门核准变更登记的,非营利性民办高等学校应缴回原法人登记证书正副本,由省民政部门换发新的登记证书。

第十八条　非营利性民办高等学校有下列情形之一的,经省教育行政部门审查同意后,应当向省民政部门申请注销登记:

(一)章程规定的期限届满或者其他解散事由出现的;

(二)因分立、合并需要解散的;

(三)无法正常开展活动的;

(四)教育部或省教育行政部门撤销设立决定的;

(五)终止业务活动的;

(六)其他应当注销登记的情形。

第十九条　非营利性民办高等学校在办理注销登记前,应当在省教育行政主管部门及有关部门的指导下,成立清算组织,完成清算工作。清算期间,非营利性民办高等学校不得开展清算以外的活动。

第二十条　非营利性民办高等学校法定代表人应当自完成清算之日起15日内,到省民政部门办理注销登记。办理注销登记,应当提交注销登记申请书、省教育行政部门的审查文件、注销税务登记的凭证和清算报告。

省民政部门应在收到非营利性民办高等学校申请注销登记的全部有效文

件之日起 30 日内，作出准予注销或不准予注销的决定。

省民政部门准予注销登记的，由省民政部门发给注销证明文件，收缴登记证书、印章和财务凭证，并将注销登记情况告知省教育行政部门及其他相关部门。

第二十一条　非营利性民办高等学校在分类登记管理中违规行为的处罚，按照《民办非企业单位登记管理暂行条例》有关规定执行。

第二节　营利性民办高等学校的登记与变更

第二十二条　营利性民办高等学校按照相关法律法规规定可以登记为公司制企业、个人独资企业、合伙企业及其他法人企业。

第二十三条　营利性民办学校须经业务主管单位审批并领取相应的办学许可证后，凭办学许可证到登记管理机关办理登记手续。

第二十四条　营利性民办高等学校变更名称、地址、办学（经营）范围、举办者、法定代表人等应经原审批机关批准，持变更后的办学许可证、批准文件和《公司登记管理条例》规定的文件，向原登记机关申请变更登记。

第二十五条　营利性民办高等学校的分立、合并、注销，应经原审批机关批准，持批准文件和《公司登记管理条例》规定的文件，向原登记机关申请登记。

第二十六条　营利性民办高校凭登记机关核发的《企业法人营业执照》刻制印章。

第二十七条　营利性民办高等学校应持经教育部门年度检查的办学许可证和《企业年度检验办法》规定的文件，在规定的时间内向登记机关申报年度检验。

第三章　扶持

第二十八条　依照国家有关规定，营利性和非营利性民办高校分别享受不同的政策待遇。

第二十九条　建立非营利性高校"非国有"事业单位管理体制，全日制民办普通高等学校比照相应的事业单位进行管理，学校、教师与学生享有公办高校、公办高校教师与学生同等的待遇。特别是保证民办普通高等学校教师与公办高校教师在社会保险等方面的待遇一致。

第三十条　对非营利性民办高等学校实行扶强扶优，每年设立 3 亿元民办高等教育专项资金，在师资引进和培训、实训条件、专业建设等方面进行专项支持，并用于奖励和表彰对民办高等教育发展做出贡献的单位和个人。

第三十一条　非营利性民办高等学校的财务管理实行法定代表负责制,须设立专门的财务部门对学校的预算、收入、支出进行管理并指定部门进行监督。营利性民办高等学校财务管理参照企业财务管理办法。

第三十二条　落实民办高等学校的优惠政策。非营利性民办高等学校的优惠政策应等同于公办学校,营利性民办学校可以以有偿出让的方式享有土地使用权、可免征教育劳务收入的营业税、减半收取建设规费等。

第四章　附则

第三十三条　本办法由山东省民政厅、山东省工商行政管理局、山东省财政厅、山东省教育厅、山东省人力资源和社会保障厅负责解释。

第三十四条　本办法施行前已经成立的民办高等学校,应当自本办法实施之日起6个月内依照本办法予以规范。

第三十五条　本办法自发布之日起施行。

第二节　制定公共财政扶持政策

民办高等教育作为一种准公共产品,其最大的价值是为社会的利益攸关方提供服务,其受益者主要包括受教育者个人和社会。因此,民办高校提供教育服务与公办高校一样具有社会公益性。从政府在公益事业中应承担的责任和能力原则以及受益原则出发,政府对民办高等教育事业给予一定的财政资助是责无旁贷的。[①] 同时,从国内外民办(私立)高等教育发展经验看,政府的财政资助是民办(私立)高等教育健康发展不可或缺的重要保障。

2002年《中华人民共和国民办教育促进法》颁布后,我国大部分省份都出台了公共财政扶持民办教育发展的政策,主要包括设立民办教育发展专项资金,拨付生均公用经费,提供奖励性资助,提供具体项目资助,提供学生奖助金,提供物质化投入,税收、土地优惠和融资支持等。山东省也已经在税收优惠等方面出台了扶持民办教育发展的政策。

在公共财政扶持方面,设立民办教育发展专项资金是最普遍、最直接的途径。2002年颁布的《中华人民共和国民办教育促进法》第三条规定:"民办教

---

① 张庆. 论民办高等教育中政府职能的"越位"与"缺位"[J]. 湖南涉外经济学院学报, 2013(2): 7-11.

育事业属于公益性事业，是社会主义教育事业的组成部分。"第四十四条规定："县级以上各级人民政府可以设立专项资金，用于资助民办学校的发展，奖励和表彰有突出贡献的集体和个人。"2004年颁布的《中华人民共和国民办教育促进法实施条例》第四十一条规定，"县级以上人民政府可以根据本行政区域的具体情况，设立民办教育发展专项资金。民办教育发展专项资金由财政部门负责管理，由教育行政部门或者劳动和社会保障行政部门报同级财政部门批准后使用。"①《国家中长期教育改革和发展规划纲要（2010—2020年）》、教育部《国家教育事业发展第十二个五年规划》和《关于鼓励和引导民间资金进入教育领域促进民办教育健康发展的实施意见》（教发〔2012〕10号）等也都对上述法律法规进行了重申和具体解释。

目前，北京、上海、浙江、江苏、广东、黑龙江、江西、河南、湖南、四川、重庆、贵州、云南、陕西、甘肃、宁夏、广西、内蒙古已经设立了民办教育发展专项资金。这17个省份中，东部地区占4个，中部地区占4个，西部地区占9个。除这些省份外，天津等地也正准备设立民办教育发展专项资金。在民办教育专项发展资金资助金额方面，各省份的资助金额从1000万元到3亿元不等，并且各省份的资助金额也随着地方财政收入的增长而增长。如陕西省政府从2012年起每年设立3亿元民办高等教育专项发展资金。

在民办教育专项发展资金资助方式方面，一是拨付专项补助。如上海市按照生均1000元的标准确定每所民办高校专项资金拨款总额；内蒙古自治区对具有高等学历颁发资格，办学水平和教育质量达到国家评估合格标准，完成自治区下达的高校招生计划，并到达一定办学规模的民办高等学校，依据高等教育在校生人数，按照自治区直属高校财政生均拨款定额的10%给予经费补助。二是项目资助。如云南省从2009年起，每年预算安排2000万元专项资金用于民办教育发展，这些专项资金重点支持民办学校征地、改扩建、图书和教学仪器设备购置等项目，以及示范性民办学校的教育质量建设、师资队伍建设、学校文化建设、学校特色培育和民办教育课题研究等项目。三是项目奖励。如湖南省设立了"优质民办教育资源建设奖励""规范民办学校建设奖励""民办教育发展突出贡献奖励"三个项目，用于表彰和奖励为发展当地民办教育做出突出贡献的先进集体和个人。

---

① 中华人民共和国国务院.中华人民共和国民办教育促进法实施条例[R].国务院公报，2004（14）：11-17.

根据问卷调查统计数据,61%的被调查对象认为当前山东省发展民办高等教育最亟须解决的问题是创造公平的办学环境;28%的被调查对象认为应加大对民办高校的投入。借鉴兄弟省份做法,山东省可在对民办高校进行绩效评价的基础上,选择一批管理规范、理念先进、特色鲜明、示范效应显著的民办高校或重点学科,给予一定的专项财政资助和其他配套政策支持,鼓励其在办学机制、学科建设、人才培养等方面尽快突破,发挥示范引领作用,办出水平,办出特色。

在充分调研的基础上,笔者结合山东省民办高等教育发展实际,拟定了《山东省民办高校专项扶持资金分配办法》,具体内容如下。

山东省民办高校专项扶持资金分配办法

一、专项扶持资金分配原则

（一）突出培养高素质人才原则

重点贯彻落实国家的教育方针政策,在建设现代化职业教育体系中培养技能型、应用型、复合型人才,为区域经济建设和社会发展做出突出贡献的民办高校。

（二）导向性原则

引导民办高校坚持办学公益性原则,提倡非营利性和举办者不要求回报;引导民办高校规范办学、科学管理,不断提升内涵建设水平。

（三）扶优扶强扶特原则

专项扶持资金主要依据办学绩效的高低进行分配,对内涵建设水平较高、特色突出、绩效明显的民办高校给予倾斜和重点扶持,不搞平均分配。

二、专项扶持资金的分配依据

为了科学合理地对民办高校专项扶持资金进行分配,制定了《山东民办高校绩效评价指标体系》,从办学基础、教学与人才培养、社会服务与应用科研、社会声誉四个方面对民办高校绩效进行考察,共有一级指标4项、二级指标16项、三级指标50项,并对每一项指标赋分量化,制定了各项三级指标的打分标准,作为民办高校专项扶持资金的分配依据。

山东省民办高校绩效评价指标体系

一级指标（A）	二级指标（B）	三级指标（C）	指标说明	打分标准	备注
A1 办学基础	B1 硬件基础	C1 生均占地面积	生均占地面积＝占地面积/全日制在校生数	生均占地面积大于等于54平方米/生即可得分	全日制在校生数＝普通本、专科（高职）生数＋硕士生数＋博士生数＋留学生数＋预科生数＋成人脱产班学生数＋进修生数
		C2 生均教学行政用房面积	生均教学行政用房＝（教学及辅助用房面积＋行政办公用房面积）/全日制在校生数	生均教学行政用房面积大于等于14平方米/生即可得分	
		C3 生均教学科研仪器设备值	生均教学科研仪器设备值＝教学科研仪器设备资产总值/折合在校生数	生均教学科研仪器设备值大于等于5000元/生即可得分	折合在校生数＝普通本、专科（高职）生数＋硕士生数×1.5＋博士生数×2＋留学生数×3＋预科生数＋进修生数＋成人脱产班学生数＋夜大（业余）学生数×0.3＋函授生数×0.1
		C4 生均图书数量	生均图书＝图书总数/折合在校生数	生均图书大于等于100册/生即可得分	
	B2 师资队伍	C5 生师比	生师比＝折合在校生数/教师总数	生师比小于等于18即可得分	教师总数＝专任教师数＋聘请校外教师数×0.5
		C6 双师型教师占专任教师的比例	双师型教师占专任教师的比例＝双师型教师数/专任教师数	双师型教师占专任教师的比例大于等于50%即可得分	"双师型"教师是指取得教师资格并从事教育教学工作，同时具有律师、会计师等职业资格或教师系列之外的专业技术职务的人员
		C7 具有高级职称教师占专任教师的比例	具有高级职务教师占专任教师的比例＝具有副高级以上职务的专任教师数/专任教师数	具有高级职务教师占专任教师的比例大于等于30%即可得分	

续表

一级指标（A）	二级指标（B）	三级指标（C）	指标说明	打分标准	备 注
A1 办学基础	B2 师资队伍	C8 具有研究生学位的教师数占专任教师数的比例	具有研究生学位的教师占专任教师的比例＝具有研究生学位的专任教师数／专任教师数	具有研究生学位的教师数占专任教师数的比例大于等于30％即可得分	
A2 教学与人才培养	B3 教学质量工程	C9 国家教学名师数量		国家教学名师数量大于等于1名即可得分	该项指标的设置根据《教育部、财政部关于实施高等学校本科教学质量与教学改革工程的意见》（教高〔2007〕1号）
		C10 国家级教学团队数量		国家级教学团队数量大于等于1个即可得分	
		C11 国家级特色（示范）专业数量		国家级特色（示范）专业数量大于等于1个即可得分	
		C12 国家级精品课数量		国家级精品课数量大于等于1门即可得分	
		C13 国家级实验教学示范中心数量		国家级实验教学示范中心数量大于等于1个即可得分	
		C14 国家级人才培养模式创新实验区数量		国家级人才培养模式创新实验区数量大于等于1个即可得分	
		C15 省级教学名师数量		省级教学名师数量大于等于1名即可得分	
		C16 省级教学团队数量		省级教学团队数量大于等于1个即可得分	

续表

一级指标（A）	二级指标（B）	三级指标（C）	指标说明	打分标准	备注
A2 教学与人才培养	B3 教学质量工程	C17 省级特色（示范、品牌）专业数量		省级特色（示范、品牌）专业数量大于等于3个得2分，省级特色（示范、品牌）专业数量大于等于1个得1分	
		C18 省级精品课数量		省级精品课数量大于等于25门得2分，省级精品课数量大于等于15门得1分，省级精品课数量大于等于5门得0.5分，省级精品课数量小于5门得0分	
		C19 省级实验教学示范中心数量		省级实验教学示范中心数量大于等于1个即可得分	
		C20 省级人才培养模式创新实验区数量		省级人才培养模式创新实验区数量大于等于1个即可得分	
	B4 教研项目	C21 省级教学研究项目数量		省级教学研究项目数量大于等于10项得2分，省级教学研究项目数量大于等于5项得1分，省级教学研究项目数量大于等于1项得0.5分	国家没有设立国家级教学研究项目
	B5 教学成果	C22 国家级优秀教学成果奖数量		国家级优秀教学成果奖数量大于等于1项即可得分	

续表

一级指标（A）	二级指标（B）	三级指标（C）	指标说明	打分标准	备注
A2 教学与人才培养	B5 教学成果	C23 省级优秀教学成果奖数量		省级优秀教学成果奖数量大于等于3项得2分，省级优秀教学成果奖数量大于等于1项得1分	
	B6 学生获奖	C24 近三年学生参加国家级竞赛获奖数量	近三年学生参加国家级竞赛获奖数量＝国家一等奖数量×1＋国家二等奖数量×0.7＋国家三等奖数量×0.4	近三年学生参加国家级竞赛获奖数量大于等于10项得4分，近三年学生参加国家级竞赛获奖数量大于等于6项得3分，近三年学生参加国家级竞赛获奖数量大于等于3项得2分，近三年学生参加国家级竞赛获奖数量大于等于1项得1分	国家级竞赛是指由国家级行政主管部门、社会团体等主办的面向全国大学生的各类竞赛活动
		C25 近三年学生参加省级竞赛获奖数量	近三年学生参加省级竞赛获奖数量＝省级一等奖数量×1＋省级二等奖数量×0.7＋省级三等奖数量×0.4	近三年学生参加省级竞赛获奖数量大于等于80项得2分，近三年学生参加省级竞赛获奖数量大于等于50项得1分，近三年学生参加省级竞赛获奖数量大于等于30项得0.5分	省级竞赛是指由省级行政主管部门、社会团体等主办的面向全省大学生的各类竞赛活动
	B7 学生就业、创业	C26 近三年毕业生平均正式就业率		近三年毕业生平均正式就业率大于等于80%即可得分	本科院校统计本科毕业生正式就业率，专科院校统计专科毕业生正式就业率。以省级劳动人事部门公布的正式就业率为准

续表

一级指标（A）	二级指标（B）	三级指标（C）	指标说明	打分标准	备注
A2 教学与人才培养	B7 学生就业、创业	C27 近三年获国家级就业创业荣誉数量		近三年获国家级就业创业荣誉数量大于等于1项即可得分	就业创业荣誉是指国家行政管理部门授予的相关荣誉
		C28 近三年获省级就业创业荣誉数量		近三年获省级就业创业荣誉数量大于等于1项即可得分	
A3 社会服务与应用科研	B8 科研课题	C29 近三年承担国家级课题数量	近三年承担国家级课题数量＝主持国家级课题数量×1＋前五位参与国家级课题数量×0.5	近三年承担国家级课题数量大于等于5项得4分，近三年承担国家级课题数量大于等于3项得3分，近三年承担国家级课题数量大于等于2项得2分，近三年承担国家级课题数量大于等于1项得1分	国家级课题是指国家自然科学基金、国家社会科学基金等同级项目
		C30 近三年承担省部级课题数量	近三年承担省部级课题数量＝主持省部级课题数量×1＋前五位参与省部级课题数量×0.5	近三年承担省部级课题数量大于等于8项得3分，近三年承担省部级课题数量大于等于5项得2分，近三年承担省部级课题数量大于等于2项得1分	省部级课题是指教育部、科技部、国家发改委、山东省科技厅、山东省社科规划办公室等设立的同级项目
		C31 近三年承担厅市级课题数量	近三年承担厅市级课题数量＝主持厅市级课题数量×1＋前五位参与厅市级课题数量×0.5	近三年承担厅市级课题数量大于等于10项得2分，近三年承担厅市级课题数量大于等于6项得1分	厅市级课题是指山东省教育厅、济南市科技局等设立的同级项目

续表

一级指标（A）	二级指标（B）	三级指标（C）	指标说明	打分标准	备注
A3 社会服务与应用科研	B9 科研成果	C32 近三年出版学术著作（含编著）数量		近三年出版学术著作（含编著）数量大于等于8部得3分，近三年出版学术著作（含编著）数量大于等于4部得2分，近三年出版学术著作（含编著）数量大于等于2项得1分	独立作者或第一作者为本校教职工
		C33 近三年在中文核心以上级别期刊发表的学术论文数量		近三年在中文核心以上期刊发表学术论文数量大于等于30篇得3分，近三年在中文核心以上期刊发表学术论文数量大于等于15篇得2分，近三年在中文核心以上期刊发表学术论文数量大于等于10篇得1分	独立作者或第一作者为本校教职工
		C34 近三年获得国家发明专利数量		近三年获得国家发明专利数量大于等于5项得1分	
	B10 科研奖励	C35 近三年获得国家级科研奖励数量	近三年获得国家级科研奖励数量＝首位获得国家级科研奖励数量×1＋前五位参与获得国家级科研奖励数量×0.5	近三年获得国家级科研奖励数量大于等于3项得2分，近三年承担国家级科研奖励数量大于等于1项得1分	
		C36 近三年获得省部级科研奖励数量	近三年获得省部级科研奖励数量＝首位获得省部级科研奖励数量×1＋前五位参与获得省部级科研奖励数量×0.5	近三年获得省部级科研奖励数量大于等于8项得2分，近三年承担省部级科研奖励数量大于等于4项得1分	

续表

一级指标（A）	二级指标（B）	三级指标（C）	指标说明	打分标准	备注
A3 社会服务与应用科研	B10 科研奖励	C37 近三年获得厅市级科研奖励数量	近三年获得厅市级科研奖励数量＝首位获得厅市级科研奖励数量×1＋前五位参与获得厅市级科研奖励数量×0.5	近三年获得厅市级科研奖励数量大于等于12项2分，近三年承担厅市级科研奖励数量大于等于6项得1分	
	B11 委托研究	C38 近三年承担政府委托研究数量		近三年承担政府委托研究数量大于等于5项得3分，近三年承担政府委托研究数量大于等于3项得2分，近三年承担政府委托研究数量大于等于1项得1分	
		C39 近三年承担行业企业委托研究数量		近三年承担行业企业委托研究数量大于等于3项得2分，近三年承担行业企业委托研究数量大于等于1项得1分	
	B12 成果转化与应用	C40 近三年被政府和行业企业采纳应用的成果数量		近三年被政府和行业企业采纳应用的成果数量大于等于5项得2分，近三年被政府和行业企业采纳应用的成果数量大于等于3项得1分	
		C41 近三年国家发明专利出售数量		近三年国家发明专利出售数量大于等于1项即可得分	
		C42 近三年技术转让合同数量		近三年技术转让合同数量大于等于1项即可得分	

续表

一级指标（A）	二级指标（B）	三级指标（C）	指标说明	打分标准	备注
A3 社会服务与应用科研	B13 委托培训	C43 近三年承担国家级培训项目数量		近三年承担国家级培训项目数量大于等于1项即可得分	
		C44 近三年承担省级培训项目数量		近三年承担省级培训项目数量大于等于1项即可得分	
		C45 近三年承担厅市级培训项目数量		近三年承担厅市级培训项目数量大于等于1项即可得分	
		C46 近三年承担社会委托培训项目数量		近三年承担社会委托培训项目数量大于等于1项即可得分	
A4 学校声誉	B14 政府授予荣誉	C47 近三年获得的国家级荣誉数量		近三年获得国家级荣誉数量大于等于5项得3分，近三年获得国家级荣誉数量大于等于3项得2分，近三年获得国家级荣誉数量大于等于1项1分	包括学校、部门与单位、教职工个人获得的政府部门授予的荣誉或奖励
		C48 近三年获得省级荣誉数量		近三年获得的省级荣誉数量大于等于10项得2分，近三年获得的省级荣誉数量大于等于5项得1分	
	B15 规范办学	C49 近三年未被政府部门通报批评或处分		近三年未被政府部门通报批评或处分即可得分	

续表

一级指标（A）	二级指标（B）	三级指标（C）	指标说明	打分标准	备注
A4 学校声誉	B16 资金使用效益	C50 省级专项资金专款专用，效益好		省级专项资金转款专用，效益好即可得分	从省财政部门划拨专项资金的第二年起，组织对各高校使用专项资金情况进行评价

三、专项扶持资金的绩效评价操作流程

专项扶持资金的绩效评价操作流程为：① 高校提交《山东民办高校绩效信息统计表》和佐证材料。② 组织评价专家对照《山东民办高校绩效评价指标体系》对各高校提交的绩效信息量化打分。③ 根据评价专家的量化打分，对各高校绩效做出评价。④ 根据分配方法，确定财政扶持资金数额。

山东省民办高校绩效评价信息统计表

学校基本信息

学校名称及代码			学校层次	
创办时间	年	现任校长	主管部门	
占地面积		（亩）=	（m²）	
教学辅助用房面积	（m²）	行政办公用房面积	（m²）	
本科专业个数		专科专业个数		
本科生校生人数		高职在校生人数		
硕士在校生人数		博士在校生人数		
留学生人数		预科生人数		
进修生数		成人脱产人数		
全日制在校生数		折合在校生数		
专任教师人数		外聘教师人数		
教师总人数		双师型教师人数		
具有研究生学位专任教师人数		具有副高级以上职务专任教师人数		
仪器设备资产总值	（万元）	图书馆藏书总册数	（册）	

B1 硬件基础

C1 生均占地面积（平方米/生）		C2 生均教学行政用房面积（平方米/生）	
C3 生均教学仪器设备值（元/生）		C4 生均图书数量（册/生）	

B2 师资队伍

C5 生师比		C6 双师型教师数占专任教师数的比例	
C7 具有高级职称教师数占专任教师数的比例		C8 具有研究生学位教师占专任教师数的比例	

A2 教学与人才培养

B3 教学质量工程

C9 国家教学名师（共_____人）

姓名	职称	专业领域	主讲课程	批准时间

C10 国家级教学团队（共_____个）

教学团队名称	专业领域	教学团队负责人	批注时间

C11 国家级特色（示范）专业（共_____个）

专业名称	类型（特色、示范）	学科门类	学术带头人	批注时间

C12 国家级精品课（共_____门）

课程名称	专业领域	主讲人	批准时间

C13 国家实验教学示范中心（共_____个）

国家实验教学示范中心名称	示范中心负责人	批准时间

C14 国家级人才培养模式创新实验区（共_____个）

国家级人才培养模式创新实验区名称	示范中心负责人	批准时间

C15 省级教学名师(共_____人)

姓名	职称	专业领域	主讲课程	批准时间

C16 省级教学团队(共_____个)

教学团队名称	专业领域	教学团队负责人	批准时间

C17 省级特色(示范、品牌)专业(共_____个)

专业名称	类型(特色、示范)	学科门类	专业带头人	批准时间

C18 省级精品课(共_____门)

课程名称	专业领域	主讲人	批准时间

C19 省级实验教学示范中心(共_____个)

省级实验教学示范中心名称	示范中心负责人	批准时间

C20 省级人才培养模式创新实验区(共_____个)

省级人才培养模式创新实验区名称	示范中心负责人	批准时间

B4 教研项目

C21 省级教学研究项目(共_____个)

项目名称	批准单位	项目负责人	批准时间

B5 教学成果

C22 国家级优秀教学成果奖(共_____项)

项目名称	专业领域	主要负责人	批准时间

C23 省级优秀教学成果奖(共_____项)

项目名称	专业领域	主要负责人	批准时间

B6 学生获奖

C24 近三年学生参加国家级竞赛获奖(一等奖_____项,二等奖_____项,三等奖_____项)

竞赛名称	主办单位	参赛学生(团队)	获奖等次	获奖时间

C25 近三年学生参加省级竞赛获奖(一等奖_____项,二等奖_____项,三等奖_____项)

竞赛名称	主办单位	参赛学生(团队)	获奖等次	获奖时间

B7 学生就业、创业

C26 近三年毕业生正式就业率(平均_____%)

年份	年	年	年
毕业生正式就业率			

C27 近三年获国家级就业创业荣誉数量(共_____项)

奖励名称	颁发单位	获奖等次	获奖时间

C28 近三年获省级就业创业荣誉数量(共_____项)

奖励名称	颁发单位	获奖等次	获奖时间

A3 社会服务与应用科研

B8 科研课题

C29 近三年承担国家级课题(主持_____项,参与_____项)

课题名称	课题负责人	批准单位	批准时间	主持或参与

第七章 完善山东省民办高等教育政策扶持的对策

C30 近三年承担省部级课题（主持_____项，参与_____项）

课题名称	课题负责人	批准单位	批准时间	主持或参与

C31 近三年承担厅市级课题（主持_____项，参与_____项）

课题名称	课题负责人	批准单位	批准时间	主持或参与

B9 科研成果

C32 近三年出版学术著作（含编著）数量（共_____项）

著作名称	著作者	作者位次	出版社	出版日期	ISBN

C33 近三年在中文核心以上级别期刊发表的学术论文数量（共_____篇）

论文名称	作者	作者位次	期刊名称	出版日期	文章编号

C34 近三年获得国家发明专利数量（共_____项）

专利名称	申请（专利）号	公开（公告）日	公开（公告）号	申请（专利权）人	发明（设计）人	颁证日

B10 科研奖励

C35 近三年国家级科研奖励（首位获得_____项，前五位获得_____项）

奖励名称	受奖人员	位次	颁奖单位	奖励时间

C36 近三年省级科研奖励（首位获得_____项，前五位获得_____项）

奖励名称	受奖人员	位次	颁奖单位	奖励时间

C37 近三年厅市级科研奖励（首位获得_____项，前五位获得_____项）

奖励名称	受奖人员	位次	颁奖单位	奖励时间

B11 委托研究

C38 近三年承担政府委托研究项目数量（共_____项）

项目名称	委托人	主持人	项目期限	完成与否

C39 近三年承担行业企业委托研究数量（共_____项）

项目名称	委托人	主持人	项目期限	完成与否

B12 成果转化与应用

C40 近三年被政府和行业企业采纳应用的成果数量（共_____项）

项目名称	委托人	主持人	项目期限

C41 近三年国家发明专利出售数量（共_____项）

专利名称	专利发明人	专利购买方	合同签订时间	签订期限	出售金额

C42 近三年技术转让合同数（共_____项）

技术名称	技术发明人	购买方	合同签订时间	出售金额

B13 委托培训

C43 近三年承担国家级培训项目（共_____项）

项目名称	批准单位	负责人	项目经费	项目期限	批准时间

C44 近三年承担省级培训项目（共_____项）

项目名称	批准单位	负责人	项目经费	项目期限	批准时间

C45 近三年承担厅(市)级培训项目(共_____项)

项目名称	批准单位	负责人	项目经费	项目期限	批准时间

C46 近三年承担社会委托培训项目(共_____项)

项目名称	委托单位	负责人	项目经费	项目期限	合同签署时间

A4 学校声誉(政府授予荣誉)

B14 政府授予荣誉

C47 近三年学校、个人获得国家级荣誉数量(共_____项)

荣誉名称	被授予人	授予单位	授予时间	备注

C48 近三年学校、个人获得省级荣誉数量(共_____项)

荣誉名称	授予单位	授予时间	备注

B15 规范办学

C49 未被政府行政部门通报、批评及处分(有_____无_____)(划"√")

B16 资金使用效果及效益评价

C50 省级专项资金专款专用(做到_____未做到_____)(划"√")

负责声明

山东民办高校绩效评价专家委员会：

  我校填写的以上信息均真实有效,如有作假,责任自负。

  填表人签字：_____ 填表单位(公章)：_____

  填表日期：_____ 校长签字：_____

四、专项扶持资金的分配方法（两种办法可选择其一）

按照山东民办高校绩效评价指标体系和量化表，得出每所民办高校的绩效分数。

（一）绩效分数平均法

对全省26所民办高校进行绩效评价，根据各自绩效评价得分计算能够获得的财政资金，具体运算函数如下：设第n所高校得分为X_n，其最终所得的财政专项扶持资金为Y，则：

$$Y = \frac{全省财政扶持资金总额}{X_1 + X_2 + \cdots X_{26}} \times X_n$$

（二）普惠绩效结合法

将财政扶持资金总额的一定比例（建议20%）按照全省民办高校全日制在校生规模确定生均拨款标准后，按每所学校的学生规模确定各所学校的普惠办学扶持资金，直接划拨到学校；将财政扶持资金总额的一定比例（建议10%）以"以奖代补"的方式，用于奖励获得省级以上重要荣誉或做出突出贡献的民办高校；剩余部分按绩效评价得分确定扶持资金数额，具体分配方法可参照"绩效分数平均法"。

五、民办高校专项扶持资金的分配管理

民办高校专项扶持资金的分配，由省财政厅牵头，会同有关部门组织评价并确定分配方案，并对扶持资金使用情况进行监督和考核。

第三节 完善教师社会保障政策

对于民办高校而言，师资是提升其核心竞争力、维系其生存与持续发展的关键资源。民办高校要实现应用型人才培养质量的新突破，关键在于师资队伍建设。现阶段，山东省民办高校师资队伍的数量和质量得到了一定程度的提高，对民办高等教育的发展做出了重要贡献。但是，从总体上看，我省多数民办高校面临着高层次教师引进困难和师资队伍不稳定、流动频繁的问题。这与民办高校教师的社会保障政策不完善、养老保险保障水平低有很大关系。《中华人民共和国民办教育促进法》及其《实施条例》对民办学校教师的合法权益作出

了若干规定,但是从我国近年来民办教育的发展实践看,民办学校教师权益保障的状况未能达到立法的初衷,民办学校教师的合法权益无法得到切实有效的保护仍是民办教育发展中较为突出的问题,是一个亟待理论研究者与管理实践者高度关注并深入探究的主题。①

一、民办学校教师的需要层次分析

根据马斯洛的需要层次理论,人有五个层次的需要:生理需要、安全需要、归属与爱的需要、尊重需要和自我实现的需要,这五种需要像阶梯一样从低到高,逐级递升。同一时期一个人可能有几种需要,但每一时期总有一种需要占支配地位,低层次的需求得到满足后,高层次的需求才会显示出其激励作用。任何一种需要都不会因为更高层次需要的发展而消失。民办学校教师的需要亦如此。保持稳定的工资待遇和稳定的岗位(包括轮岗)是最基本的需要,即生理需要和安全需要,保障民办教师的社会地位(与公办教师同等的事业编制及社会保障)是教师的归属与爱的需要以尊重需要,在此基础上的自我学习与发展是自我实现的需要。

民办学校教师的地位及相应的养老保险等待遇不公问题由来已久,这种不平等的待遇,导致了民办学校教师的流动性很大。大多数民办学校不愿意也没有能力为教师支付与公办学校教师一致的待遇。目前,大部分民办学校教师的工资低于公办学校教师,甚至有的民办学校拖欠教师工资,使得教师最基本的生理需要和安全需要都无法满足。个别民办学校把代课教师当作廉价劳动力,周课时在35节以上,教师晚上备课、白天上课,工作是机械地重复,更没有时间进行专业能力的提升,对学校也无任何感情可言,更无从谈归属感与自我价值的实现。此外,目前我国大部分民办学校教师的事业编制身份还未解决,虽然有少数学校实现了部分教师的事业编制身份,但将民办学校列入自收自支事业单位,相应的配套资金却仍由学校承担,事业编制教师社会保险的单位应缴部分增加了,这给本就资金短缺的民办学校雪上加霜。因此,即使表面上实现了民办教师的事业编制身份,但离真正的落实尚有一段差距。民办学校教师的基本需求无法满足,这也是民办学校教师流动性大的根本原因。

总体来说,要稳定民办学校教师队伍,应尽量满足教师的需要,不仅是外在

---

① 尹晓敏,陈新民. 构建民办学校教师合法权益的保障机制[J]. 辽宁教育研究,2006(7):79-80.

的生理及安全需要,同时也要满足归属、尊重以及自我实现的需要。这就要靠提高民办教师工资待遇、解决事业编制、关注教师发展等方法来实现。

二、依法保障民办高校教师社会保障方面的合法权益

民办学校教师首先是作为普通教师而存在的,法律法规中所有适用于普通教师的权利,民办学校教师都应该是享有的。保障民办学校教师的权利政府责无旁贷,学生没有公办、民办之分,同理,教师也不该有公办、民办之分。[①] 民办高校教师与公办高校教师一样,都承担着为社会主义建设事业培养人才的重任,他们理应具有同等的社会保障待遇。民办学校的经营成本是现实问题,教师薪资已经占了很大比重,如果依靠民办学校自生自养的经营方式来提高民办学校教师的待遇,势必要大幅提高学生的收费。以学养师,既不可行,也违反了国家教育的基本精神。[②]

(一)民办高校教师社会保障现状

社会保障是通过立法保证社会成员的社会保险、救助、补贴等。近年来,国家和政府越来越重视民办高校的发展,并出台了相应的法律,特别是《中华人民共和国民办教育促进法》颁布实施以后,民办高校教师的社会保障取得了一定的进步。在地方政府层面,目前,浙江、福建、湖南、江西、陕西等省已经出台相关政策,对非营利性民办高校教师与公办高校教师的社会保障一视同仁,应缴纳的各项社会保险费由省市财政、民办高校、个人按一定比例承担。以浙江省温州市为例,早在2008年,温州市人民政府就下发了《温州市民办学校教师依照公办学校教师标准落实五险一金政策的实施意见》(温政办〔2008〕111号),规定,民办学校教师"五险一金"的缴纳办法和比例按当年当地政府有关规定执行,所需费用除由民办学校和教师个人参照公办学校缴纳比例标准分别承担外,当地政府要视自身财力、学校类别采取以奖代补的方式给予一定的资金补助。教师个人缴纳部分由学校从教师工资中扣除。2011年,温州市《关于完善民办教育社会保险制度的实施办法(试行)》规定:凡取得相应教师任职资格,参加人事代理,并从事相应教育教学工作的民办学校教师,均按公办学校教师标准参加事业单位社会保险。

---

① 信力建. 保障民办学校教师权利政府责无旁贷[N]. 中国教育报,2013-9-18(3).
② 信力建. 保障民办学校教师权利政府责无旁贷[N]. 中国教育报,2013-9-18(3).

但民办高校教师的社会保障还存在不尽如人意的地方,在山东省主要表现为以下几方面:一是民办高校教师收入水平低,社会保障体系不健全。民办高校教师特别是中青年教师,其待遇在教师群体中是最低的。另外,民办高校教师的社会保障程度参差不齐,缴纳标准比较低,基本是按照企业里面的最低标准缴纳。二是民办高校教师的编制、职称问题难以解决。虽然山东省部分属地政府解决了部分高校的事业编制问题,但大部分民办高校根本无法解决这一问题。民办高校科研水平低,教师职称评定不占优势,职称问题不容易解决。三是民办高校教师无法参与学校管理。山东省民办高校大多为个人创办,管理理念存在强制性、被动性的问题,由此导致教师无法参与管理、被动管理中易被解雇的现象。

(二)民办高校教师社会保障机制

根据问卷调查统计数据,61%的被调查对象认为当前山东省民办高校教师最大的诉求是同等地位;24%的被调查对象认为当前山东省民办高校教师最大的诉求是提高待遇;40%的被调查对象认为人才政策是我省民办高校教师队伍建设最为关键的环节;28%的被调查对象认为福利待遇是民办高校教师队伍建设最为关键的环节。因此,在民办高校教师社会保障层面,一是建议山东省尽快统一管理民办高校师资和公办高校师资,依法保障民办高校教师的合法权益,完善民办高校教师社会保障体系,使其与公办高校教师享受同等待遇,以解决民办高校教师的后顾之忧。二是建立学校、政府、个人社会保险费用分担机制。非营利性民办学校教师按公办学校教师标准参加事业单位社会保险,单位应缴纳的各项社会保险费由省市财政、民办高校、个人按一定比例承担。三是监督并通过制度保障民办高校建立现代大学制度,保障教师的话语权。主要是监督民办高校健全法人治理结构,完善董事会领导下的校长负责制,完善教职工代表大会制度,推进科学管理和民主管理,保证教师享有参与管理的权力。

第四节 清理并纠正歧视政策

民办高等教育在我国发展的时间只有短短30年,政府在管理民办高等学校方面还处于探索阶段,经验欠缺,所以"路径依赖"的色彩还非常浓。[①] 政府

---

① 张庆. 论民办高等教育中政府职能的"越位"与"缺位"[J]. 湖南涉外经济学院学报, 2013(2):7-11.

作为公办高校的举办者、办学者和出资人,往往会自觉或不自觉地将自己视为公办高校的利益代言人,而将民办高校视为"异类",进而导致出现针对民办高校的歧视性政策。

《教育部关于鼓励和引导民间资金进入教育领域促进民办教育健康发展的实施意见》(教发〔2012〕10号)指出,要"清理并纠正对民办学校的各类歧视政策。依法清理与法律法规相抵触的、不利于民办教育改革发展的规章、政策和做法,落实民办学校与公办学校平等的法律地位。各级教育行政部门在自查自纠基础上,积极协调相关部门,重点清理纠正教育、财政、税收、金融、土地、建设、社会保障等方面不利于民办教育发展的政策,保护民办学校及其相关方的合法权益,完善促进民办教育发展的政策"[1]。有研究者认为,审视当前我国国家层面或地方层面的民办教育政策,政策歧视主要体现在三个方面:一是当平等处不予以平等对待的歧视性政策;二是当差别处不予以差别对待的歧视性政策,这主要是针对民办学校的自主办学权而言;三是当补偿处不予以补偿对待的歧视性政策。[2]

根据问卷调查统计数据,52%的被调查对象认为我省对民办高校存在偏见,其主要表现是对民办高校关注少,优惠政策少,财政等扶持政策欠缺;教职工医疗保障与公办高校不同;不了解民办高校办学实际,在各类评审中对民办高校持歧视态度;招生自主权缺乏,招生政策偏袒公办高校;入党指标少;毕业生无法与公办院校学生享有同等权利,如选调生考试等;舆论宣传中过分夸大负面事件,缺少正面宣传。被调查对象反映最为集中的就是公共财政支持不够和教师社会保障与公办高校不同。针对山东省民办高等教育发展中的受歧视现象,建议从落实民办高校办学自主权和依法保障民办高校教师、学生的合法权益等两方面加以扶持。

一、落实民办高校办学自主权

结合国内外民办(私立)高等教育发展经验,我们认为,政府应给予和保障民办高校充分的办学自主权,使民办高校能够发挥其优势,灵活反映消费者市场(学生)、劳动力市场(教师及行政人员)、院校市场(民办高等学校及公立高等

---

[1] 中华人民共和国教育部. 教育部关于鼓励和引导民间资金进入教育领域 促进民办教育健康发展的实施意见[N]. 中国教育报,2012-7-4(3).
[2] 胡伶. 民办教育政策歧视现象分析[J]. 现代教育管理,2013(12):62-67.

学校之间的竞争)、资金市场和技术市场的变化和要求。正如制度经济学家所指出的:"国家的作用是建立规则,充当确保公民得到高水平服务的管家……管制必须是原则性的和少而精的。"①

针对山东省民办高等教育政策扶持现状,建议我省借鉴兄弟省份落实民办高校办学自主权的经验,着重做好以下工作。

一是落实民办高校法人财产权。按照我国相关法律规定,民办高校是具有独立法人资格的组织,具有独立的法人财产,依法享有法人财产权。民办高校法人财产权是指民办高校享有由股东出资形成的民办高校资本和在经营活动中积累的全部财产的独立占有、使用、收益和处分的权利。②2002年颁布的《中华人民共和国民办教育促进法》规定,民办学校对举办者投入民办学校的资产、国有资产、受赠的财产以及办学积累,享有法人财产权。当前,上海、陕西和湖南等省份在落实民办高校法人财产权方面都出台了相关政策文件,建议我省结合实际,在落实民办高校办学自主权方面制定更为详尽的法规,从法律层面进一步明确民办高校投资的最终产权归属问题,确保投资者存量资产以及相应的增量资产的安全,建立激励性产权制度,从而打消民办高校举办者的思想顾虑。

二是落实民办高校招生自主权。招生权是民办高校的一项重要权力,是民办高校开辟生源、维护学校正常运转和促进学校发展壮大的重要保障。保障民办高校招生自主权,不仅可以为民办高校提供与公办高校公平竞争的平台,还可以克服高等教育大众化阶段高校办学的同质化倾向。在落实招生自主权方面,浙江省、陕西省、湖南省和重庆市等都作出了有益尝试。当前,山东省民办高校的招生自主权也日益扩大,但还无法最大限度地满足我省民办高校的发展需求,尤其是在招生规模和自主招生方面。因此,建议我省支持民办本科高校扩大本科招生规模,增加年度本专科招生计划,用3～5年使民办本科高校的本科在校生规模达到统招规模的50%以上。同时,扩大民办高校尤其是民办本科高校参与高等学校自主招生试点的范围,使其更好地为区域社会发展培养高素质应用型人才。

三是落实民办高校科研和社会服务权。科学研究和社会服务都是高等学

---

① 〔德〕柯武刚,史漫飞.制度经济学:社会秩序与公共政策[M].韩朝华,译.上海:商务印书馆,2004:377.
② 黄勇.我国民办高校法人财产权制度研究[J].湖北民族学院学报:哲学社会科学版,2013(5):112-116.

校的重要职能,民办高校在开展应用研究和承接社会服务方面具有自身的优势。当前,在科研立项、承接政府职能转移、授权、委托事项和购买服务项目等方面,山东省民办高校还面临着一些歧视性政策。建议各级政府清理并纠正针对民办高校科研和社会服务方面的不公平政策,保障民办高校教师在课题申请、项目立项、成果评审与转化、财政拨付科研经费等方面与公办高校教师享有同等权利,并适当给予倾斜。同时,鼓励民办高校与公办高校、科研院所、地方政府部门以及企事业单位开展科研合作,促进科研成果转化。

二、依法保障民办高校教师和学生的合法权益

一是教育行政管理部门应将民办高校教师的进修培训、国际交流、评先选优、人才工程、课题申请等纳入统筹规划,与公办学校教师享受同等待遇,在个别方面适当给予特殊照顾。

二是依法保障民办高校学生的合法权益。一方面应增加民办高校党员的发展比例。民办高校学生同公办高校学生一样,也是社会主义事业的建设者和接班人,在政治上应享受同等待遇。而且,民办高校学生具有多元化特点,更需要对其加强教育和关心。建议上级主管部门重视和加强民办高校学生党员发展工作,提高民办高校党员发展比例,保护民办高校学生的入党积极性。另一方面,同等对待民办高校学生在毕业后职业发展中应享有的权利,给予民办高校学生在选调生、"三支一扶"计划中的平等报名资格,保障民办高校学生在学习期间和毕业后职业发展过程中应享有的权利。

附录 1

山东省民办高等教育发展现状调查问卷

尊敬的老师：

您好！为更好地了解我省民办高等教育的发展现状，特开展本次调查活动。请您如实作答，勿遗漏题目。问卷内容仅供科学研究之用，您的真实回答对我们的研究具有重要价值，谢谢您的合作。

您的岗位类型是（　　）
  A. 行政　　　　　　B. 教学　　　　　　C. 科研
  D. 双肩挑　　　　　E. 其他

1. 您认为贵校的基础设施条件如何？（　　）
  A. 很好　　　　　　B. 较好　　　　　　C. 一般
  D. 有点差　　　　　E. 非常差

2. 您认为贵校的师资队伍水平如何？（　　）
  A. 很高　　　　　　B. 较高　　　　　　C. 一般
  D. 较差　　　　　　E. 非常差

3. 您认为贵校的人才培养质量如何？（　　）
  A. 很高　　　　　　B. 较高　　　　　　C. 一般
  D. 较差　　　　　　E. 非常差

4. 您认为贵校的学风如何？（　　）
  A. 很好　　　　　　B. 较好　　　　　　C. 一般
  D. 有点差　　　　　E. 非常差

5. 您认为贵校的教风如何？（　　）
  A. 很好　　　　　　B. 较好　　　　　　C. 一般

D. 有点差 E. 非常差

6. 您认为贵校的科研氛围如何？（ ）
   A. 很浓厚 B. 较浓厚 C. 一般
   D. 不浓厚 E. 非常不浓厚

7. 您认为，山东省民办高等教育政策与其他省份相比（ ）。
   A. 非常滞后 B. 有点滞后 C. 不清楚
   D. 有点超前 E. 非常超前

8. 您认为阻碍民办高校科技成果转化的主要外部因素有（ ）。（可多选）
   A. 技术市场不健全 B. 政府支持不力
   C. 知识产权保护不力 D. 缺乏配套技术和环境的支持
   E. 中试基地缺乏 F. 社会文化氛围不利
   G. 市场对技术接受程度低 H. 中介机构服务力不够
   I. 缺少民间风投 J. 其他

9. 您认为民办高校教师流动频繁的主要原因是（ ）。（最多选三项）
   A. 得不到应有的尊重 B. 薪酬低 C. 福利待遇不好
   D. 教学任务过重 E. 缺乏进修机会 F. 职称晋升难
   G. 学校环境差 H. 人际关系紧张 I. 没有发展空间
   J. 其他（请说明）

10. 您认为当前民办高校教师最大的诉求是（ ）。
    A. 同等地位 B. 提高待遇 C. 个人发展
    D. 学术自由 E. 社会保障 F. 其他（请说明）

11. 您认为民办高校教师队伍建设最为关键的环节是（ ）。
    A. 福利待遇 B. 人文管理 C. 进修培训
    D. 学科平台 E. 学术氛围 F. 人才政策
    G. 其他

12. 您认为贵校内部管理中存在的主要问题是：
    第一位（ ） 第二位（ ）
    A. 管理制度不健全 B. 决策不透明 C. 缺少公平、公正
    D. 行政效率低下 E. 与师生沟通不够 F. 其他（请说明）

13. 您认为当前政府发展民办高等教育最亟须解决的问题是（ ）。
    A. 依法落实政策 B. 创造公平办学环境
    C. 加强对民办高校管理 D. 加大对民办高校的投入

E. 其他（请说明）

14. 您认为政府是否对两类民办学校都应该给予公共财政资助？（　　）

　　A. 对非营利性民办学校给予财政资助，对营利性民办学校不给予财政资助

　　B. 对非营利性民办学校给予更多的财政资助，对营利性民办学校给予一定的财政资助

　　C. 政府对两类民办学校都不给予财政资助

15. 请您对目前制约民办高校发展的问题进行排序。（　　）

　　A. 政策不到位　　　　B. 同类学校竞争加大　　C. 生源下降
　　D. 经费不足　　　　　E. 师资队伍不稳定

16. 您认为政府部门对民办高校有偏见吗？（　　）

　　A. 没有　　　　　　　B. 有，表现在

17. 您认为社会公众对民办高校有偏见吗？（　　）

　　A. 没有　　　　　　　B. 有，表现在

18. 您认为当前政府部门对于民办高校的管理（　　）。

　　A. 程度适宜　　　　　B. 过于宽松
　　C. 管得太多　　　　　D. 管得不到位

19. 您认为，民办高校与公办高校相比，民办高校（　　）。（最多选三项）

　　A. 待遇低　　　　　　B. 工作条件差
　　C. 学术氛围不浓　　　D. 激励政策不良
　　E. 资源使用不合理　　F. 领导素质／能力差
　　G. 人际关系差　　　　H. 个人发展受限
　　I. 学生素质低　　　　J. 其他（请说明）

20. 关于我省民办高等教育发展现状，您还有什么意见？

_____

_____

附录 2

山东省民办高等教育发展现状访谈提纲（学校领导版）

1. 请简要介绍一下贵校的基本情况。
2. 请问贵校人才培养方面有哪些特色？
3. 请问贵校的科研情况如何？
4. 请问贵校的校企合作情况如何？
5. 您认为贵校在内部管理方面有哪些成功经验？
6. 您认为贵校的外部发展环境如何（包括当地政府的支持等）？
7. 您认为贵校在发展过程中存在的困难有哪些？
8. 您如何看待民办高校分类管理问题？
9. 您如何看待我省现行的民办高等教育政策？
10. 您认为政府在促进民办高等教育发展方面，还有哪些方面亟待加强？

附录 3

山东省民办高等教育政策扶持现状访谈提纲
（省教育厅领导版）

1. 您认为我省民办高等教育发展的亮点有哪些？
2. 您认为当前我省民办高校应着重提升哪方面的建设？
3. 您认为我省民办高等教育政策的突出之处和不足之处有哪些？
4. 您认为今后我省民办高等教育政策的具体突破点有哪些？

陕西省民办高等学校(教育机构)分类管理申报表

一、基本情况

学校名称				网页地址	
办学地址				邮政编码	
联系电话		传真		电子信箱	
许可证号码			法人登记证号		
组织机构代码			税务登记证号		
举办者					
学校资产总额	万元				
	举办者投入 万元,国有资产 万元,受赠 万元,办学积累 万元				
学校历程沿革	学校名称		批复文件号		时间
教职工数	行政人员		专职教师	工勤人员	外聘教师
学校负责人			联系电话		
法定代表人			联系电话		

注:学校的资产数、举办者投入、国有资产、受赠、办学积累等以2012年财务审计报告为准。

附录4　陕西省民办高等学校(教育机构)分类管理申报表

二、决策机构情况

理事会□　董事会□				备案部门及备案时间			
姓　名	性　别	出生年月	学　历	现工作单位	职　务	代表方	任职期限

三、学院领导班子成员情况

姓　名	性　别	出生年月	学　历	职　务	职　称	政治面貌	从事高教工作年限

四、办学条件

基本设备设施	图　书	万册	教学仪器设备	万元
	其他项目	（此项可另附页）		
办学场地情况	占地面积	万平方米	其中学校名下	万平方米
	产权单位	国有土地使用证号		面积（万平方米）
	学校建筑面积	万平方米	其中学校名下	万平方米
	其中教学行政用房面积	万平方米	其中学校名下	万平方米

五、学校分类管理属性

分类管理属性	非营利性学校	☐
	营利性学校	☐
本校依照国家有关法律法规设立,提交的所有材料及填写信息真实无误,谨此对真实性承担责任。 法定代表人签字: 年 月 日		
省级教育行政部门意见 经办人:　　　　　　　负责人: 　　　　　　　　　　　（盖章） 年 月 日　　　　　　年 月 日		
备　注		

附录 5

陕西省民办高等学校(教育机构)分类登记管理实施办法

第一条 为贯彻落实《陕西省人民政府关于进一步支持和规范民办高等教育发展的意见》(陕政发〔2011〕78号),建立适应我省民办高等教育改革发展形势的民办高等学校(教育机构)分类登记管理机制,创造性地促进我省民办高等教育快速、协调、可持续发展,根据《国家中长期教育改革和发展规划纲要(2010—2020年)》的精神,结合本省实际,特制定本办法。

第二条 本办法涉及的民办高等学校(教育机构),包括民办普通本科高校、高职(高专)学校和全日制民办高等教育助学机构。

第三条 民办高等学校(教育机构)按照非营利性、营利性进行分类登记,由举办者自愿申报,省级有关部门审核确定。

省民政部门是非营利性民办高等学校(教育机构)的登记管理机关,省工商行政管理部门及各设区市工商行政管理部门是营利性民办高等学校(教育机构)的登记机关。省教育行政部门是非营利性和营利性民办高等学校(教育机构)的业务主管部门。

第四条 民办高等学校(教育机构)法人属性确定后一般不予变更。确需变更的,需进行资质审查和财务审计,符合条件的,经省教育行政部门审核批准,向原登记机关申请注销登记后,由新的登记机关进行登记。

第五条 非营利性民办高等学校(教育机构)的登记事项包括:

(一)名称;

(二)宗旨;

(三)住所;

(四)法定代表人姓名;

（五）经费来源；

（六）业务范围；

（七）开办资金；

（八）机构类型；

（九）有效期限；

（十）学校举办者的姓名或者名称，以及认缴和实缴的出资额、出资时间、出资方式。

第六条　非营利性民办高等学校（教育机构）名称应当符合国家有关规定，不得有损于国家利益、社会公共利益及其他组织和公民的合法权益，不得违背社会道德规范。非营利性民办高等学校（教育机构）只能使用一个名称，不得设立分支机构。经教育部或省教育行政部门批准、登记机关登记的非营利性民办高等学校（教育机构）名称受法律保护。

第七条　非营利性民办高等学校（教育机构）的法定代表人按照法定程序产生，法定代表人是代表民办高等学校（教育机构）行使民事权利、履行民事义务的责任人。

第八条　非营利性民办高等学校（教育机构）经费来源是指学校的收入渠道。包括举办者的投入、收取的学费、国家的资助和接受的捐赠等。

第九条　非营利性民办高等学校（教育机构）的业务范围是指学校的办学范围，由省教育行政部门核准。

第十条　开办资金是非营利性民办高等学校（教育机构）被核准登记时出资者按学校章程规定或联合办学协议约定的实际投入学校的资金，应当以人民币表示，法律、行政法规另有规定的除外。

第十一条　举办者可以用货币、实物、知识产权、土地使用权以及其他可以用货币估价并可以依法转让的非货币财产作价出资；法律、行政法规规定不得作为出资的财产除外。

举办者不得以劳务、信用、自然人姓名、商誉、特许经营权或者设定担保的财产等作价出资。

非营利性民办高等学校（教育机构）的借款、接受的捐赠财产以及国家的资助、向学生收取的费用，不属于非营利性民办高等学校（教育机构）举办者的出资。

第十二条　非营利性民办高等学校（教育机构）设立登记，应当具备下列条件：

（一）经省教育行政部门审查同意；

（二）由教育部或省教育行政部门颁发办学许可证；

（三）有规范的名称、必要的组织机构；

（四）有与其业务活动相适应的从业人员；

（五）有与其业务活动相适应的合法财产，且合法财产中的非国有资产份额不得低于总财产的三分之二；

（六）有与其业务活动相适应的，且有15年以上合法使用权的场所；

（七）法律、法规、规章规定的其他条件。

第十三条　申请设立非营利性民办高等学校（教育机构），应当向省民政部门申请名称预登记。省民政部门应当自收到申请之日起10个工作日内，为举办者办理名称预登记，核发《名称预登记通知书》。

预登记通知书有效期为6个月，6个月内未获批准的，该名称无效。

第十四条　完成名称预登记后，举办者应当向省教育行政部门提交设立非营利性民办高等学校（教育机构）的申请报告及相关材料。省教育行政部门应当自收到申请报告及全部有效文件之日起6个月内，按照规定进行审查，作出同意设立或者不同意设立的决定，并制发书面文件。

第十五条　申请非营利性民办高等学校（教育机构）设立登记，举办者应当向省民政部门提交下列材料：

（一）登记申请书；

（二）举办者的身份证明；

（三）教育部或省教育行政部门核发的批准文件；

（四）办学场所使用权证明；

（五）社会审计组织出具的验资报告；

（六）拟任法定代表人、负责人的基本情况、身份证明；

（七）省教育行政部门审查同意的章程；

（八）教育部或省教育行政部门核发的民办学校办学许可证。

第十六条　省民政部门应当自收到设立登记申请的全部有效文件之日起30日内作出准予登记或者不准予登记的决定。准予登记的，颁发法人登记证书；不予登记的，说明理由。

第十七条　非营利性民办高等学校（教育机构）核准登记后，凭登记证书向有关部门申请办理刻制公章、代码证书、设立账户等手续，并及时报省民政部门备案。

第十八条　非营利性民办高等学校(教育机构)需要变更登记事项时,应向省民政部门提交法定代表人签署并加盖公章的变更登记申请书。变更登记事项涉及办学许可证记载事项的,还应当提交省教育行政主管部门出具的审查意见书。

第十九条　非营利性民办高等学校(教育机构)的名称、住所、业务范围、法定代表人或负责人、开办资金、机构类型等需要变更的,除按第十八条规定外,还须分别提交下列材料：

(一)名称变更：理事会(董事会)决议、通过的新章程；

(二)住所变更：变更后新住所的产权或使用权证明；

(三)业务范围变更：变更后的业务范围、理事会(董事会)决议；

(四)法定代表人变更：变更后法定代表人的身份证明、个人基本情况及前任法定代表人的离任审计报告,理事会(董事会)决议；

(五)负责人变更：变更后负责人的身份证明、个人基本情况,理事会(董事会)决议；

(六)开办资金变更：法定验资机构出具的验资报告。

第二十条　非营利性民办高等学校(教育机构)的登记内容有需要变更的,应当在变更发生的30日内向省教育行政主管部门提出变更登记申请,60日内向省民政部门提交变更登记申请材料,省民政部门应在收到全部有效文件之日起30日内,作出准予变更或不准予变更的决定。

第二十一条　省民政部门核准变更登记的,非营利性民办高等学校(教育机构)应缴回原法人登记证书正副本,由省民政部门换发新的登记证书。

第二十二条　非营利性民办高等学校(教育机构)有下列情形之一的,经教育部或省教育行政部门审查同意后,应当向省民政部门申请注销登记：

(一)章程规定的期限届满或者其他解散事由出现的；

(二)因分立、合并需要解散的；

(三)无法正常开展活动的；

(四)教育部或省教育行政部门撤销设立决定的；

(五)终止业务活动的；

(六)其他应当注销登记的情形。

第二十三条　非营利性民办高等学校(教育机构)在办理注销登记前,应当在省教育行政主管部门及有关部门的指导下,成立清算组织,完成清算工作。清算期间,非营利性民办高等学校(教育机构)不得开展清算以外的活动。

第二十四条　非营利性民办高等学校(教育机构)法定代表人应当自完成清算之日起15日内,到省民政部门办理注销登记。办理注销登记,应当提交注销登记申请书、省教育行政部门的审查文件、注销税务登记的凭证和清算报告。

省民政部门应在收到非营利性民办高等学校(教育机构)申请注销登记的全部有效文件之日起30日内,作出准予注销或不准予注销的决定。

省民政部门准予注销登记的,由省民政部门发给注销证明文件,收缴登记证书、印章和财务凭证,并将注销登记情况告知省教育行政部门及其他相关部门。

第二十五条　非营利性民办高等学校(教育机构)在分类登记管理中违规行为的处罚,按照《民办非企业单位登记管理暂行条例》有关规定执行。

第二十六条　营利性民办高等学校(教育机构)登记管理依据《民办教育促进法》《公司法》《公司登记管理条例》等有关法律、法规、规章及本办法的规定执行。

第二十七条　营利性民办高等学校的名称由"行政区划＋字号＋学院(职业学院)＋有限公司(股份有限公司)"组成;营利性民办高等教育助学机构的名称由"行政区划＋字号＋专修学院(培训学院)＋有限公司(股份有限公司)"组成。

第二十八条　营利性民办高等学校(教育机构)的举办者(股东或发起人)可以用货币出资,也可以用实物、知识产权、土地使用权等可以用货币估价并可以依法转让的非货币财产作价出资,并经依法设立的验资机构验资并出具证明。

举办者(股东或发起人)不得以劳务、信用、自然人姓名、商誉、特许经营权或者设定担保的财产等作价出资;不得以营利性民办高等学校(教育机构)接受的国家资助、向学生收取的费用、接受的捐赠财产作为出资。

第二十九条　举办者不得采取募集的方式设立营利性民办高等学校(教育机构)。营利性民办高校(教育机构)不得设立分支机构。

第三十条　申请设立营利性民办高等学校(教育机构),应当向省工商行政管理部门或所在地设区市工商行政管理部门申请名称预先核准。举办者(股东或发起人)应当以工商行政管理部门核准的名称向省教育行政部门提出设立申请。

第三十一条　营利性民办高校(教育机构)应持教育部或省教育行政部门核发的办学许可证和《公司登记管理条例》规定的文件,向省工商行政管理部门或所在地设区市工商行政管理部门申请设立登记。

第三十二条 营利性民办高等学校(教育机构)变更名称、地址、办学(经营)范围、举办者(股东或发起人)、法定代表人等应经原审批机关批准,持变更后的办学许可证、批准文件和《公司登记管理条例》规定的文件,向原登记机关申请变更登记。

第三十三条 营利性民办高等学校(教育机构)的分立、合并、注销,应经原审批机关批准,持批准文件和《公司登记管理条例》规定的文件,向原登记机关申请登记。

第三十四条 营利性民办高校(教育机构)凭登记机关核发的《企业法人营业执照》刻制印章。

第三十五条 营利性民办高等学校(教育机构)应持经教育部门年度检查的办学许可证和《企业年度检验办法》规定的文件,在规定的时间内向登记机关申报年度检验。

第三十六条 本办法施行前已经成立的民办高等学校(教育机构),应当自本办法实施之日起6个月内依照本办法予以规范。

第三十七条 本办法从2013年7月16日起施行,有效期限为5年,至2018年7月15日自行废止。

附录6

温州市关于民办学校分类登记管理的实施办法(试行)

第一章 总则

第一条 为实施国家民办教育综合改革试点,建立适应民办教育改革发展形势的民办学校登记管理机制,促进我市民办教育快速、协调、可持续发展,根据《国家中长期教育改革和发展规划纲要(2010—2020)》精神,结合本市实际,特制定本办法。

第二条 本办法涉及的民办学校,包括各级各类民办学校(包括幼儿园)以及民办培训机构。

第三条 根据民办教育综合改革确定的总体原则和我市的实际情况,按照营利性、非营利性对民办学校进行分类登记管理。非营利性的全日制民办学校按照民办事业单位法人进行登记管理,营利性的全日制民办学校按照企业法人进行登记管理。非全日制的民办学校按照企业法人进行登记管理,确属非营利性的,也可以登记为民办事业单位法人。

第四条 县级以上人民政府民政部门是非营利性民办学校的登记管理机关。县级以上人民政府有关部门或县级以上人民政府授权的组织,是有关业务范围内非营利性民办学校的业务主管单位。

县级以上工商部门是营利性民办学校的登记管理机关。

县级以上人民政府其他有关部门,应当按照各自职责,做好民办学校的相关管理工作。

第五条 民办学校法人属性确定后一般不予变更。确需变更的,需进行资质审查和财务审计,符合条件的,由新的登记管理机关批准设立不同法人属性的民办学校,同时民办学校应提交原登记管理机关准予注销的证明文件。

第六条　对本市民办学校实施登记管理时适用本办法。

第二章　非营利性民办学校的登记管理

第一节　设立登记

第七条　非营利性民办学校设立登记，应当具备下列条件：

（一）经业务主管单位审查同意；

（二）由教育行政部门或人力资源和社会保障行政部门颁发办学许可证；

（三）有规范的名称、必要的组织机构；

（四）有与其业务活动相适应的从业人员；

（五）有与其业务活动相适应的合法财产，且合法财产中的非国有资产份额不得低于总财产的三分之二；在地市级民政部门申请登记的，开办资金不少于10万元，在县（市、区）民政部门申请登记的，开办资金不少于3万元；

（六）有与其业务活动相适应的，且有1年以上合法使用权的场所；

（七）法律、法规、规章规定的其他条件。

第八条　申请设立非营利性民办学校，应当向登记管理机关申请名称预登记。登记管理机关应当自收到申请之日起7日内，为举办者办理名称预登记，核发《民办事业单位名称预登记通知书》。《民办事业单位名称预登记通知书》有效期为6个月，6个月内未获批准登记的，该名称无效。

第九条　非营利性民办学校的名称，由"行政区划名称＋字号＋教育业务领域＋组织形式"组成。

名称不能单独冠以市辖区的名称或地名，应当与所在市的行政区划名称或地名连用；名称中的字号应当由两个以上的汉字组成；名称中的教育业务领域，应依照国家相关教育分类标准划分的类别进行明确；名称中的组织形式必须明确易懂，一般称学校、班、园、中心等。

名称不得冠以"中国""全国""中华""总"等字样。

名称应当符合有关规定，不得有损于国家利益、社会公共利益及其他组织和公民的合法权益，不得违背社会道德风尚。

第十条　完成名称预登记后，举办者应当向业务主管单位提交设立民办学校的申请报告及相关材料，业务主管单位应当自收到申请报告及全部有效文件之日起20日内，按照规定进行审查，并作出同意设立或者不同意设立的决定，并制发书面文件。

业务主管单位同意设立的文件，应当包括对民办学校的举办者、办学规模、办学条件、办学形式、办学层次、章程草案、资金情况（特别是资产的非国有性）、拟任法定代表人和单位负责人基本情况、从业人员资格、组织机构等内容的审查结论。

第十一条　申请非营利性民办学校设立登记，举办者应当向登记管理机关提交下列材料：

（一）登记申请书；

（二）举办者的身份证明；

（三）业务主管单位核发的批准文件；

（四）场所使用权证明；

（五）社会审计组织出具的验资报告；

（六）拟任负责人的基本情况、身份证明；

（七）经业务主管单位审查同意的章程草案；

（八）教育行政部门或人力资源和社会保障行政部门颁发的办学许可证。

委托代理人申请设立登记的，还应当提交举办者的委托书和代理人的身份证明。

第十二条　非营利性民办学校的章程应当包括下列事项：

（一）名称、住所；

（二）宗旨和业务范围；

（三）登记管理机关、业务主管单位；

（四）组织管理制度；

（五）法定代表人和负责人的产生、罢免的程序；

（六）资产管理和使用的原则；

（七）章程的修改程序；

（八）终止程序和终止后资产的处理；

（九）需要由章程规定的其他事项。

章程须经业务主管单位审查同意，经登记管理机关核准后生效。

第十三条　登记管理机关应当自收到设立登记申请的全部有效文件之日起60日内作出准予登记或者不准予登记的决定。

第十四条　登记管理机关准予登记的，由登记管理机关发给《民办事业单位法人登记证书》。登记事项包括名称、住所、宗旨和业务范围、法定代表人、开办资金、业务主管单位。

第十五条　有下列情形之一的，登记管理机关不予登记，并向申请人说明理由：

（一）在申请成立时弄虚作假的；

（二）拟任负责人正在或者曾经受到剥夺政治权利的刑事处罚，或者不具有完全民事行为能力的；

（三）有法律、法规、规章及政策禁止的其他情形的。

第十六条　非营利性民办学校核准登记后，凭登记证书向有关部门申请办理刻制公章、代码证书、设立账户等手续，并及时报登记管理机关备案。

第二节　变更登记

第十七条　非营利性民办学校变更登记事项时，应向登记管理机关提交下列文件：

（一）法定代表人签署并加盖公章的变更登记申请书；

（二）业务主管单位对变更登记事项审查同意文件；

（三）变更登记事项涉及办学许可证记载事项的，还需取得颁发办学许可证部门（单位）的同意文件。

第十八条　非营利性民办学校的名称、住所、业务范围、法定代表人、开办资金、业务主管单位发生变更的，除向登记管理机关提交本办法第十七条规定的文件外，还须分别提交下列材料：

（一）名称变更：理事会（董事会）决议、通过的新章程；

（二）住所变更：变更后新住所的产权或使用权证明；

（三）业务范围变更：变更后的业务范围、理事会（董事会）决议；

（四）法定代表人变更：变更后法定代表人的身份证明、个人基本情况及前任法定代表人的离任审计报告，理事会（董事会）决议；

（五）开办资金变更：法定验资机构出具的验资报告；

（六）业务主管单位变更：原业务主管单位同意不再担任业务主管单位的正式文件、新业务主管单位同意担任业务主管单位的正式文件、修改后的章程。

第十九条　登记管理机关核准变更登记的，民办学校应交回《民办事业单位法人登记证书》正副本，由登记管理机关换发新的登记证书。

第二十条　非营利性民办学校修改章程，应当报登记管理机关核准。报请核准时，应提交下列文件：

（一）法定代表人签署并加盖公章的核准申请书；

（二）业务主管单位审查同意的文件；

(三)章程的修改说明及修改后的章程;

(四)有关的文件材料。

第二十一条　非营利性民办学校变更业务主管单位,须在原业务主管单位出具不再担任业务主管的文件之日起90日内找到新的业务主管单位,并到登记管理机关申请变更登记。

在登记管理机关作出准予变更登记决定之前,原业务主管单位应继续履行本办法第二十七条规定的监督管理职责。

第二十二条　非营利性民办学校的登记事项需要变更的,应当自业务主管单位审查同意之日起30日内,向登记管理机关申请变更登记。登记管理机关应在收到民办学校申请变更登记的全部有效文件之日起20日内,作出准予变更或不准予变更的决定。

非营利性民办学校修改章程,应当自业务主管单位审查同意之日起30日内,报登记管理机关核准。

第三节　注销登记

第二十三条　非营利性民办学校有下列情形之一的,经业务主管单位审查同意后,应当向登记管理机关申请注销登记:

(一)章程规定的期限届满或者其他解散事由出现的;

(二)因分立、合并需要解散的;

(三)无法正常开展活动的;

(四)业务主管单位撤销设立决定的;

(五)终止业务活动的;

(六)其他应当注销登记的情形。

第二十四条　非营利性民办学校在办理注销登记前,应当在业务主管单位和其他有关机关的指导下,成立清算组织,完成清算工作。清算期间,民办学校不得开展清算以外的活动。

非营利性民办学校的剩余财产处理应按照章程和中共温州市委、温州市人民政府《关于实施国家民办教育综合改革试点加快教育改革与发展的若干意见》的相关精神执行。

第二十五条　非营利性民办学校法定代表人应当自完成清算之日起15日内,向登记管理机关办理注销登记。办理注销登记,应当提交注销登记申请书、业务主管单位的审查文件、注销税务登记凭证和清算报告。

登记管理机关应在收到民办学校申请注销登记的全部有效文件之日起20日内,作出准予注销或不准予注销的决定。

登记管理机关准予注销登记的,由登记管理机关发给注销证明文件,收缴登记证书、印章和财务凭证,并将注销登记情况告知其业务主管单位及其他相关部门。

第四节 监督管理

第二十六条 登记管理机关履行下列监督管理职责:

(一)负责非营利性民办学校的设立、变更、注销登记;

(二)对非营利性民办学校实施年度检查;

(三)对非营利性民办学校违反本办法的问题进行监督检查,对非营利性民办学校违反本办法的行为给予行政处罚。

第二十七条 业务主管单位履行下列监督管理职责:

(一)负责监督、指导非营利性民办学校按照法律、法规、政策和学校章程开展业务活动;

(二)负责非营利性民办学校设立、变更、注销登记前的审查;

(三)负责非营利性民办学校年度检查的初审;

(四)协助登记管理机关和其他有关部门查处非营利性民办学校的违法行为;

(五)会同有关机关指导非营利性民办学校的清算事宜。

第二十八条 非营利性民办学校开展章程规定的活动,按照国家有关规定取得的合法收入,必须用于章程规定的业务活动。

非营利性民办学校接受捐赠、资助,必须符合章程规定的宗旨和业务范围,必须根据与捐赠人、资助人约定的期限、方式和合法用途使用。非营利性民办学校应当向业务主管单位报告接受、使用捐赠、资助的有关情况,并应当将有关情况以适当方式向社会公布。

非营利性民办学校设立登记后,不得抽逃资金。

第二十九条 非营利性民办学校必须执行国家规定的财务管理制度,接受财政部门的监督;资产来源属于国家资助或者社会捐赠、资助的,还应当接受审计机关的监督。

非营利性民办学校变更法定代表人,业务主管单位应当组织对其进行财务审计。

第三十条　非营利性民办学校应当于每年3月31日前向业务主管单位报送上一年度的工作报告,经业务主管单位初审同意后,于5月31日前报送登记管理机关,接受年度检查。工作报告内容包括:本非营利性民办学校遵守法律法规和国家政策的情况、依照本办法履行登记手续的情况、按照章程开展活动的情况、人员和机构变动的情况以及财务管理的情况。

第五节　罚则

第三十一条　非营利性民办学校在申请登记时弄虚作假,骗取登记的,或者业务主管单位撤销批准的,由登记管理机关予以撤销登记。

第三十二条　非营利性民办学校有下列情形之一的,由登记管理机关予以警告,责令改正,可以限期停止活动;情节严重的,予以撤销登记;构成犯罪的,依法追究刑事责任:

(一)涂改、出租、出借民办事业单位法人登记证书,或者出租、出借民办事业单位印章的;

(二)超出其章程规定的宗旨和业务范围进行活动的;

(三)拒不接受或者不按照规定接受监督检查的;

(四)不按照规定办理变更登记的;

(五)设立分支机构的;

(六)从事营利性的经营活动的;

(七)侵占、私分、挪用民办事业单位的资产或者所接受的捐赠、资助的;

(八)违反有关规定收取费用、筹集资金或者接受使用捐赠、资助的。

前款规定的行为有违法经营额或者违法所得的,予以没收,可以并处违法经营额1倍以上3倍以下或者违法所得3倍以上5倍以下的罚款。

第三十三条　非营利性民办学校的活动违反其他法律、法规的,由有关国家机关依法处理。

第三十四条　未经登记,擅自以民办事业单位名义进行活动的,或者被撤销登记的非营利性民办学校继续以民办事业单位名义进行活动的,由登记管理机关予以取缔,没收非法财产;构成犯罪的,依法追究刑事责任;尚不构成犯罪的,依法给予治安管理处罚。

第三十五条　非营利性民办学校被限期停止活动的,由登记管理机关封存登记证书、印章和财务凭证。

非营利性民办学校被撤销登记的,由登记管理机关收缴登记证书和印章。

第三章 营利性民办学校的登记管理

第三十六条 营利性民办学校按照相关法律法规规定可以登记为公司制企业、个人独资企业、合伙企业及其他法人企业。营利性民办学校须经业务主管单位审批并领取相应的办学许可证后,凭办学许可证到登记管理机关办理登记手续。

第四章 附则

第三十七条 《民办事业单位法人登记证书》的式样由温州市人民政府制定。

第三十八条 本办法施行前已经成立的民办学校,应当自本办法实施之日起1年内依照本办法予以规范。

第三十九条 本办法由温州市民政局、温州市工商行政管理局、温州市教育局、温州市人力资源和社会保障局负责解释。

第四十条 本办法自发布之日起施行。

2013年湖南省民办教育发展专项资金绩效评价指标自评表

指标	二级指标	三级指标	分值	具体指标	评分标准	得分
项目具体管理25分	资金到位	到位率	5	到位率＝实际到位/计划到位×100%	到位率100%（5分）； 90%以上(3分)； 90%~80%（1分）； 低于80%（0分）	
		到位时效	5	资金及时到位；若未及时到位,是否影响项目进度	到位及时(5分)； 不及时但未影响进度(2分)； 不及时并影响进度(0分)	
	资金管理	资金使用	9	支出依据合格,无虚列项目支出情况；无截留、挤占、挪用情况	虚列套取扣9分； 依据不合格扣5分； 截留、挤占、挪用扣9分	
		财务管理	6	资金管理、支出等制度健全；制度执行严格；会计核算规范	财务制度健全(2分)； 严格执行制度(2分)； 会计核算规范(2分)	

221

续表

指标	二级指标	三级指标	分值	具体指标	评分标准	得分
项目绩效 45分	项目产出（分项目自评）		30	学校法人治理结构进一步健全,办学行为进一步规范,办学水平进一步提高(此项由获得规范民办学校建设奖励、优质民办教育资源建设奖励项目的学校打分)	学校决策机构健全(1分);决策机构由举办者或其代表、校长、教师代表、职工代表组成(4分,少一人扣1分);校长具备学校的人、财、物权利(3分,少一项扣1分);每年至少召开一次教职工代表大会(2分);为教职员工购买了"五险"(5分,少一项扣1分);举办者按规定每年从办学结余中提取25%的学校发展基金(10分,每少5个百分点扣2分);2013年度办学情况评估结果为优秀的记5分,评估结果为合格的记3分,不合格的记0分	
			30	对照省骨干民办学校建设基本要求加强学校建设,达到省骨干民办学校标准(此项由2012年度省骨干民办学校立项学校打分)	对照省骨干民办学校建设基本要求逐项计分,发现一项未达标扣1分,扣完为止(扣分项目在该栏逐项列举出来)	
			30	民办教育网络化平台建设进一步完善,民办学校基本信息进一步公开(此项由市州教育局打分)	建立了市州民办教育网络平台(6分);网络平台上的信息每月均有更新(6分,有一个月不更新扣0.5分);平均每月向湖南省民办教育网投稿6篇以上(6分,少一篇扣1分);民办学校年度办学情况评估结果及时通过媒体向社会公布(6分);按时、按要求向省教育厅民办教育处汇总报送本市州民办学校年度办学情况评估结果(6分)	

附录 7　2013 年湖南省民办教育发展专项资金绩效评价指标自评表

续表

指标	二级指标	三级指标	分值	具体指标	评分标准	得分
项目绩效 45 分		项目产出（分项目自评）	30	有民办教育特色发展研究成果,民办学校特色发展取得成效(此项由省教育科学研究院打分)	有相关的论文、专著等公开发表(5分); 有省级以上研究课题(5分); 建设了一批特色发展民办学校(6分); 组织专家入校指导(5分); 召开了2次以上研讨会或学习班(6分,少一次扣3分);有相应的研究报告(3分)	
	项目效果 15 分	经济效益（分项目自评）	4	通过项目实施,学校招生、学生升学、就业或获得其他奖励等方面得到改善(此项由省教育科学研究院、民办学校打分)	根据实际情况酌情计分	
			4	通过项目实施,教育部门利用网络化平台公布民办教育相关信息的积极性提高(此项由市州教育局打分)	根据实际情况酌情计分	
		社会效益（分项目自评）	4	通过项目实施,学校的社会认可度得到提高,在当地民办学校中起到示范带头作用(此项由民办学校打分)	根据实际情况酌情计分	
			4	通过项目实施,满足了人民群众对民办教育基本情况的知情权(此项由市州教育局打分)	根据实际情况酌情计分	
			4	通过项目实施,丰富了民办教育发展理论研究(此项由省教育科学研究院打分)	根据实际情况酌情计分	

续表

指标	二级指标	三级指标	分值	具体指标	评分标准	得分
项目绩效 45 分	项目效果 15 分	可持续影响（分项目自评）	3	是否对学校发展带来可持续影响（此项由民办学校打分）	项目产出能持续运用（2分）；所依赖的政策制度能持续执行（1分）	
			3	是否对民办学校信息公开网络化建设带来可持续影响（此项由市州教育局打分）	项目产出能持续运用（2分）；所依赖的政策制度能持续执行（1分）	
			3	是否对民办教育发展研究及民办学校特色发展带来可持续影响（此项由省教育科学院研究院打分）	项目产出能持续运用（2分）；所依赖的政策制度能持续执行（1分）	
		服务对象满意度（分项目自评）	4	社会、民办学校对信息公开满意（此项由市州教育局打分）	根据实际情况酌情计分	
			4	教师、学生对项目实施情况满意（此项由民办学校打分）	根据实际情况酌情计分	
			4	民办学校对项目实施情况满意（此项由省教育科学院研究院打分）	根据实际情况酌情计分	
总分		70				

参考文献

[1] 吴霓等. 中国民办教育发展报告 2012[M]. 北京:教育科学出版社,2013.
[2] 吕红军. 民办高校可持续发展的路径选择[M]. 北京:中国商务出版社,2013.
[3] 林小英. 教育政策变迁中的策略空间[M]. 北京:北京大学出版社,2012.
[4] 易红郡. 战后英国高等教育政策研究[M]. 长沙:湖南师范大学出版社,2012.
[5] 卢现祥,朱巧玲. 新制度经济学[M]. 北京:北京大学出版社,2012.
[6] 肖甦. 生存与发展:国际视野下的私立教育[M]. 北京:高等教育出版社,2011.
[7] 郭化林. 高等教育标准成本计量与核算体系研究[M]. 北京:农业科学技术出版社,2010.
[8] 杨树兵. 民办高校发展战略和政策需求研究:基于核心竞争力理论之视角[M]. 镇江:江苏大学出版社,2009.
[9] 李文成,韩和明. 国外私立高等教育发展研究[M]. 郑州:郑州大学出版社,2007.
[10] 陈永明. 教育经费的国际比较[M]. 天津:天津教育出版社,2006.
[11] 闵维方. 2005—2006 中国教育与人力资源发展报告[M]. 北京:北京大学出版社,2006.
[12] 沈晓梅. 现代经济学导论[M]. 北京:国防工业出版社,2005.
[13] 袁振国. 当代教育学[M]. 北京:教育科学出版社,2004.
[14] 〔德〕柯武刚,史漫飞. 制度经济学:社会秩序与公共政策[M]. 韩朝华,译. 北京:商务印书馆,2004.
[15] 谢安邦,曲艺. 外国私立教育[M]. 北京:中国社会科学出版社,2003.
[16] 张志义,李家永. 民办教育的研究与探索[M]. 北京:北京师范大学出版

社，2000.

[17] [美]莱斯特·萨拉蒙．第二域的兴起[M]．李亚平,于海,译．上海：复旦大学出版社，1998.

[18] Johnstone, B. The Costs of Higher Education: Student Fiancial Assistance in the United Kingdom, the Federal Republic of Gemany, France, Sweden, and the United States[M]. New York: College Board, 1986.

[19] [英]琼·罗宾逊,约翰·伊特韦尔．现代经济学导论[M]．陈彪如,译．北京：商务印书馆，1982.

[20] [美]西奥多·W·舒尔茨．教育的经济价值[M]．曹延亭,译．长春：吉林人民出版社，1982.

[21] 吴媛媛．印度私立高等教育行政管理体制研究[D]．杭州：浙江师范大学硕士学位论文，2013.

[22] 杨柳．民办高校教师权利保障问题研究[D]．南昌：江西师范大学硕士学位论文，2012.

[23] 熊冰．民办高等教育发展的困境及政府支持研究[D]．长沙：湖南师范大学硕士学位论文，2011.

[24] 谢开第．民办高校融资的国外经验及对我国的启示[D]．成都：四川师范大学硕士学位论文，2011.

[25] 施文妹．地方政府民办高等教育扶持政策研究——以浙江省为例[D]．上海：上海交通大学硕士学位论文，2010.

[26] 闫石．民办高等教育投入中的政府责任研究[D]．宁波：宁波大学硕士学位论文，2010.

[27] 彭伊凡．民办高校毕业生就业困境及对策研究——以湖南某民办高校SY学院为例[D]．长沙：中南大学硕士学位论文，2010.

[28] 张江波．民办高等教育发展中政府责任研究[D]．长沙：国防科学技术大学硕士学位论文，2009.

[29] 李黎．中国民办高校政府资助政策研究[D]．武汉：中南民族大学硕士学位论文，2008.

[30] 林霞．扶持民办高等教育发展的财政政策研究[D]．广州：暨南大学硕士学位论文，2008.

[31] 刘晓红．中日私立高等教育的比较——兼论我国民办高教的可持续发展[D]．上海：华东师范大学硕士学位论文，2007.

[32] 耿萍. 日本私立大学经营体制研究[D]. 北京:对外经济贸易大学硕士学位论文,2007.

[33] 聂琳燕. 台湾私立高等教育法规研究[D]. 厦门:厦门大学硕士学位论文,2006.

[34] 徐华. 俄罗斯私立高等教育发展研究[D]. 西安:陕西师范大学硕士学位论文,2003.

[35] 山东省人民政府. 山东省人民政府办公厅关于贯彻落实鲁政发〔2012〕49号文件推进现代职业教育体系建设的实施意见[R]. 济南市人民政府公报,2013(19):12-17.

[36] 胡伶. 民办教育政策歧视现象分析[J]. 现代教育管理,2013(12):62-67.

[37] 毕振力. 教育公平视角下政府对民办高校的管理与资助政策研究[J]. 教育与职业,2013(11):15-17.

[38] 董圣足. 民办学校分类管理的制度构架:国际比较的视角[J]. 教育发展研究,2013(9):14-20.

[39] 黄勇. 我国民办高校法人财产权制度研究[J]. 湖北民族学院学报:哲学社会科学版,2013(5):112-116.

[40] 潘懋元,别敦荣,石猛. 论民办高校的公益性与营利性[J]. 教育研究,2013(3):25-34.

[41] 张庆. 论民办高等教育中政府职能的"越位"与"缺位"[J]. 湖南涉外经济学院学报,2013(2):7-11.

[42] 熊建文,张丽娜. 美国私立大学办学模式对我国民办高等教育的启示[J]. 长春工业大学学报:高教研究版,2013(2):12-14.

[43] 范力,杨培玉. 健全民办高校基层党组织师生利益诉求机制——以北京城市学院为例[J]. 北京城市学院学报,2013(1):19-23.

[44] 巩丽霞. 公共财政扶持民办高等教育政策研究[J]. 教育发展研究,2012(23):33-37.

[45] 全国林. 助学贷款政策的国际比较与借鉴[J]. 教育与职业,2012(9):109-111.

[46] 赵雄辉. 民办教育地方政策制定的价值追求[J]. 教育发展研究,2012(7):19-23.

[47] 徐绪卿. 建设国家级高水平民办高校的若干思考[J]. 教育发展研究,

2012(7):24-27.

[48] 巩丽霞. 地方公共财政扶持民办高等教育政策的优化选择[J]. 高教发展与评估, 2012(6):10-16.

[49] 郭立宏, 李维民. 地方民办高等教育政策创新的典范——解读《关于进一步支持和规范民办高等教育发展的意见》[J]. 陕西教育: 行政版, 2012(6):12-14.

[50] 刘晓明, 王金明. 分类管理: 我国民办教育综合改革的突破口——论民办教育分类管理的内容与途径[J]. 浙江师范大学学报: 社会科学版, 2012(5):111-115.

[51] 贾建国. 我国民办学校分类管理制度创建的路径分析[J]. 现代教育管理, 2012(5):52-55.

[52] 陕西省人民政府. 陕西省人民政府关于进一步支持和规范民办高等教育发展的意见[R]. 陕西省人民政府公报, 2012(4):27-32.

[53] 潘懋元, 邬大光, 别敦荣. 我国民办高等教育发展的第三条道路[J]. 高等教育研究, 2012(4):1-8.

[54] 别敦荣. 论民办教育发展的第三条道路[J]. 华中师范大学学报: 人文社会科学版, 2012(3):137-142.

[55] 马颖. 政府治理视角下的非营利性组织[J]. 通化师范学院学报, 2012(3):19-21.

[56] 李宜江, 张海峰. 公共财政扶持民办教育发展的法规基础、局限与完善[J]. 复旦教育论坛, 2012(3):72-76.

[57] 吴华, 胡威. 公共财政为什么要资助民办教育?[J]. 北京大学教育评论, 2012(2):43-55.

[58] 徐绪卿. 关于民办高校分类管理的思考[J]. 教育发展研究, 2011(12):1-5.

[59] 沈剑光, 钟海. 民办学校法人财产权与民办教育分类管理[J]. 教育研究, 2011(12):37-40.

[60] 杨琼. 菲律宾高等教育质量保障体系考察——以菲律宾学校、学院和大学认证协会为例[J]. 复旦教育论坛, 2011(4):80-83.

[61] 黄藤. 民办高等教育可持续发展的政策演进: 必须坚持开放性原则[J]. 浙江树人大学学报, 2011(2):1-7.

[62] 邱小健. 政府财政资助民办高等教育的相关理论及其解释力[J]. 教育

发展研究,2010(20):40-45.

[63] 何金辉.民办学校分类管理的分歧与共识[J].教育发展研究,2010(10):42-47.

[64] 邱小健.印度政府财政资助私立高等教育的经验及其对我国的启示[J].比较教育研究,2010(9):61-65.

[65] 黄虹.公权视阈下美日私立高等教育管理探析及借鉴[J].中国成人教育,2010(9):106-108.

[66] 沈晓慧.国外私立高等教育的制度安排与可持续发展研究——以美国和日本为例[J].浙江树人大学学报,2010(5):16-21.

[67] 徐延平,王康康.日本私立高校的政府补助机制及启示[J].大学·研究与评价,2009(4):32-37.

[68] 石邦宏,王孙禺.民办高校营利性与非营利性的制度思考[J].中国高教研究,2009(3):55-57.

[69] 王冬华,何彬生.日本政府对私立高校的财政资助及其启示[J].辽宁教育研究,2008(6):95-99.

[70] 孙志鸿.大力发展民办教育中介组织[J].浙江树人大学学报,2008(5):7-11.

[71] 朱浩,杨汉麟.美国私立高等教育办学经费多元化的成因及筹措渠道研究[J].教育与经济,2008(4):60-66.

[72] 何建中.国外助学贷款的理论研究和实践探索及对我国的启示[J].上海经济研究,2008(4):26-32.

[73] 唐卫民,韩国海.美日私立高等教育政策及其启示[J].辽宁教育行政学院学报,2008(3):26-28.

[74] 庄怀平,薄云.私立高等教育财政资助政策的国际比较研究——以韩国、马来西亚、菲律宾为例[J].大学教育科学,2008(3):100-104.

[75] 杨会良,任双利.日本高校贷学金资助模式与运作及其启示[J].日本问题研究,2008(3):31-35.

[76] 陈武元,薄云.韩国、马来西亚、菲律宾三国私立高等教育经费政策研究[J].高等教育研究,2008(2):100-106.

[77] 唐卫民,姜育兄.改革开放以来我国民办高等教育政策的解读[J].广西教育学院学报,2008(1):44-47.

[78] 袁东敏.英国大学生资助制度对我国高校助学贷款政策的启示[J].内

蒙古民族大学学报,2008(1):89-91.

[79] 张胜军,张乐天.1978年以来我国民办高等教育政策建设的历史、成就与问题[J].黑龙江高教研究,2007(12):35-38.

[80] 山东省人民政府.山东省人民政府关于加强民办教育规范管理 引导民办教育健康发展的意见[J].山东政报,2007(3):18-21.

[81] 赵红亚.试论国外私立高等教育的发展趋势[J].北京科技大学学报:社会科学版,2007(1):141-145.

[82] 陈武元,薄云.试析菲律宾私立高等教育的政府资助体系[J].高等教育研究,2006(12):101-106.

[83] 朱为鸿.论中国民办高等教育政策的演变与趋势[J].教育发展研究,2006(11B):44-45.

[84] 饶爱京.民办高等教育政策及其对民办高等教育发展的影响[J].黑龙江高教研究,2006(10):1-5.

[85] 尹晓敏,陈新民.构建民办学校教师合法权益的保障机制[J].辽宁教育研究,2006(7):79-80.

[86] 张剑波.论民办高等教育成本的政府分担[J].大学教育科学,2006(6):41-45.

[87] 周燕,梁樑.美、日、韩私立高教政策比较及其启示[J].教育与现代化,2006(4):64-68.

[88] 吴春玉.韩国私立高等教育发展的特点[J].集美大学学报,2006(3):41-44.

[89] 周俐萍.国外助学贷款的成功经验[J].金融信息参考,2005(4):52-53.

[90] 张爱华,于洪波.战后日本资助私立高等教育的策略与模式[J].山东师范大学学报:人文社会科学版,2005(3):141-143.

[91] 陆升将.我国民办高等教育中介组织的构建[J].浙江树人大学学报,2005(2):14-16.

[92] 吴启迪.全面贯彻民办教育"十六字方针" 促进民办教育健康发展[J].教育与职业,2004(29):6-7.

[93] 中华人民共和国国务院.中华人民共和国民办教育促进法实施条例[R].国务院公报,2004(14):11-17.

[94] 汤毅平.美国私立大学教育立法解读与启示[J].求索,2004(8):84-85.

[95] 洪跃雄.邓小平教育公平理论剖析——论我国高等教育财政政策的选择

[J]. 哈尔滨学院学报,2004(8):15-19.

[96] 柳亮. 日本私立高校的发展特点及其对我国民办高等教育的启示[J]. 清华大学教育研究,2004(5):33-38.

[97] 吴春玉. 韩国私立高等教育政策的若干特点[J]. 教育评论,2004(5):94-96.

[98] 徐绪卿. 对发展我国民办高等教育中介组织的若干思考[J]. 黑龙江高教研究,2004(1):42-44.

[99] 安双宏. 印度大学拨款委员会及其对我们的借鉴意义[J]. 比较教育研究,2003(12):55-58.

[100] 王鹤,万俊毅. 论我国民办高校融资的多元化路径[J]. 江西科技师范学院学报,2003(6):5-8.

[101] 王金瑶,来明敏. 美国私立高等教育发展的资金支撑体系及启示[J]. 高等工程教育研究,2003(4):71-73.

[102] 田恩舜. "主辅结合型"高等教育成本分担与补偿体制的基本框架[J]. 煤炭高等教育,2003(2):44-48.

[103] 张随刚. 东南亚国家私立高等教育政策比较[J]. 黄河科技大学学报,2002(2):39-44.

[104] 曲艺. 我国民办高等教育政策的价值分析[J]. 浙江树人大学学报,2001(3):11-15.

[105] 孙绵涛. 美国私立教育政策的若干特色及其借鉴意义[J]. 教育发展研究,2000(1):75-78.

[106] 谷贤林. 美国私立高等教育财源体系研究[J]. 教育与经济,1999(1):59-62.

[107] 张国才. 菲律宾国家资助私立教育法规述评[J]. 现代教育论丛,1994(5):57-61.

[108] 信力建. 保障民办学校教师权利政府责无旁贷[N]. 中国教育报,2013-09-18(03).

[109] 温州市教育局. 温州实施国家民办教育综合改革试点纪实[N]. 温州日报,2013-08-27(06).

[110] 张婷. "在这里办学,真是蛮幸福的"——上海市深化民办教育办学体制改革采访纪行[N]. 中国教育报,2012-09-20(01).

[111] 甄晓燕. 上海民办教育系列探索 扶持中规范[N]. 人民政协日报,

2012-07-18(C02).

[112] 中华人民共和国教育部. 教育部关于鼓励和引导民间资金进入教育领域促进民办教育健康发展的实施意见[N]. 中国教师报, 2012-07-04(13).

[113] 蔡在恩, 洪希京. 私立大学引领韩国高等教育扩张(下)[N]. 中国社会科学报, 2010-09-16(09).

[114] 国务院. 国务院关于鼓励和引导民间投资健康发展的若干意见[N]. 中国教育报, 2010-05-15(06).

[115] 董少校. 上海: 下发拨付政府专项资金扶持民办高校发展[N]. 中国教育报, 2012-05-03(01).

[116] 周旭. 搭建民办高校发展平台 建设高水平民办大学[N]. 重庆日报, 2011-12-12(03).

[117] 山东省教育厅, 山东省财政厅. 关于民办本科高校优势特色专业支持计划的实施意见[EB/OL]. (2014-06-20). http://www.sdedu.gov.cn/jyt/zcwj/webinfo/2014/06/1402968455910256.htm.

[118] 山东省教育厅. 我省今年具有普通高等学历教育招生资格的高校名单确定[EB/OL]. (2014-05-29). http://www.sdedu.gov.cn/jyt/gzdt/webinfo/2014/05/1400718969361803.htm.

[119] 青岛市人民政府. 青岛市人民政府关于加快发展民办教育的意见[EB/OL]. (2014-05-20). http://www.qdedu.gov.cn/mbjy/2/140520053601199742.html.

[120] 山东省教育厅. 关于公布2014年高等职业学校注册入学试点学校名单的通知[EB/OL]. (2014-05-16). http://www.sdedu.gov.cn/jyt/zcwj/webinfo/2014/05/1399939758754586.htm.

[121] 山东省教育厅. 2013年山东省教育事业发展统计公报[EB/OL]. (2014-02-28). http://www.sdedu.gov.cn/jyt/gsgg/webinfo/2014/02/1392282409522971.htm.

[122] 泰安市人民政府. 泰安市人民政府关于加快发展民办教育的意见[EB/OL]. (2014-01-06) http://www.taian.gov.cn/zwgk/zfwj/zfwj_tzf/tzf2013/201401/t20140106_445372.htm.

[123] 山东省发展和改革委员会等5部门. 关于编制各设区市职业教育发展规划的指导意见[EB/OL]. (2013-11-14). http://www.sdedu.gov.cn/

jyt/zcwj/webinfo/2013/11/1387592474297094.htm.

[124] 浙江省财政厅.浙江省财政厅关于印发支持市县民办教育发展专项资金管理办法的通知[EB/OL].(2013-09-29).http://www.zjczt.gov.cn/pub/zjsczt/zwgk/zcfg/zxwj/201309/t20130929_348937.htm.

[125] 国家教育发展研究中心.黑龙江坚持改革创新 促进民办教育健康发展[EB/OL].(2013-09-18).http://www.moe.edu.cn/publicfiles/business/htmlfiles/moe/s6635/201309/157546.html.

[126] 枣庄市人民政府.枣庄市人民政府关于加快建设现代职业教育体系的意见[EB/OL].(2013-08-11).http://www.zaozhuang.gov.cn/art/2013/8/11/art_2352_635700.html.

[127] 潍坊市人民政府.潍坊市人民政府关于进一步加快发展民办教育的意见[EB/OL].(2013-06-20).http://www.wfjyxxg.com/ZXBS/JYHMFWZX/SHPX/XXGG/201306/t20130620_595246.htm.

[128] 上海市教委.2012年民办高校"强师工程"实施情况[EB/OL].(2013-06-05).http://www.shmec.gov.cn/web/wsbs/webwork_article.php?article_id=68817.

[129] 潍坊市教育局等7部门.关于吸引社会资金加快发展民办教育的若干意见[EB/OL].(2013-03-14).http://www.wfjyxxg.com/ZZJG/KSZC/MBJYK/ZCFG/201303/t20130314_556163.htm.

[130] 山东省教育厅.关于推进城乡社区教育发展的意见[EB/OL].(2012-12-07).http://www.sdedu.gov.cn/jyt/zcwj/webinfo/2012/12/1387592473835390.htm.

[131] 山东省人民政府.山东省人民政府关于加快建设适应经济社会发展的现代职业教育体系的意见[EB/OL].(2012-12-04).http://www.shandong.gov.cn/art/2012/12/19/art_3883_3137.html.

[132] 陕西省人民政府.陕西省民办高等教育发展专项资金管理暂行办法[EB/OL].http://www.shaanxi.gov.cn/0/xxgk/1/2/4/458/1475/1483/1491/23003.htm,2012-10-25.

[133] 浙江省教育厅.关于进一步扩大民办高等学校办学自主权若干意见[EB/OL].(2012-06-12).http://www.zjedu.gov.cn/gb/articles/2012-06-12/news20120612160738.html.

[134] 湖南省人民政府.湖南省人民政府办公厅关于进一步促进民办教育发展

的通知[EB/OL].(2011-09-29).http://www.hnmbedu.com/zcfg/bsfgzc/8594.html.

[135] 湖南省教育厅.湖南省民办教育发展专项资金管理办法(试行)[EB/OL].(2011-09-26).http://www.hnmbedu.com/zcfg/bsfgzc/8423.html.

[136] 秦冬梅,郑祎杰."上海市浦东区教委:探索民办教育分类管理 建设非营利民办学校制度"调研报告[EB/OL].(2011-06-26).http://www.21cedu.org/index.php?a=show&c=index&catid=16&id=2028&m=content.

[137] 山东省教育厅.山东省中长期教育改革和发展规划纲要(2011-2020年)[EB/OL].(2011-04-12).http://www.moe.edu.cn/publicfiles/business/htmlfiles/moe/s5520/201104/117398.html.

[138] 上海市人民政府.上海市推进民办高等学校落实法人财产权的实施办法[EB/OL].(2010-08-27).http://news.9ask.cn/fagui/dffggzk/201008/854873.shtml.

[139] 中华人民共和国教育部.2009年全国教育事业发展统计公报[EB/OL].(2010-08-03).http://www.gov.cn/gzdt/2010-08/03/content_1670245.htm.

[140] 德州市人民政府.关于加强全市民办学校管理的若干规定[EB/OL].(2010-01-08).http://www.dezhou.gov.cn/n1403/n6278/n6901/n6806/c750572/content.html.

[141] 大众日报.山东高考五大新变化 综合素质真正成录取依据[EB/OL].(2009-08-21).http://www.sdedu.gov.cn/jyt/gzdt/webinfo/2009/08/1387592477679543.htm.

[142] 烟台市人民政府.烟台市人民政府关于贯彻鲁政发〔2007〕3号文件精神 引导民办教育健康稳定发展的意见[EB/OL].(2007-07-23).http://www.ytedu.cn/cnet/dynamic/presentation/net_1/itemviewer.do?unitid=1&id=19522&classifytype=search&ignoreclassinformation=false&branch.

[143] 山东省教育厅.山东省教育厅关于加强民办教育管理若干规定[EB/OL].(2007-01-17).http://www.sdedu.gov.cn/jyt/zcwj/webinfo/2007/01/1387592470595263.htm.

[144] 山东省教育厅.山东省专科以上层次学历教育民办高等学校校(院)长核准暂行办法[EB/OL].(2006-09-01).http://www.sdedu.gov.cn/jyt/

zcwj/webinfo/2006/09/1387592469923611.htm.

[145] 菏泽市人民政府. 菏泽市加快发展民办教育的若干规定[EB/OL].（2003-06-28）. http://www.heze.gov.cn/html/zwgk/h000/h23/1240536582d23385.html.

后 记

改革开放后,民办高等教育重新崛起并成为我国高等教育的重要组成部分。民办高校的基本特征是投资办学,与公办高校可以获得政府的巨额财政支持相比,民办高校只能自筹经费办学。不仅如此,民办高校还会因为与公办高校在身份地位等方面的差异,而遭受各种歧视性政策待遇。不过,随着民办高校的发展、壮大,民办高等教育的地位日益突出,政府政策也因之发生了重要转变。从其产生一直到现在,虽然不同的学者对民办高等教育的发展历程往往有不同的阶段划分,但每个阶段都是以政策的颁布为标志的。

1996年,400多所民办高校负责人出席了中国民办高等教育委员会大会。但到2002年,这些民办高校只剩下40多所。这六年间,90%的民办高校惨遭淘汰,除去民办高校自身的经营问题外,政策是另一诱因。作为民办高校群体中的一员,我们就是在政府政策的支持下发展起来的,但也能深深体会到政策对民办高校发展的制约性作用。相比较而言,山东省的民办高校起步较晚,政策环境也比省外要保守得多。但通过出资者、办学者的努力,山东省的民办高校已经成为全省的一张重要名片、对外形象的一个重要窗口、我国民办高等教育的重要一极。从国际经验、我国公共财政以及高等教育普及化的大局来看,民办高校在未来不可或缺。山东省民办高校的发展不仅需要出资者、办学者的努力,还需要良好的政策环境。由此,在2013年,我们课题组承担了山东省软科学研究计划重点项目"山东省民办高等教育政策扶持的现状与对策研究"的研究工作。

项目立项后,我们首先邀请专家,对课题进行开题指导;然后又赴省内外民办教育主管部门、民办高校调研,获取了大量的可信资料;最后进行课题研究与分工写作。在山东省科技厅、山东省教育厅和山东省财政厅等相关部门的大力支持与帮助下,该课题顺利结题。在结题报告中,我们以"民办高等教育政策扶持"为立足点,在梳理山东省民办高等教育政策发展历程和相关政策文本的基

后 记

础上,借鉴国内外民办(私立)高等教育政策扶持的经验和措施,提出了完善山东省民办高等教育政策扶持的意见和建议。

课题结题以后,课题组又对相关研究成果进行了深化与拓展,形成了该书稿。在课题研究与书稿写作过程中,参与开题的专家以及山东英才学院的相关领导高瞻远瞩,提出了不少诚恳的意见。山东英才学院民办高等教育研究院的张婷婷、石猛、蔡云、刘蕾、王蕾、吴衍丽等同志在相关材料搜集、写作中发挥了重要作用。出版过程中,中国海洋大学出版社的编辑们又对书稿进一步进行了规范。在此一并表示感谢!

不忘初心,以证真心。当初投资民办高等教育,就是觉得落榜生就如同落地的麦穗,我们有责任把他们捡起来。现在学校规模稳定了,我们更有责任办一所让党和政府放心、人民满意的高水平民办大学,为社会培养更多合格的应用型人才。我们期待,在因地制宜的政策保障下,民办高校能奏出更加优美的乐章。

夏季亭
2015 年 7 月